ŒUVRES CHOISIES

TOME I

SUBSTANCES, QUIDITÉS ET ACCIDENTS

BIBLIOTHÈQUE DES TEXTES PHILOSOPHIQUES

Fondateur : Henri GOUHIER Directeur : Jean-François COURTINE

DIETRICH DE FREIBERG

ŒUVRES CHOISIES

Sous la direction de Ruedi IMBACH et Alain de LIBERA

TOME I

SUBSTANCES, QUIDITÉS ET ACCIDENTS

Traités des accidents
Traité des quidités des étants

Textes latins traduits et annotés
par
Catherine KÖNIG-PRALONG
avec la collaboration de
Ruedi IMBACH

Introduction de **Kurt FLASCH**

Ouvrage traduit avec le concours
du Centre national du livre

PARIS
LIBRAIRIE PHILOSOPHIQUE J. VRIN
6, Place de la Sorbonne, Ve
2008

DIETRICH VON FREIBERG
Opera omnia, Tomus 3
© Felix Meiner Verlag GmbH, Hambourg, 1983

En application du Code de la Propriété Intellectuelle et notamment de ses articles L. 122-4, L. 122-5 et L. 335-2, toute représentation ou reproduction intégrale ou partielle faite sans le consentement de l'auteur ou de ses ayants droit ou ayants cause est illicite. Une telle représentation ou reproduction constituerait un délit de contrefaçon, puni de deux ans d'emprisonnement et de 150 000 euros d'amende.

Ne sont autorisées que les copies ou reproductions strictement réservées à l'usage privé du copiste et non destinées à une utilisation collective, ainsi que les analyses et courtes citations, sous réserve que soient indiqués clairement le nom de l'auteur et la source.

© *Librairie Philosophique J. VRIN,* 2008
Imprimé en France
ISSN 0249-7972
ISBN 978-2 - 7116 -1983-2

www.vrin.fr

AVANT-PROPOS

Qu'est-ce qu'un grand philosophe? Difficile question, qui devient plus épineuse encore quand il s'agit d'un philosophe médiéval. L'historiographie dicte les palmarès, impose les hiérarchies, fixe les identités en fonction de schèmes téléologiques où la routine le dispute aux intérêts de l'heure. Un penseur du Moyen Âge est réaliste ou nominaliste, antique ou moderne, et s'il n'est pas thomiste, il se doit d'être ockhamiste ou scotiste, averroïste ou antiaverroïste. Il doit aussi appartenir à « l'âge d'or de la scolastique », prendre rang dans l'époque des « grandes synthèses » par l'écriture cathédrale d'une « somme » ou, au moins, d'un *Commentaire des Sentences*, faute de quoi, il sera logé au grand hospice des limbes, où précurseurs, disciples, petits maîtres et autres *viri obscuri* des « âges sombres » attendent que l'histoire les appelle. Dietrich de Freiberg, l'auteur dont nous entreprenons ici de traduire un choix d'œuvres philosophiques et théologiques a longtemps combiné tous les handicaps. Dominicain, mais virulent adversaire de Thomas d'Aquin, il ne pouvait prétendre qu'au statut d'anti-héros dans la saga du thomisme. Allemand, il ne pouvait que rester dans l'ombre des deux autres « maîtres » qui l'avait, l'un, précédé, l'autre, suivi à l'université de Paris, sur la chaire alors la plus prestigieuse de l'Occident médiéval : Albert le Grand et Meister Eckhart. Ni réaliste ni nominaliste, il n'avait laissé ni *Summa theologiae* ni *Écrit sententiaire*.

Météorite tombé de l'autre côté du Rhin, rebelle à tous les « ismes », splendide, mais apparemment isolé – d'un mot : « Teutonique » – Theodoricus de Vribergh est pourtant un grand philosophe. Un grand philosophe allemand du Moyen Âge. Cette « germanité » n'est pas sans conséquences, qui suggère qautre positions obligées sur l'échiquier historique : Maître Dietrich appartient à « l'école d'Albert le Grand », il est un représentant du « néoplatonisme médiéval », il entend défendre l'authentique doctrine d'Aristote et il est un des fondateurs de la « métaphysique de l'esprit ». La publication en français de ses principaux textes devrait faire justice de ces raccourcis. Le moment est, à cet égard, idéal. L'édition critique des *Opera omnia* est achevée, le *Corpus Philosophorum Teutonicorum Medii Aevi*, dont elle a été la figure de proue, a spectaculairement avancé, donnant à ce solitaire de quoi mieux étayer sa singularité. Surtout, en 2007, Kurt Flasch a fait paraître *Dietrich von Freiberg. Philosophie, Theologie, Naturforschung um 1300*, formidable bilan, en 718 pages denses, de trente-cinq années de recherche inaugurées, en 1972, par un article pionnier des *Kant Studien* : « Kennt die mittelalterliche Philosophie die konstitutive Funktion des menschlichen Denkens ? Eine Untersuchung zu Dietrich von Freiberg ». Une ontologie originale, une philosophie de l'esprit et une noétique d'une rare profondeur théorique, une théologie inclassable, qui doit autant à Proclus et aux *Philosophi* grecs et arabes qu'à Augustin, le tout exposé sous la forme de traités systématiques, dans une langue serrée et difficile, ne répugnant pas aux néologismes, voilà ce qu'il s'agit de mettre à la disposition du public francophone. Non pour ajouter un Fichte ou un Hegel médiéval au Panthéon de l'idéalisme allemand, encore moins pour doubler Maître Eckhart sur le fil – heideggérien ou antiheideggérien – de la *Deutsche Mystik*, ni davantage pour proposer un télos de substitution à une histoire de la pensée médiévale où le « tout Ockham » aurait succédé au « tout Thomas ». Le propos est plus modeste, et plus nuancé : il s'agit de construire, d'une traduction à l'autre, un paradigme alternatif complexe, d'une force et d'une cohérence conceptuelles étonnantes, propres à entraîner le lecteur sur de nouveaux chemins de pensée.

Ce premier volume, consacré à l'ontologie, rassemble deux traités sur la substance, la quidité[1] et l'accident : le *De accidentibus* et le *De quiditatibus entium*. Le premier contient une critique de la théorie « commune » de l'accident, dont la fine pointe est tournée contre la doctrine thomasienne de l'eucharistie, le second, une réinterprétation d'ensemble des concepts fondamentaux de la théorie de l'essence, de l'être et de l'étant. Traductrice de Henri de Gand, Gilles de Rome et Godefroid de Fontaines, auteur d'un livre remarqué sur l'*Avènement de l'aristotélisme en terre chrétienne,* Catherine König-Pralong en a assuré la traduction et l'annotation avec la collaboration de Ruedi Imbach. Le second, prévu pour 2009, contiendra la traduction du *De visione beatifica* (Anne-Sophie Robin), le volume III, confié à Julie Casteigt, livrera la traduction d'un traité capital pour l'histoire de l'épistémologie et de la problématique catégorielle, le *De origine rerum praedicamentalium*. Enfin, le quatrième volume, dont s'occupe Alain de Libera, proposera la traduction du *De intellectu et intelligibili*.

En remerciant le professeur Kurt Flasch d'avoir bien voulu introduire le lecteur à cette entreprise au long cours, ses directeurs forment le souhait que la version française des œuvres de « Maître Dietrich de Freiberg » rencontrera auprès du public des philosophes, étudiants et chercheurs, l'écho que mérite une pensée sans équivalent au Moyen Âge. Le choix du bilingue, latin-français, ne pourra qu'y contribuer. Que les éditions Vrin, qui en ont accepté le principe, et Jean-François Courtine qui, en accueillant nos volumes dans la Bibliothèque des textes philosophiques, leur donne leur pleine visibilité, trouvent ici l'expression de notre reconnaissance.

Ruedi IMBACH et Alain DE LIBERA
Mars 2008

1. Par souci de conformité avec le texte de l'édition du CPTMA et en accord avec l'usage adopté par les spécialistes du latin médiéval, l'orthographe "quidité" a été retenue pour traduire "quiditas".

INTRODUCTION

Il n'a pas été complètement oublié. Cependant, il y a une nouvelle étoile à découvrir au ciel de la philosophie européenne : Dietrich, venant de Freiberg – la ville argentifère de Saxe –, maître en théologie à Paris en 1296/7, mort entre 1310 et 1320[1]. Les bibliothécaires ont répertorié sont nom et les titres de quelques unes de ses œuvres ; les historiens de la science naturelle ont tôt reconnu en sa théorie de l'arc-en-ciel une avancée significative. Les bibliothécaires et les historiens de la science naturelle sont moins contaminés par les préjugés confessionnaux, d'écoles, ou par ceux procédant de conceptions générales du monde, que ne le sont les historiens de la philosophie et de la théologie ; ainsi, au début du XIXe siècle déjà, un

1. À son sujet : E. Krebs, *Meister Dietrich. Sein Leben, seine Werke, seine Wissenschaft*, Münster, 1906 ; W.A. Wallace, *The Scientific Methodology of Theodoricus de Freiberg*, Fribourg, 1959 ; K. Flasch, « Kennt die mittelalterliche Philosophie die konstitutive Funktion des menschlichen Denkens ? Eine Untersuchung zu Dietrich von Freiberg », *Kant-Studien*, 63, 1972, p. 182-206 ; K. Flasch, « Einleitungen zu Band 1, 2 und 3 von Dietrich von Freiberg », *Opera omnia*, Hamburg, 1977 ss ; B. Mojsisch, *Die Theorie des Intellekts bei Dietrich von Freiberg*, Hamburg, 1977 ; R. Imbach, « Gravis iactura verae doctrinae. Prolegomena zu einer Interpretation der Schrift „De ente et essentia" Dietrichs von Freiberg », *Freiburger Zeitschrift für Philosophie und Theologie*, 26, 1979, p. 369-425 [réimpr. dans *Quodlibeta. Ausgewählte Artikel*, Fribourg, 1996, p. 153-208] ; « Metaphysik, Theologie und Politik. Zur Diskussion zwischen Nikolaus von Straßburg und Dietrich von Freiberg über die Abtrennbarkeit der Akzidentien », première édition 1986, désormais in *Quodlibeta*, 1996 p. 251-295 ; K. Flasch (éd.), *Von Meister Dietrich zu Meister Eckhart*, Hamburg, 1984 ; L. Sturlese, *Dokumente und Forschungen zu Leben und Werk Dietrichs von Freiberg*, Hamburg, 1984 ; K. Flasch, « Von Dietrich zu Albert », *Freiburger Zeitschrift für Philosophie und Theologie*, 32, 1985, p. 7-26 ; K. Flasch, « Procedere ut imago – Das Hervorgehen des Intellekts aus seinem göttlichen Grund bei Meister Dietrich, Meister Eckhart und Berthold von Moosburg », *in* K. Ruh (éd.), *Abendländische Mystik im Mittelalter. Symposion Kloster Engelberg 1984*, Stuttgart, 1986, p. 125-134 ; N. Largier, *Zeit, Zeitlichkeit, Ewigkeit : Ein Aufriß des Zeitproblems bei Dietrich von Freiberg und Meister Eckhart*, Bern, 1989 ;

savant de Pavie, Giovanni Battista Venturi, se rendit à Bâle, à la bibliothèque universitaire, pour y transcrire partiellement le traité de Dietrich sur l'arc-en-ciel (*De iride*). Son livre de 1814 sur l'histoire des théories optiques consacre un important paragraphe à cette découverte de Dietrich en science de la nature. Venturi raconte qu'il a rencontré une première mention de Dietrich dans l'ancienne bibliographie de Jacques Quétif, le *De scriptoribus Ordinis Praedicatorum*, dont le premier tome (Paris, 1719, p. 513) répertorie une œuvre de Dietrich : le *De radialibus impressionibus*[1]. Venturi consacre une partie de son écrit à Dietrich et explique que celui-ci a assuré à l'Allemagne l'honneur de la première véritable découverte au sujet de l'arc-en-ciel[2]. Cette tonalité vigoureuse n'a depuis pas été égalée.

Que l'arc-en-ciel provient du rayonnement solaire et de la pluie, on l'a toujours su. Les encyclopédies du XIIIe siècle l'expliquaient par la réflexion des rayons du soleil sur les nuages de pluie, ou alors elles se contentaient de la signification symbolique qui en faisait des signes de réconciliation avec Dieu. Dietrich fut le premier à pouvoir expliquer son apparition par la trajectoire du rayon lumineux à l'intérieur de la goutte de pluie singulière : réfraction lors de l'entrée dans la goutte, réflexion, puis seconde réfraction lors de la sortie. Auparavant les théoriciens de l'arc-en-ciel avaient aussi parlé des gouttes d'eau, mais ils les avaient envisagées en leur totalité comme une sorte de miroir dont les irrégularités décomposaient l'image du soleil. À la page 117 de l'ouvrage classique de Carl B. Boyer consacré à l'histoire de l'arc-en-ciel (*The Rainbow. From Myth to Mathematics*, New York, 1959), on lit : « Theodoric's explanation is an eminently clear and essentially correct description of the mechanism producing the rainbow ». La recherche récente partage encore ce jugement; aujourd'hui nous disposons cependant d'un meilleur texte du traité de Dietrich *Sur l'arc-en-*

F.-X. Putallaz, *La connaissance de soi au XIIIe siècle*, Paris, 1991 ; R. Imbach, *Quodlibeta. Ausgewählte Artikel*, Fribourg, 1996 ; L. Sturlese, *Storia della filosofia tedesca nel medioevo. Il secolo XIII*, Firenze, 1996 ; K. Flasch, « Converti ut imago – Rückkehr als Bild. Eine Studie zur Theorie des Intellekts bei Dietrich von Freiberg und Meister Eckhart », *in* F. Cheneval, R. Imbach, Th. Ricklin (éds), *Albert le Grand et sa réception au Moyen Age. Hommage à Zenon Kaluza*, Fribourg, 1998, p. 130-150 ; K.-H. Kandler – B. Mojsisch – F.-B. Stammkötter (éds), *Dietrich von Freiberg. Neue Perspektiven seiner Philosophie, Theologie und Naturwissenschaft*, Amsterdam, 1999 ; T. Suarez-Nani, *Les Anges et la philosophie*, Paris, Vrin, 2002 ; K. Flasch, *Meister Eckhart. Die Geburt der « Deutschen Mystik » aus dem Geist der arabischen Philosophie*, München, 2006, p. 86-111.

1. Giovanni Battista Venturi, *Commentarj sopra le teorie e la storia dell'Ottica*, Bologna, 1814, p. 150.

2. Giovanni Battista Venturi, *Ibid.*, p. 166 : « Io credo aver assicurato alle Germania la gloria delle prime scoperte sull'Iride ».

ciel, et le cadre intellectuel de la science de la nature de Dietrich se laisse mieux préciser. En effet, Carl B. Boyer voyait en Dietrich un néoplatonicien et, dans le sillage de A.C. Crombie, il considérait sa théorie de l'arc-en-ciel dans le contexte de la « métaphysique de la lumière » de type néoplatonicien. Le présent livre, qui contient les premières traductions françaises des traités *De accidentibus* et *De quiditatibus entium*, peut contribuer à corriger cette image de néoplatonicien accolée à Dietrich.

Cette classification a longtemps influencé la recherche. Heinrich Denifle s'était intéressé à Dietrich; en 1870, son ennemi juré Wilhelm Preger avait publié le *Traité sur l'intellect agent et possible* – connu aussi sous le titre *De la vision béatifique* – et il avait classé Dietrich au rayon de la « mystique allemande ». Denifle ne parvint plus à écrire sur Dietrich et à le ramener dans le champ de la « scolastique ». Engelbert Krebs, qui était en relation avec Denifle, réengagea cette entreprise; en 1906, il publia un fort volume, qui livrait un choix de textes et une enquête sur l'histoire des idées. E. Krebs a réfuté la présentation de Preger selon laquelle Dietrich appartiendrait à la « mystique allemande », et il a montré que la qualification de « mystique » convenait mieux à Thomas d'Aquin qu'à Dietrich. D'autre part, il a découvert chez le dominicain Dietrich des divergences significatives par rapport au thomisme et il les a expliquées par des influences néoplatoniciennes, par l'influence de Proclus, du *Livre des causes* et du néoplatonisme arabe. Krebs interprétait la philosophie de Thomas comme un « aristotélisme chrétien » et justifiait l'opposition (partielle) de Dietrich à Thomas par un retour à Augustin et aux néoplatoniciens. Dans le deuxième volume de l'*Histoire de la philosophie* de Friedrich Ueberweg (Berlin, 1928), Bernhard Geyer a relayé cette image de Dietrich et a influencé en ce sens l'historiographie à venir. Martin Grabmann et Étienne Gilson ont conservé cette même image en s'autorisant d'Engelbert Krebs. Selon eux, Augustin et Proclus, Denys l'Aréopagite et l'opticien arabe Alhazen ont joué un rôle déterminant dans la pensée de Dietrich. Ce dernier apparaît alors comme un représentant de la « métaphysique de la lumière », un néo-augustinien et un néoplatonicien à couleur arabe, orienté vers Avicenne.

Gilson a donné à cette classification une tournure révélatrice : dans la deuxième édition de *La philosophie au Moyen Âge* (Paris, 1952), il a placé le paragraphe consacré à Dietrich *avant* le chapitre sur Thomas d'Aquin, comme si Dietrich était un augustinien préthomiste.

Le *De accidentibus* et le *De quiditatibus entium* révèlent que ces classifications étaient fallacieuses. Peut-être valent-elles pour d'autres écrits de Dietrich, en tous cas pas pour ces deux-là. L'ancienne classification de

Dietrich s'explique par trois motifs. D'abord, les auteurs d'histoires de la philosophie ne connaissaient ni le *De origine* de Dietrich, que Krebs tenait pour un écrit de logique, ni le *De accidentibus* ni non plus le *De quiditatibus entium*. Deuxièmement, ils voyaient en Thomas l'aristotélisme chrétien conséquemment réalisé; ils ont sous-estimé les éléments de doctrine néoplatoniciens chez Thomas; ils ont considéré Albert le Grand comme un précurseur du thomisme. En troisième lieu, ils ont conçu le travail de l'historien de la philosophie comme le rattachement d'un philosophe à un « courant ». Il est curieux que, même dans la collection des textes « Pour et contre Thomas » par P. Glorieux, les œuvres de Dietrich n'apparaissent pas. Enfin, il faut rappeler qu'Engelbert Krebs a recommandé à son jeune ami Martin Heidegger d'écrire sa thèse d'habilitation sur le *De origine* de Dietrich. Cependant il lui dit ce qu'il avait écrit en 1906 à ce sujet, qu'il s'agissait de « logique »; on comprend alors l'hésitation de Heidegger, qui préféra écrire sur un texte qu'il considérait à tort comme étant du « Duns Scot ».

Il est aujourd'hui possible de découvrir un nouveau Dietrich. Il existe une série de raisons pour le faire. Personne ne conteste l'importance historique de Thomas d'Aquin mais, depuis quelques temps, d'autres penseurs significatifs du Moyen Âge sont dignes d'intérêt. Les années 1274-1330 recèlent encore beaucoup d'inconnu, mais elles sont étudiées plus en détail et ne sont plus seulement considérées comme le temps du déclin. Des auteurs comme Siger de Brabant, Henri de Gand, Godefroid de Fontaines et Raymond Lulle sont exhumés à de nouveaux frais; l'édition en cours des œuvres d'Albert de Cologne a ouvert de nouvelles perspectives. Pour ne mentionner qu'un texte, l'édition par Winfried Fauser du *De causis et processu universitatis a prima causa* d'Albert (*Opera XVII. 2*, Münster, 1993) ouvre la possibilité d'une présentation plus concrète de la pensée d'Albert. Les nouvelles recherches sur la philosophie d'Albert – je me contente de mentionner celles de Loris Sturlese et Alain de Libera – ne voient plus seulement en Albert le maître et l'allié de Thomas d'Aquin. L'image de Thomas s'est aussi transformée, les nouveaux chercheurs ne le voient plus seulement comme un « aristotélicien chrétien », ils pointent au contraire les influences d'Augustin, du *Livre des causes* et de Denys l'Aréopagite. La ligne de front séparant aristotéliciens et néoplatoniciens s'est estompée. Les historiens des idées n'attribuent plus comme but à leur travail le rattachement d'un auteur à l'un de ces courants. Ils ont découvert le polycentrisme sous ses formes géographique, théorique et individuelle. Pour eux il existe d'autres centres en sus de Paris ou Oxford : Bologne et

Cologne, Naples et Majorque. En ce qui concerne Dietrich, depuis 1985 nous possédons une édition critique de toutes ses œuvres connues, en quatre volumes; moyennant une série d'études, ses éditeurs ont libéré Dietrich de l'étiquette d'augustinisme réactionnaire ou d'avicennisme chrétien. Ils ont mis en pièces ce schéma anachronique qui rangeait Dietrich parmi les penseurs préthomistes. Une raison fort simple plaidait déjà en ce sens : Dietrich était étudiant à Paris alors que Thomas d'Aquin et Bonaventure décédaient, en 1274.

Les écrits de Dietrich traduits ici, le *De accidentibus* et le *De quiditatibus entium*, traitent de questions d'ontologie générale[1]. Ils présentent Dietrich en critique de la métaphysique antérieure et en restaurateur de la véritable métaphysique. Comme le *De iride* le montre, ces questions caractérisées par un haut degré de généralité n'ont pas occupé Dietrich tout au long de sa vie. Il a écrit au sujet de la lumière et des couleurs; il a élucidé des questions de théologie traditionnelle à la lumière de sa philosophie. Il a en particulier renouvelé la théorie de l'intellect et déterminé ainsi le rapport entre homme et Dieu à de nouveaux frais. Toutes ces enquêtes adoptent la forme d'écrits relativement courts. Les plus volumineux livres de Dietrich sont les traités *De origine, De cognitione entium separatorum* et *De iride*. Dietrich n'a jamais écrit de somme. Il a rédigé des *Quaestiones* universitaires, mais même les *Quaestiones Quodlibetales* que les grands auteurs postérieurs à 1270 affectionnaient, ne constituaient pas sa forme littéraire; il préférait les petits traités à la thématique étroitement précisée. Il considérait ses travaux comme des études ciblées. Les grands ensembles doctrinaux avaient été édifiés; ils étaient prescrits et établis comme doctrines officielles des Ordres. Depuis 1286 l'Ordre dominicain s'était rallié à Thomas d'Aquin, les Franciscains à Bonaventure, les Augustiniens à Gilles de Rome. À Paris les maîtres séculiers Henri de Gand et Godefroid de Fontaines enseignaient encore – dans une relative indépendance –, alors que dans les Ordres mendiants ne cessaient de réapparaître des penseurs enclins au doute et audacieux. Une période de mise à l'épreuve avait débuté. Quelques petits « détails » avaient été négligés lors de l'édification des ensembles doctrinaux. Des penseurs comme Henri de Gand, Godefroid de Fontaines et certainement Duns Scot ont jugé que la génération précédente n'avait pas lu les classiques de manière assez consciencieuse. Les grands maîtres étaient passés à côté d'une série de questions. À ces

1. Les écrits de Dietrich, le *De accidentibus* (abrégé *acc.*) et le *De quiditatibus entium* (abrégé *quid.*), seront cités selon la pagination du présent volume.

questions appartenaient la théorie des propriétés (*accidentia*) et la philosophie du principe essentiel des choses (*quiditas*).

DE ACCIDENTIBUS

Dans le *De accidentibus* de Dietrich, il est question du rapport entre chose et propriété [1]. Le mot « chose » (*substantia, res*) est pris ici en un sens général ; par exemple, le triangle est la « chose » qui a pour « propriété » de posséder une somme des angles égale à 180 degrés. Dietrich précise d'entrée son objet ; il annonce vouloir traiter de l'essence des propriétés, de leur être ou être d'inhérence aux substances et, en particulier, de la question suivante : les propriétés peuvent-elles être maintenues dans l'être par quelque puissance, alors qu'elles sont séparées et détachées de leurs sujets (*a subiectis*) ? La transformation des choses n'est pas l'objet du débat, il ne s'agit pas du fait que les choses perdent ou reçoivent des propriétés, mais le problème s'énonce ainsi : qu'est-ce qui fait l'essence des propriétés ? Dieu, ou quelque puissance, peut-il les séparer de leur sujet propre et les maintenir ainsi dans l'être, sans sujet ?

Dietrich souligne que c'est là une question difficile et très chaudement débattue, les arguments s'opposent aux arguments, les autorités aux autorités. Il annonce qu'il prend position contre l'opinion commune et dominante, contre les *communiter loquentes* qui l'emportent par le nombre et non par la force de leurs arguments. Dietrich se sent isolé. Il l'était effectivement. Depuis la polémique contre la doctrine eucharistique de Bérenger de Tours, presque tous les auteurs avaient enseigné que, lors du changement du pain en corps du Christ, la toute-puissance divine sépare les propriétés du pain de la substance du pain et les maintient séparées dans l'être. On le lisait chez Pierre Lombard [2] ; la plupart des auteurs

1. Pour l'élucidation de cet écrit sur les accidents, voir mon introduction au volume III des *Opera omnia* de Dietrich de Freiberg (Hamburg, 1983), p. XXXVIII-LX ; R. Imbach, *Quodlibeta. Ausgewählte Artikel*, Fribourg, 1996, p. 251-295 ; « Pourquoi Thierry de Freiberg a-t-il critiqué Thomas d'Aquin. Remarques sur le *De accidentibus* », *in* F. Cheneval, R. Imbach, T. Ricklin (éds), *Albert le Grand et sa réception au moyen age. Hommage à Zénon Kaluza*, Fribourg, 1998, p. 116-129 ; P.J.J.M. Bakker, *La raison et le miracle. Les doctrines eucharistiques (c. 1250 – c. 1400)*, 2 Vols, Nijmegen, 1999, en particulier vol. I, p. 331-340. Il existe en outre une traduction allemande par B. Mojsisch : Dietrich von Freiberg, *Abhandlung über die Akzidentien*, mit einer Einleitung von K.-H. Kandler, Hamburg, 1994.

2. Petrus Lombardus, *Sententiae, Liber IV, dist. 12, c. 1*, Grottaferrata, 1981, p. 304 : *Si autem quaeritur de accidentibus quae remanent, scilicet de speciebus et sapore et pondere, in quo subiecto fundentur, potius mihi videtur fatendum exsistere sine subiecto.*

l'enseignaient; le quatrième concile de Latran en 1215 et le concile de Lyon en 1274 avaient établi cette doctrine comme dogme de l'Église, en enseignant que le pain et le vin se trouvaient « transsubstantiés » en corps et sang de Jésus; les acteurs des deux conciles ne s'étaient certes pas expressément prononcés, comme Pierre Lombard, au sujet des propriétés du pain sans substance, mais ce silence s'explique aisément du seul fait qu'ils tenaient cette conséquence pour évidente et qu'ils laissaient aux théologiens le soin de la formuler de manière exacte. Les théologiens comblèrent cette lacune dans le sens de Pierre Lombard. Non seulement Thomas et les premiers thomistes, mais aussi Bonaventure et même Albert expliquèrent que le dogme ecclésiastique de la transsubstantiation signifiait le maintien dans l'être des propriétés du pain sans la substance du pain, en vertu de la toute-puissance divine. Les *communiter loquentes* auxquels s'opposent Dietrich, formaient ainsi une majorité compacte, tous ordres confondus. La contre-argumentation de Dietrich prétend que leur théorie n'est pas seulement *de facto* inexacte, mais aussi contradictoire et que, de l'avis général qui s'était imposé depuis Anselme de Canterbury, Dieu ne peut pas vouloir le contradictoire; la toute-puissance divine ne saurait donc séparer les propriétés de la chose à laquelle elles appartiennent.

Pour faciliter l'accès du lecteur au texte, j'aimerais d'abord donner une vue d'ensemble de la construction et du cheminement argumentatif du traité. Dietrich l'a divisé en vingt-trois courts chapitres et l'a fait précéder d'une table des matière. Sa division procède par petites parties; pour les besoins d'une introduction, il paraît pertinent de résumer plusieurs de ces chapitres ensemble.

Le *Proemium* précise la thématique du traité et met en évidence son opposition à la doctrine dominante. Dietrich définit ensuite la signification du mot « propriété » (*accidens*). Il distingue les propriétés qui reviennent toujours et essentiellement à une chose – comme à l'homme d'être doué de raison – des propriétés des choses de la nature. Il montre que les propres essentiels (*propria*) ne peuvent être séparés des choses en aucune manière et par aucune puissance, fût-elle divine, car cela renfermerait une contradiction : en même temps, la chose correspondrait et ne correspondrait pas à ce qui est défini (chapitres 1 à 5). Il réfute une objection ridicule – trouve-t-il – élevée contre son argumentation (chapitre 6).

Ensuite Dietrich se tourne vers les propriétés des choses de la nature. Il élucide la nature et la détermination des propriétés, ainsi que leur rapport à la substance. En quel sens sont-elles exactement des étants ? Il propose une ontologie améliorée de la substance et de l'accident. L'inséparabilité se tire du concept universel de propriété naturelle (chapitres 7 à 10).

Après les preuves rationnelles, Dietrich discute les arguments d'autorité. Il s'occupe exclusivement d'Aristote et de sa théorie selon laquelle l'accident n'a aucun principe essentiel (*quiditas*) au sens strict; apparaît alors la question de la possibilité de définir l'accident (chapitres 11 à 15). Dans le traité plus tardif *De quiditatibus entium*, Dietrich approfondira la question de la signification du mot « principe essentiel » (*quiditas*) eu égard au substances et aux propriétés naturelles. Après avoir expliqué en quel sens l'accident peut être défini selon Aristote, Dietrich tire un premier bilan : sans exception, l'essence de l'accident exclut la séparabilité (chapitre 16). Il confirme cette conclusion au moyen d'Aristote (chapitre 17) et au moyen du concept universel de quidité (chapitre 18). Il résume ses résultats et tranche la question suivante : une puissance mondaine ou la toute-puissance divine elle-même pourrait-elle faire qu'une propriété subsiste sans sujet ? (chapitre 19). Dietrich conclut son traité en critiquant les objections élevées contre sa thèse (chapitre 20 à 23).

Cette œuvre de Dietrich est un traité polémique. Cela est indéniable, et il faut encore en parler de manière explicite. Cependant, il faut préciser d'abord qu'il s'agit d'un traité métaphysique. *In nuce* il contient la nouvelle métaphysique de Dietrich, dont est née sa polémique en premier lieu. Au tout début de son argumentation (chapitre 3, p. 52-57), Dietrich prend beaucoup de recul par rapport au motif qui l'occupe et il donne un tableau des formes de l'étant *per accidens*. Il s'agit de savoir comment quelque chose peut revenir (*accidere*) à une chose. Il revient à l'homme d'être un être doué de raison. Il revient au triangle d'avoir une somme des angles égale à deux angles droits. Il revient à tout nombre d'être soit pair soit impair. Ce sont là trois modes différents de revenir à; ils ont cependant en commun de revenir à la chose « par soi », *per se*, c'est-à-dire sans exception et nécessairement. En s'appuyant sur la théorie des modes de la prédication *per se* exposée par Aristote dans les *Analytiques postérieurs I, 4,* Dietrich décrit plus précisément la différence de ces modes : l'homme est « par soi » un vivant doué de raison; le triangle n'*est* pas la somme des angles, mais cela procède de sa définition. Cependant, dans tous ces cas, ce qui revient à la chose est inséparable d'elle. Si les propres essentiels étaient séparés, A serait à la fois A et non-A. Avec cette doctrine, les premiers fondements ontologiques sont assurés : un homme peut périr mais, aussi longtemps qu'il est un homme, il est nécessairement un vivant doué de raison. À partir de la réception des textes d'Aristote, sur la base du principe qu'il ne faut pas douter du contenu de réalité des définitions, tous les maîtres importants avaient admis que le défini ne peut être séparé de sa définition. On trouve cela chez Bonaventure (*In IV Sent., dist. 12, pars 1, art. 1, q. 1,* vol. IV, p. 271 a-b), Thomas l'a répété (*In IV Sent., dist. 12, q. 1, art. 1, quaestiuncula 1, ad 2*, ed. P. Mandonnet, M.F. Moos, vol. IV, p. 499, n. 26). Mais Bonaventure comme Thomas ont aussitôt neutralisé le potentiel de cette concession, ajoutant que la relation nécessaire entre la chose et ce qui lui revient se réfère à une aptitude (*aptitudo*). Selon cette thèse, il revient nécessairement à l'accident d'être susceptible d'appartenir à un substrat, mais, tout essentiel qu'il soit, ce rapport ordonné n'est que principiel et ne dit rien sur le fait qu'une détermination revienne *de facto* à une chose (Bonaventure, *loc. cit.*, p. 271 a; Thomas, *Somme théologique, III, q. 77, art. 1, ad* 2). Ainsi la relation entre définition et défini est remise en question *dans le monde réel*. Relativement aux propriétés essentielles (*proprietates et per se passiones*), Dietrich estime que cette position est en tous cas ridicule. Elle reviendrait à dire que l'homme n'est défini que par le fait *d'être susceptible* d'être doué de raison et que le triangle ne possède la propriété d'avoir une somme des angles égale à deux angles droits que sur le *mode possible*. La grossièreté et la fausseté de cette fiction sautent aux yeux si l'on considère que le triangle ne *peut* pas avoir une somme des angles égale à deux angles droits, mais qu'il possède cette propriété *nécessairement*, c'est-à-dire qu'il *doit* la posséder pour être un triangle. Si l'homme n'était que susceptible d'être doué de raison, alors il ne le serait pas en réalité, et il ne serait pas homme (*acc.* 6 (2), p. 66).

Comme la plupart de ses collègues autour de 1300, Dietrich aimait les divisions à large champ d'action. Ainsi, il a distingué les propriétés essentielles en deux groupes. Les propriétés de ces deux groupes procèdent nécessairement de l'essence, si bien qu'elles sont toutes inséparables. Pour le débat sur la séparabilité, cette division n'a donc aucune signification. Dietrich l'utilise pour d'autres motifs; elle lui donne l'occasion de revenir brièvement à une thèse exposée dans son traité de début de carrière, le *De origine rerum praedicamentalium;* on y lit que la pensée humaine constitue la consistance ontique première, non pas seulement les objets de pensée. Dietrich distingue en effet deux types de principes des étants (*principia entium*) dont procèdent les propriétés essentielles. Premièrement les principes constitutifs des êtres singuliers, comme la matière et la forme, l'âme et le corps. De ces principes découle par exemple que l'homme soit capable de rire et le cheval de hennir. Deuxièmement il y a les structures essentielles générales qui fondent la classification en genres et espèces. Elles sont également les éléments de la définition. Aristote en a parlé comme de « parties de la forme essentielle » précédant du point de vue de la chose les êtres singuliers composés de matière et de forme, c'est-à-dire comme de *partes ante totum*. Par exemple « vivant » et « doué de raison » pour l'homme. Il s'agit encore d'essence et de propriétés découlant nécessairement d'elle, mais dans ce cas celles-ci sont considérées de manière plus abstraite, plus formelle. Tel est le champ dans lequel l'intellect humain agit de manière constitutive. Il tire du concept spécifique des déterminations auxquelles ne correspond aucun état naturel et qui sont pourtant réelles, comme le fait pour un être d'être un ou multiple, semblable ou dissemblable (*acc.* 3 (2)-(5), p. 52 *sq.*, et aussi 5 (2), p. 60).

Jusqu'à présent la discussion a concerné les propres essentiels (*proprie propria*). La question cruciale est cependant celle de la séparabilité des propriétés des choses de la nature, notamment des propriétés du pain par rapport à leur substance. Pour trancher cette question, Dietrich développe les lignes directrices de sa nouvelle métaphysique. Il commence par une révision de la détermination essentielle de la substance et de l'accident. La plupart de auteurs, les *communiter loquentes*, définissent la substance comme ce qui *porte* une propriété. Ils définissent la propriété comme ce qui *est porté* et comme ce qui est *dans* un autre. Ils spatialisent ainsi le rapport entre chose et propriétés ; ils l'attachent à une image au lieu de le penser ; en tous cas, ils ne touchent qu'un aspect secondaire. En effet, lorsque nous disons d'un arbre qu'il est vert, « arbre » et « vert » ont bien chacun un contenu de pensée propre, qui ne se résume pas au fait d'être porteur (sujet) de propriétés pour « arbre » et à l'inhérence pour le « vert ». Lorsque nous disons d'une pomme qu'elle a un certain poids, nous ne concevons pas la pomme comme « porteuse » et le poids comme quelque chose qui est « dans » la pomme, en tous cas pas dans un premier temps. L'ontologie dominante de la substance et de l'accident exerçait une contrainte systématique qu'il s'agissait de rejeter. Il faut concevoir d'une nouvelle manière la substance et l'accident, selon leurs déterminations propres ; il faut commencer par définir la « substance » comme ce qui existe « par soi » et selon sa propre détermination interne (*per se et secundum se*), et l'accident comme ce qui est par un autre et en vertu de cet autre (*per aliud seu secundum aliud*) (*acc.* 9 (1), p. 74 *sq.*). Une substance est ce qui est par soi-même, en fonction de son essence propre et selon son principe essentiel interne (*per se secundum se esse secundum rationem suae essentiae et propriae quiditatis*). L'accident a certes aussi sa structure essentielle interne, c'est-à-dire une nature spécifique, mais il l'a essentiellement en fonction d'un autre et par un autre ; il est *secundum aliud et per aliud*. Il peut bien être par un autre et dans un autre aussi, ce qui est ontologiquement significatif est qu'il ne soit pas un en-soi; il a sa propre essence, mais il l'a par le truchement d'un autre (*acc.* 9 (5), p. 76). Dietrich ne se contentait pas de dire, avec Bonaventure, que la chose et la propriété se distinguent *per essentiam*. Là résidait le danger de partager substance et accident en les considérant comme égaux en droit du point de vue ontologique. Ce qui l'intéressait était la constitution de l'essence de l'accident par le truchement d'un autre étant. Il a corrigé la représentation selon laquelle l'essence de l'accident et son rapport à la substance sont caractérisés de manière adéquate si l'on dit que l'accident est *dans* une autre essence et est *porté* par elle.

Dietrich développe sa théorie de la substance et de l'accident en enquêtant sur l'étant en tant qu'étant. La spécificité respective de tout étant doit être déterminée à partir de son caractère propre d'étant. Être-substance et être-accident constituent des modes de l'être-étant; ceux sont des modes de ce qui se tient à distance du néant. Cette précision fait d'abord saisir que la première division de l'étant est la distinction entre substance et accident. En effet, la substance se tient à distance du néant par elle-même et en fonction d'elle-même. Elle se distingue du néant dans la mesure où elle possède son essence en proportion de son être propre déterminé, c'est-à-dire de l'être informé par le principe essentiel qui lui est propre (*habere essentiam per se et secundum se secundum rationem suae propriae et intraneae quiditatis*). L'accident a aussi une essence, mais par le truchement d'un autre et en fonction d'un autre; il possède son principe essentiel (*quiditas*) dans un autre, non en soi-même (*acc.* 9 (6), p. 76). Substance et accident doivent être conçus comme des modes dérivés de ce qui n'est pas “étant rien”; la substance possède à un plus haut degré le caractère et la plénitude de l'étant. Dietrich dit de la substance qu'elle se fait étant essentiel par soi-même, *essentiatur*. L'accident reçoit son essence par le biais d'un autre que soi; il est déterminé essentiellement (*quidificatur*) par le principe essentiel de la substance.

Qui conçoit la substance et l'accident comme les premiers modes de l'étant en tant qu'étant dépasse la représentation imaginaire figée, attachée à l'inhérence; et il en résulte une série de corrections corollaires :

La raison et la manière dont l'étant en tant qu'étant est dit analogiquement s'éclairent. Le modèle de la prédication analogique est le rapport de l'accident à la substance. L'accident est un étant de l'étant, un *ens entis*, c'est-à-dire un étant de l'étant originaire qu'est la substance. Il n'est rien d'autre que la disposition de la substance. Il a certes un caractère *accidentel*, mais *de manière nécessaire*. Le caractère relatif de l'accident par rapport à la substance est essentiel à l'accident, non pas accidentel (*acc.* 10, p. 78-80).

En voulant proposer une nouvelle formulation de l'ontologie de la substance et de l'accident dans l'unique cadre du questionnement sur l'étant en tant qu'étant, en définissant la substance comme ce qui se réalise/s'essencie (*essentiatur*) par soi-même et en caractérisant l'accident comme ce que la substance informe en tant que son principe essentiel (*quidificatur*), Dietrich savait qu'il devait reformuler les concepts d'étant en tant qu'étant, d'essence et de quidité dont usaient les *communiter loquentes*, et qu'il devait positionner cette nouvelle conception dans le contexte des débats de ces dernières décennies de siècle. Quant à la quidité, il en a précisé les contours dans le *De accidentibus;* dans le *De quiditatibus entium* il a explicité en détail les concepts d'essence (*essentia*) et de principe essentiel (*quiditas*); les concepts d'*ens qua ens* et d'*essentia* sont clarifiés dans le *De ente et essentia;* dans ce dernier texte, il s'est engagé dans le conflit où l'a entraîné sa métaphysique de l'*essentia* et de la *substantia*, affrontant les partisans de la distinction réelle de l'essence et de l'être, d'obédience avicenno-thomasienne.

Dans le *De accidentibus*, il a certes pu mentionner d'autres prémisses de sa pensée, mais sans les développer de manière explicite. Cela vaut en particulier pour sa métaphysique du cosmos. Le *De accidentibus* signale deux présupposés de cette métaphysique, qu'il applique à la théorie de l'accident :

1) Le dynamisme universel de Dietrich : tout être existe pour réaliser son effectivité; seul ce qui agit est réel. 2) Le postulat de rationalité universelle : dans les questions de cosmologie métaphysique, en cas de doute il faut défendre la solution qui exprime le mieux l'ordre rationnel du monde. Ces deux prémisses influent sur la théorie de l'accident : les accidents doivent être conçus dans le contexte de l'agir des choses de la nature. Comme les essences ne peuvent pas, en tant qu'essences, agir les unes sur les autres, comme les substances ne peuvent pas, en tant que substances, agir les unes sur les autres, mais puisque l'agir est compris dans leur détermination, pour réaliser leur agir elles sont pourvues de propriétés, qui déclenchent et accomplissent les processus naturels. Quant aux êtres qui ont leur fin en eux-mêmes, dont la finalité coïncide avec l'agir immanent, dont l'agir et l'essence sont donc identiques, ils atteignent leur fin sans agir dans les conditions du temps et de la matière et, dans cette perspective rationnelle, ils n'ont aucun besoin de propriétés telles que les conditions corporelles. Leur fin ne doit pas même être atteinte; elle l'est d'emblée. Ils n'ont besoin d'aucun accident. Ils ne possèdent aucune propriété différente

de leur essence ; leur essence, leur agir et leur propriété – voilà qui est tout à fait identique. Ils sont d'une simplicité telle qu'ils n'ont pas de « partie » ; or les propriétés sont les dispositions des êtres possédant des « parties ». Que Dieu doive être d'une telle simplicité était une doctrine commune au XIIIe siècle ; mais on se demandait si des créatures pouvaient être d'une simplicité telle que leur activité et leur fin soient identiques à elles, essentiellement. À cet endroit, Dietrich avance sa théorie de l'intellect : s'il y a de pures intelligences – comme l'ont prétendu les philosophes qui recherchaient les principes moteurs des sphères célestes –, et si les hommes possèdent un intellect agent qui existe en eux de manière individuelle, alors ces intellects sont d'une simplicité telle qu'ils ne requièrent aucun ajout extérieur et qu'ils n'en n'ont effectivement pas – en vertu de la rationalité du monde. Ainsi les intellects sont exempts de propriété (*acc.* 8, p. 72-74). Les accidents appartiennent au monde de la nature qui, elle, en a besoin ; du monde des l'intellects il faut exclure toute représentation imaginaire d'ajouts extérieurs et de mouvement vers la fin médiatisé par une propriété. Le dynamisme des intellects consiste en l'auto-essentiation de leur activité substantielle. Dans le volumineux traité *De visione beatifica*, Dietrich a défendu cela contre les *communiter loquentes :* il y a des créatures dont l'agir et l'essence sont identiques et qui, en vertu de leur essence, ne peuvent donc pas revêtir de complément additionnel d'ordre accidentel, pas même la grâce ou la lumière glorieuse. En ce sens, Dietrich dit de ces créatures qu'elles n'ont aucune « partie » et par conséquent aucun accident. Les accidents appartiennent aux êtres qui ont des « parties ». Tout ce qui est dans un être spirituel comme l'intellect agent de l'homme, doit être le *tout* essentiellement. Dietrich a dédié le traité *De visione beatifica* à ce thème ; il l'a retravaillé dans le *De intellectu et intelligibili ;* dans le *De accidentibus*, il se contente d'en jouer. Le traité *De accidentibus* est le troisième volet d'un triptyque dont la pièce centrale est le *De visione beatifica*. Les trois traités appartiennent sans doute au temps où Dietrich enseignait à Paris avec la fonction de maître, c'est-à-dire dans les années 1296/7.

Nous l'avons vu, Dietrich a refusé de considérer le rapport de la propriété naturelle à la chose comme l'être d'inhérence d'une essence dans un autre que soi, comme s'il s'agissait là de deux essences distinctes. Il reconnaît que l'on peut parler de deux « essences » dans l'acception vague du terme, car la substance et l'accident possèdent un "ce que", mais, de manière précisément ontologique, il faut dire que la substance seule possède une quidité et qu'elle quidifie l'accident. Le rôle décisif de la substance à l'égard de l'accident consiste en cette quidification, et non pas en la fonction de support, qui est une représentation imaginaire d'ordre sensible. Il convient alors de préciser exactement ce que signifie « quidité » au sens strict.

Il est utile d'intercaler ici une remarque d'ordre terminologique. Plus le *esse* contenu dans l'expression « *essentia* » passe inaperçu, plus « *essentia* » signifie *ce que* quelque chose est, le caractère essentiel. En ce sens, on peut dire qu'une chimère a aussi une essence ; seule son existence est discutable. « Essence » prend alors la signification de “ce que c'est”, elle signifie le contenu ontologique déterminé d'une chose ou le contenu de la réponse à la question demandant *ce qu'*est quelque chose. Dans son traité *De ente et essentia* Dietrich s'oppose à cette manière de vider ontologiquement le concept d'essence ; dans le *De accidentibus* il se concentre sur le concept de quidité. Les chapitres 11 à 15 parviennent à la conclusion que l'accident a bien une essence, mais pas de quidité. *Quiditas* vient de *quid;* c'est pourquoi « quidité » *semble* avoir la même signification que « être un “ce que” » ou « essence ». Cela reviendrait à admettre que la chimère, ayant aussi une détermination en ce qu'elle est, possède en ce sens une essence et une quidité également. Une chose seulement *possible* aurait donc une essence et une quidité dans le même sens que ce qui existe *en acte*. Dietrich rejette cet usage linguistique inexact. Il affine la terminologie, précisant que *quiditas* signifie uniquement le principe concret et immanent qui fait d'une chose ce qu'elle est. « *Quiditas* » ne signifie donc pas : « ce que c'est », mais le principe essentiel réel d'un étant en acte. « *Quiditas* » ne réfère pas à une structure abstraite dans laquelle nous pourrions ordonner les choses réelles et singulières, mais le principe réel qui fait qu'un étant est ce qu'il est. Il n'est pas un “ce que c'est” abstrait, ni une essence universelle, mais un principe essentiel concret. Selon Dietrich, cette distinction est décisive pour l'ontologie de l'accident. En parlant de manière vague, on peut certes reconnaître à l'accident une essence propre – car on peut bien dire de lui *ce qu'*il est –; il n'a cependant pas de quidité dans le sens de principe essentiel propre et interne.

Qui ignore cette distinction passe à côté de la fonction quidifiante de la substance, démembre la réalité, en fait un assemblage kaléidoscopique d'essences et ne voit pas que les accidents ne peuvent être définis qu'en un sens impropre. Nous ne pouvons dire ce qu'est une couleur, sans parler de la chose concrète à laquelle elle appartient et qui la quidifie dans une perspective philosophique ontologique. Le problème portant sur la possibilité de définir l'accident contraint à poser une distinction forte entre perspective logique et perspective philosophique ontologique. Le philosophe tourné vers le réel écarte en pensée cette autonomisation engendrée par la possibilité linguistique de définir une propriété considérée en elle-même, alors même qu'elle n'est rien considérée en elle-même. La quidité est le principe réel de la définition au sens propre, si elle est envisagée comme seul le « philosophe premier » ou le métaphysicien peut la penser, à savoir comme la détermination en “ce que” constitutive d'un étant réel. Dietrich admet la possibilité d'une détermination essentielle purement verbale mais, selon lui, la « couleur » n'est pas indépendante, elle est au contraire la disposition d'une chose concrète. Si nous n'envisageons pas la quidité comme un modèle abstrait valable également pour tout contenu imaginaire, mais comme un principe constitutif concret, alors la quidité de la propriété n'est que la forme substantielle propre ou la forme essentielle de la substance. Le métaphysicien Dietrich surprend avec cette critique du pouvoir de séduction des mots sur la pensée. Ce seul pouvoir a fait naître la croyance voulant que l'accident soit une véritable réalité, en principe séparable, qui possèderait son essence alors même qu'elle ne serait qu'une pure possibilité ou une *aptitudo* en voie de devenir la disposition d'une substance réellement existante. Dietrich s'oppose à cette croyance : abstraction faite de la possibilité de la décrire comme une sorte de chose, la propriété *existe* dans l'unique mesure où elle est quidifiée par la forme essentielle et substantielle de la substance. C'est pourquoi Dietrich insiste fortement sur l'unique principe réel, la quidité ou forme essentielle.

En résumé : pour le philosophe attaché au réel, donc pour le métaphysicien, l'accident n'a aucune quidité propre ; il a bien une essence, mais cette essence est déterminée par la substance ; l'accident est dit « étant » dans l'unique mesure où il est étant de la substance. Pour le philosophe attaché au réel l'accident ne peut pas même être défini sans que la substance n'entre dans sa définition, à la manière dont le concept de « camus » ne peut être défini sans « nez ». Les accidents ne possèdent pas leur essence en vertu d'un principe essentiel immanent et indépendant (*acc.* 16 (1), p. 102). Ils *sont*, mais ils ne *sont* qu'en vertu de leur ordonnancement à la substance. La problématique développée par Dietrich dans le *De accidentibus* n'exige pas que nous explicitions ici comment cette relation fournit le modèle général de l'analogie d'attribution, pour les prédications analogiques comme pour la relation de l'étant mondain à l'étant divin. En tout état de cause, cela appartient aux conséquences de sa pensée. Concernant l'ontologie de l'accident, la solution catégorique de Dietrich s'énonce ainsi : lorsqu'on demande si quelque puissance – fût-ce la toute-puissance divine – peut faire qu'un accident existe sans substance, séparément et en soi, en sa propre essence, il faut répondre par la négative, sans compromis aucun, absolument et sans distinguer plus avant, *simpliciter absque omni distinctione, quod non* (*acc.* 19 (1), p. 116). Dietrich garde le silence sur les conséquences de cette solution pour la doctrine de l'eucharistie. On peut supposer qu'il a voulu écarter la théorie de la transsubstantiation en faveur d'une interprétation plus spirituelle de l'eucharistie.

Le ton sans compromis sur lequel Dietrich énonce sa pointe conclusive révèle ceci : le *De accidentibus* est un traité polémique à haut degré d'abstraction ontologique. Dans le passé Thomas d'Aquin avait défendu la théorie contraire sur un ton exactement aussi rude : « C'est pourquoi il faut affirmer sans le moindre doute que Dieu peut faire qu'un accident existe sans sujet ». *Et ideo absque omni dubitatione dicendum est quod deus potest facere accidens esse sine subiecto* (*In IV Sent., dist. 12, q. 1, art. 1*, ed. P. Mandonnet, M.F. Moos, vol. IV, p. 499).

Lorsque Thomas bannissait ainsi tout doute, il était conscient de son inscription dans une tradition doctrinale qui s'était développée depuis la polémique contre Bérenger de Tours et qu'il rencontrait enrichie des élaborations de Bonaventure, mais aussi d'Albert. Elle reposait sur trois arguments : 1) L'accident a une essence propre. 2) Nous transformons la définition de l'accident et décrivons la « propriété » non plus comme ce qui est par ou dans un autre, mais comme ce qui est par nature susceptible d'être par ou dans un autre, sans que l'être d'inhérence en acte n'appartienne à sa définition. En ce sens, nous ne séparons pas la définition du défini, nous évitons donc la contradiction. Je qualifie cette thèse d'argument de l'*aptitudo*. 3) Nous prétendons que les accidents subsistant sans substance ont besoin d'un sujet, mais qu'ils sont portés par la quantité ; en vertu d'une intervention divine, celle-ci joue le rôle de substance et atténue ainsi le caractère miraculeux du processus. Dieu fait « seulement » en sorte que la quantité existe sans sujet; pour les huit autres catégories, il n'y a aucun changement. Elles sont inhérentes à la quantité. Je qualifie cette thèse d'argument de la quantité comme quasi-substance.

Ces trois arguments ne constituaient pas des doctrines spécifiques à quelque auteur singulier; ils se trouvaient chez Bonaventure et chez Thomas, toujours dans la première question de la distinction 12 du quatrième livre de leurs *Commentaires des Sentences*. Dietrich s'est positionné contre ces autorités; il savait qu'il devait non seulement avancer des preuves rationnelles mais aussi des arguments d'autorité, pour opposer la meilleure conception à la foule de ses opposants. Son analyse ontologique est construite pour renverser les trois raisons de la thèse adverse. Elle élucide la relation entre accident, essence et quidité, et souligne que dans une perspective philosophique ontologique les définitions ne se réfèrent pas à des choses *possibles*, mais à des réalités *en acte ;* Dietrich considérait comme ridicule l'argument auxiliaire de la quantité quasi-substantielle; la thèse opposée à la sienne confond la définition de la propriété donnée dans une perspective philosophique ontologique avec une définition purement verbale (*acc.* 23 (19), p. 140). Dietrich parle sur le ton de la supériorité condescendante. Il expose ses découvertes, car, comme le prescrit l'apôtre, le sage doit répondre non seulement aux sages, mais aussi aux sots (*acc.* 20 (3), p. 118 et 22 (4), p. 126). Il qualifiait les thèses opposées de « fictions grossières et fausses » et parlait d'« objection ridicule » (*acc.* 6 (1), p. 64). La doctrine de la séparation de la seule quantité, il la qualifiait d'absurdité (*acc.* 23 (21)), p. 142). Il a reproché aux grands penseurs scolastiques d'être les inventeurs de lâches compromis: ceux-ci débutent leurs argumentations avec des raisons philosophiques fondées sur la nature des choses, mais, lorsqu'ils entendent des raisons contraires, ils trouvent refuge dans le miracle d'ordre surnaturel (*acc.* 23 (23), p. 142). Ils sont des pseudo-philosophes.

Dietrich ne pouvait s'opposer aussi brutalement aux grands maîtres du XIIIe siècle, sans se présenter comme le garant de la grande tradition qu'ils avaient liquidée. Ainsi, il a annoncé dès le début qu'il avancerait des motifs rationnels *et* des preuves tirées des autorités; c'est pourquoi l'interprétation d'Aristote occupe un si vaste espace. Le traité de Dietrich, en particulier les chapitres 11 à 15, est un commentaire du livre Z de la *Métaphysique*. Dietrich montre ceci : au cours de son argumentation, Aristote y transforme la question de l'*ousia* en question sur le *to ti en einai;* chez les aristotéliciens, la quidité ne signifie pas le "ce que c'est" abstrait, mais le principe essentiel en acte et la forme substantielle. Ainsi l'on peut dire de l'accident qu'il possède une essence en un sens général et encore imprécis, mais on ne saurait jamais lui attribuer une quidité. En particulier, Dietrich souligne avec Aristote que l'accident n'est étant que comme disposition de la substance. Il explique le sens exact de l'homonymie *pros hen* aristotélicienne; avec Aristote, il élabore une distinction entre définition de l'accident en perspective philosophique ontologique et définition purement verbale et « logique », en particulier dans le chapitre 13. Il se propose de cheminer avec Aristote, allant de l'essence encore indéterminée, abstraite, à la quidité informant l'étant, formant l'étant véritable, alors que l'accident est étant de cet étant véritable. La thèse de la possible séparation des accidents, communément admise au XIIIe siècle, opère selon Dietrich une confusion des manières de penser abstraite et concrète, des analyses logique et en perspective philosophique ontologique, elle ne suit pas assez précisément la ligne de pensée de *Métaphysique* Z; elle procède à une réception mitigée d'Aristote et finit par trouver refuge auprès d'un surnaturel *deus ex machina*.

« Essence », « substance » et « accident » étaient des concepts d'obédience aristotélicienne; qui défendait le caractère rationnel de la possible séparation des propriétés, parlait forcément en termes aristotélisants. C'est pourquoi les interprétations d'Aristote devaient occuper le plus d'espace dans le chapitre que Dietrich consacrait aux autorités. Les défenseurs de la transsubstantiation ne pouvaient recourir à Augustin; Augustin ne connaissait pas encore cette doctrine eucharistique; elle s'est constituée pour la première fois contre Bérenger. Bien qu'Augustin ne puisse donc pas jouer un rôle direct dans cette dispute, Dietrich a fortifié sa propre position au moyen d'une citation marquante et explicite d'Augustin (*acc.* 7, p. 70). Il voulait montrer que non seulement Aristote était de son côté, mais aussi Augustin. Cependant, avec les citations d'Augustin, il est toujours décisif d'examiner *quel* Augustin et *quelles* pages de son œuvre protéiforme un auteur met en jeu. Dietrich cite le commentaire tardif d'Augustin sur la *Genèse*, le *De Genesi ad litteram;* dans ce texte, différant d'Ambroise et de ses propres commentaires antérieurs, Augustin conduit une interprétation littérale du récit de la création, il ne se contente pas du sens spirituel; il met toutefois en garde contre ce danger : il est malheureusement courant que des chrétiens – que nous nommerions aujourd'hui « fondamentalistes » – s'arrogent négligemment le droit de juger des objets de la science de la nature en recourant à la Bible, objets dont les païens érudits ont une meilleure connaissance qu'eux. Ces chrétiens-là s'exposent ainsi au ridicule, et avec eux les autres chrétiens. Les prétentieux impudents nuisent à la chose chrétienne. Inutile de dire combien ils causent d'embarras et de tristesse (*molestiae tristitiaeque*) à leurs confrères plus prudents et plus intelligents (*De Genesi ad litteram* I, 19; CSEL, t. 28, ed. J. Zycha, p. 28-29). Dietrich cite cette mise en garde d'Augustin concernant la retenue à adopter dans les questions scientifiques; il répète la vive plainte d'Augustin au sujet des prétentions de ses confrères chrétiens trop sûrs d'eux-mêmes et met en garde ses adversaires contre l'identification précipitée et irréfléchie d'une thèse à un contenu de foi et contre l'assimilation de l'opinion opposée à une hérésie. On doit faire l'examen de ce qui est effectivement dans la Bible ou de la force démonstrative qui autorise de tirer certaines conclusions du texte biblique. Sinon, de graves dommages naissent de l'inadmissible préjugé. Il est frappant que Dietrich joigne à la mise en garde augustinienne le corollaire suivant : les contenus de foi peuvent être décidés non seulement par des passages explicites de la Bible et des preuves nécessaires, mais aussi par décret papal (*acc.* 7 (3), p. 70) – comme s'il ignorait que le pape et le concile de 1215 avaient fixé la transsubstantiation en dogme. Il est inconcevable qu'il ne l'ait pas su. Il a dû voir un possible espace de jeu pour l'interprétation, car en 1215 il n'était effectivement pas question, à proprement parler, de la permanence des propriétés du pain à l'état séparé; cette conclusion découlait pourtant de l'insistance sur la transsubstantiation, car chacun pouvait constater de ses propres yeux que le pain transformé lors de l'eucharistie conservait ses propriétés de pain.

Il y a d'autres contextes dans lesquels Dietrich se réfère à Augustin au sein du *De accidentibus*. Du traité de jeunesse *De immortalitate animae,* 4, 6, il cite une phrase disant que la détermination essentielle du cercle géométrique est une vérité *supra*-temporelle et permanente. Dietrich en tire ceci : les définitions sont *des vérités devant Dieu*, qui valent sans exception (*acc.* 22 (5), p. 128). De plus, Dietrich cite Augustin pour démarquer la conception intellectuelle de la simple imagination; ainsi, il écarte les représentations imaginaires de la toute-puissance divine (*acc.* 23 (10), p. 134).

Ces citations augustiniennes témoignent-elles d'une appartenance de Dietrich au « courant augustinien » ? Prouvent-elles qu'il voulait revenir au temps précédant la réception d'Aristote? Aucunement. Il sélectionnait dans Augustin ce qui convenait à son aristotélisme conséquent. C'était une opération d'expert, car le rejet de la présomption théologique et la confirmation du réquisit posant des vérités de raison devant Dieu – telle n'était pas exactement la ligne d'Augustin. En outre, dans le *De accidentibus* les rares citations d'Augustin côtoient un nombre bien plus élevé de citations d'Aristote. Le rapport d'Augustin à Aristote est d'environ 4 à 70. Mais, avant tout, l'interprétation d'Aristote est au centre de l'argumentation; l'habile mobilisation d'Augustin sert à se défendre de la présomption théologique; elle rend compte de la validité des conceptions rationnelles devant Dieu.

Le *De accidentibus* de Dietrich manifeste-t-il une appartenance au « néoplatonisme arabe » ? L'apparat critique de Maria-Rita Pagnoni mentionne environ douze fois Averroès et deux fois Avicenne. Dans le chapitre 13, au paragraphe 5 (p. 94), Dietrich prend expressément position contre Avicenne, pour se ranger du côté d'Averroès. J'en conclus que le rapport de Dietrich à la tradition est clair. Le *De accidentibus* poursuit l'exigence d'un aristotélisme cohérent sans statut d'exception d'ordre théologique.

On peut se demander pourquoi, dans les années quatre-vingt-dix, Dietrich polémique si violemment au sujet d'une question dont les dossiers ont été refermés déjà vers 1250. Je vois deux raisons à cela; la première concerne les affaires intérieures de l'ordre dominicain, la seconde découle du climat régnant à l'Université de Paris. Dans l'ordre se renforçait une tendance consistant à élever Thomas au rang de docteur de l'ordre. En tant que personne dotée par l'ordre de fonctions dirigeantes, Dietrich a protesté contre cette tendance, en vain – comme on le sait. La situation intellectuelle de l'Université de Paris était caractérisée par les données suivantes. Lorsqu'il avait commenté la *Métaphysique*, vers 1273, Siger de Brabant avait clairement affirmé ceci : 1. Au sens strict, la quidité est le *quod quid erat esse* aristotélicien, c'est-à-dire la forme essentielle. 2. Au sens strict, la quidité ne revient pas à l'accident. 3. Dans de telles problématiques, il faut distinguer entre le point de vue logique et la perspective philosophique ontologique. Siger de Brabant avait disparu de l'Université depuis longtemps, lorsque Godefroid de Fontaines, qui avait assisté à ses leçons sur la *Métaphysique*, devint maître en théologie, en 1285. Dans les volumineuses questions 8 et 9 de son dixième *Quodlibet* composé en 1286, au plus tard en 1287, Henri de Gand avait défendu la possibilité de séparer l'accident de la substance ; à l'opposé, Godefroid affirmait dans son *Quodlibet I, q. 20* ne pas comprendre comment un théologien pouvait s'arroger le droit de parler d'accidents séparables. Plus tard, Godefroid a fait des concessions à la toute-puissance divine relativement à cette question ; mais en tout état de cause, aux alentours de 1290, il y avait un besoin de clarification, de sorte que le traité de Dietrich possède aussi une actualité académique[1].

DE QUIDITATIBUS ENTIUM

Au sujet de la couleur verte d'un arbre, on peut parler de manière et d'autre. On peut dire qu'il « y a » une couleur et qu'il « y a » un arbre, que la « couleur » est quelque chose d'autre que l'« arbre ». Celui qui voit le vert de l'arbre peut dire qu'il voit *quelque chose* appartenant à *quelque chose d'autre*, que l'être couleur et l'être arbre sont différents. Le modèle additif de la chose et de la propriété va dans ce sens ; fixé dans une formule à tonalité aristotélicienne, il pose que l'accident est quelque chose *dans* ou *appartenant à* la substance. À cette vision correspond la représentation de

1. Siger de Brabant, *Quaestiones in Metaphysicam, Reportatio de Cambridge, Liber VII, q. 9-21*, ed. A. Maurer, Louvain, 1983, p. 339-375. Cf. les *Reportationes* de Munich et de Vienne, *Liber VII q. 2-9*, ed. W. Dunphy, Louvain, 1981, p. 387-409. À ce sujet, voir R. Imbach, *Quodlibeta*, p. 270-274. Henri de Gand, *Quodlibet X, q. 8-9*, ed. R. Macken, Leuven-Leiden, 1981, p. 197-255. Godefroid de Fontaines, *Quodlibet, I, q. 20*, ed. M. De Wulf, A. Pelzer, Louvain, 1904, p. 43-44 : « jamais sans substance », mais, selon le *Quodlibet IV, q. 22, ed. cit.*, p. 299-300, en particulier p. 300, la toute-puissance divine peut séparer la quantité. Cf. *Quodlibet, XI, q. 3*, ed. J. Hoffmans, Louvain, 1932, p. 13-22.

la substance *portant* ou supportant les propriétés, du porté et du porteur qui sont différents.

Je peux toutefois m'exprimer différemment. Au lieu de dire : « Je vois le vert de l'arbre » ou « l'arbre a la propriété d'être vert », je pourrais dire : « L'arbre verdoie » ; la situation linguistique et noétique s'en trouve de fait modifiée. Je vois alors la couleur verte comme activité de l'arbre, non pas comme une essence différente de lui, mais comme l'aspect visible d'un processus vital. Au lieu d'une *addition* (arbre et vert), je me trouve devant une *expression* dynamique. La vie de l'arbre apparaît dans la mesure où celui-ci verdoie. La relation entre propriété et chose n'est plus de contiguïté ou d'inhérence entre deux essences différentes. L'arbre *se montre* en verdoyant. En langage aristotélisant, je peux alors dire que l'arbre est le principe essentiel de sa couleur. Je peux certes définir abstraitement ce qu'est la couleur et faire ainsi abstraction de l'arbre ; cependant, je pense le contenu véritable de mon expérience, d'abord lorsque je dis : il n'*y a* pas la couleur comme il y a l'arbre, mais, ce que je vois, c'est l'arbre verdoyant. La couleur n'a pas d'autre principe de vie que l'arbre.

Principe de vie concret ou principe actuel en acte, telle est selon Dietrich la quidité au sens strict. Dietrich admet que l'on use du terme « quidité » en un sens plus large : *quiditas* vient de *quid* et peut signifier le "ce que c'est" de toute espèce de choses. Il convient toutefois de préciser cette signification générale du "ce que c'est" et de ne pas confondre l'essence abstraite de la couleur avec son principe concret. Cette enquête constitue le projet du traité *De quiditatibus entium* de Dietrich. Il s'agit d'un texte court. Dietrich y mentionne son ouvrage antérieur *De accidentibus* ; quant au *De quiditatibus*, il est cité dans le traité *De intellectu et intelligibili*. Il a dû être composé peu après les *Trois questions difficiles* qui appartiennent aux années 1296-1297, selon une hypothèse vraisemblable de Loris Sturlese. Nous n'avons donc pas affaire à une œuvre de jeunesse ; nous approchons de l'an 1300. L'écrit appartient à un contexte de discussions qui s'est dessiné avec la polémique d'Henri de Gand contre Gilles de Rome et la reprise partielle de la philosophie de Siger de Brabant par Godefroid de Fontaines, après 1285/6[1].

1. À ce sujet : F. Ehrle, « Der Kampf um die Lehre des hl. Thomas von Aquin in den ersten fünfzig Jahren nach seinem Tod », *Zeitschrift für katholische Theologie*, 37, 1913, p. 266-318 ; M. Grabmann, « Doctrina S. Thomae de distinctione reali inter essentiam et esse ex documentis ineditis saeculi XIII illustratur », *Acta Hebdomadae Thomisticae*, Rome, 1924, p. 131-190 ; M.D. Roland-Gosselin, *Le* De esse et essentia *de S. Thomas d'Aquin*, Paris, 1925 ; E. Hocedez, « Introduction », *in* Aegidius Romanus, *Theoremata de esse et essentia*, Louvain, 1930, p. (1)-(127) ; E. Gilson, *L'être et l'essence*, Paris 1949 ; A. Maurer, « The *De Quiddita-*

Il s'agit d'un problème métaphysique : qu'est-ce que l'étant véritable? Comment la chose et la propriété se comportent-elles en relation à ce qui est proprement réel? Il s'agit aussi d'une interprétation de la philosophie d'Aristote. Pour le dire de manière abrégée, Dietrich explique que, même s'il use de la terminologie aristotélicienne, le modèle de l'addition de la propriété à la chose n'est pas conciliable avec l'enseignement d'Aristote. Dietrich devait défendre cette conception de manière polémique; les intérêts de la théologie sacramentelle avaient investi l'enquête ontologique. Les théologiens avaient intérêt à promouvoir le modèle de l'addition, donc à dire que la couleur a une essence différente de l'arbre et qu'elle se laisse aussi définir sans l'arbre: *subiectum non est de substantia accidentis* [1]. Ils avaient besoin de poser une cohérence lâche entre propriété et substance, car, lors de l'eucharistie, Dieu devait pouvoir maintenir les propriétés du pain dans l'être séparément de leur substance, et cette thèse devait paraître rationnelle ou du moins acceptable par la raison. Ils préféraient risquer la décomposition de l'étant, rejeter l'héritage aristotélicien sur ce point, plutôt que d'admettre que leur foi reposait sur une obéissance aveugle. Ils donnèrent à leur thèse une tournure philosophique du point de vue *terminologique*. Elle devait être formulée aussi rationnellement que possible. À cette fin, ils avaient élaboré des constructions auxiliaires – la théorie de l'*aptitudo* et celle de la quantité quasi-substantielle. Mais, durant la seconde moitié du siècle, plus les érudits approfondissaient l'étude de la *Métaphysique* d'Aristote et de ses commentaires arabes, plus difficile devint l'adhésion à cette doctrine. La possibilité d'un conflit entre savoir et croyance était imminente. Ne devait-on pas plutôt affirmer que la doctrine de la transsubstantiation est contradictoire pour la raison, que ce fait parle certes contre la raison (aristotélicienne), et que nous l'admettons en vertu de la pure obéissance prescrite par la foi? L'autorité ecclésiastique voyait que cette solution (fidéiste) aurait signifié une rupture entre Église et culture, entre foi et science; elle prit donc sous sa protection les vues concordataires dominantes des grands théologiens du XIIIe siècle. Lorsque Dietrich étudiait à Paris, un commentateur anonyme de la *Physique*

tibus entium of Dietrich of Freiberg and ist Criticism of Thomistic Metaphysics », *Medieval Studies*, 18, 1956, p. 173-188; R. Imbach, *Quodlibeta*, Fribourg, 1996; A. de Libera, C. Michon, *L'être et l'essence. Le vocabulaire médiévale de l'ontologie. Deux traités* De ente et essentia *de Thomas d'Aquin et Dietrich de Freiberg*, Paris, 1996; A. de Libera, *Albert le Grand. Métaphysique et noétique*, Paris, 2005; C. König-Pralong, *Avènement de l'aristotélisme en terre chrétienne*, Paris, 2005, p. 35-127; *Être, essence et contingence. Henri de Gand, Gilles de Rome, Godefroid de Fontaines*, Paris, 2006.

1. Thomas d'Aquin, *Quodlibet IX, q. 3, art. 1, ad 1.*

d'Aristote, le dénommé « Anonyme de Zimmermann » que son éditeur a situé aux alentours de 1273, rencontrait la question de la possible séparation de l'accident et y répondait par la négative[1]. Auparavant, un texte polémique longtemps attribué à Gilles de Rome avait déjà pointé comme une erreur d'Aristote le thèse disant que Dieu ne pourrait faire exister un accident sans sujet[2]. Quand l'évêque Tempier promulgua sa condamnation de 219 thèses philosophiques, le 7 mars 1277, il touchait notamment quatre affirmations, les thèses 138 à 141, qui niaient la possible séparation des accidents de leur substance. Aucun maître ne devait prétendre que l'existence d'un accident sans substance était en soi contradictoire. L'évêque interdisait même de recourir à l'hypothèse auxiliaire de la quantité comme quasi-substance (thèse 139). Ainsi, il excluait tout un bloc de théories ontologiques. Mais l'expression du pouvoir ne pouvait suffire à liquider le problème. Le calme ne se fit pas ; bien au contraire, la problématique reprit vie à une certaine distance temporelle de l'évêque Tempier, avec une vigueur proportionnelle à l'importance prise par la conception scientifique d'Aristote en théologie. Aucun commentateur du livre VII de la *Métaphysique* d'Aristote ne pouvait ignorer que, dans le chapitre 4 (1030a 1-17), Aristote n'avait reconnu aucun principe essentiel propre à l'accident. Dans des analyses de détails, Siger de Brabant avait démontré qu'aucune essence propre, strictement conçue, ne pouvait revenir à l'accident, que celui-ci ne pouvait être défini conséquemment dans l'ordre ontologique[3]. Sur cette base, Godefroid de Fontaines a contredit Henri de Gand, comme nous l'avons dit. Les traités *De accidentibus* et *De quiditatibus entium* de Dietrich devaient produire leur effet dans le contexte de ces questions, renouvelées de son temps.

Qui lit un livre ancien fait une expérience qui, dans une forme atténuée, menace tout un chacun : l'expérience de rejoindre tardivement une conversation vespérale. Celui qui est dans cette situation doit attendre un moment pour saisir de quoi l'on parle ; dans un deuxième temps, il doit mettre à l'épreuve sa première présupposition pour la confirmer. Qui est étranger au

1. Anonymus Zimmermann, *Quaestio I, 13*, ed. A. Zimmermann, *Ein Kommentar zur Physik des Aristoteles aus der Pariser Artistenfakultät um 1273*, Berlin, 1968, p. 24-25.

2. Aegidius Romanus, *Errores Philosophorum, c. 2 :* Les erreurs d'Aristote, thèse 10 : *Quod deus non potest facere accidens sine subiecto*, ed. J. Koch, Milwaukee, 1944, p. 12.

3. Siger de Brabant, *Quaestiones in Metaphysicam, Reportatio de Cambridge, Liber VII, q. 9-21*, ed. A. Maurer, Louvain, 1983, p. 339-375. Cf. les *Reportationes* de Munich et de Vienne, *Liber VII q. 2-9*, ed. W. Dunphy, Louvain, 1981, p. 387-409. À ce sujet : R. Imbach, *Quodlibeta*, p. 270-274.

cercle ne comprend pas toutes les allusions aux autres personnes et aux dialogues antérieurs; il remarque tard seulement, ou jamais, que même des expressions triviales possèdent une signification familière et bien particulière. Dans le cas d'un livre écrit il y a sept cents ans, cette phase dure longtemps; il ne faut jamais la conclure. On fait un pas de plus en lisant les livres que l'auteur en question avait manifestement lus; concernant le traité *De quiditatibus entium* de Dietrich, il s'agit en tous cas d'Aristote, comme nous l'avons déjà dit. L'œuvre d'Aristote était volumineuse et parfois difficile à interpréter; c'est pourquoi Dietrich et ses contemporains la lisaient avec le commentaire d'Averroès. La situation s'en trouve de fait compliquée. Pour y remédier, j'aimerais pointer ici trois textes qui sont particulièrement utiles, sinon nécessaires, à la compréhension du *De accidentibus* comme du *De quiditatibus entium.*

– La réception d'Aristote introduisit en Occident latin un concept de science jusqu'alors inconnu. La véritable science devait désormais être science *démonstrative,* et ce qu'était une science démonstrative, on l'apprenait des *Analytiques postérieurs* d'Aristote. Selon ce texte, la science est la possession du nécessaire et de l'universel; la science connaît ce qui ne peut être autrement qu'il n'est. Elle connaît ce qui revient « par soi » aux choses. Ainsi, une science est démonstrative lorsque ses prémisses consistent en des phrases dans lesquelles le prédicat revient « par soi » (*kath hauto, per se*) au sujet. Ces rapports « par soi » jouent un rôle important dans l'œuvre de Dietrich et de ses contemporains; le passage principal les concernant – *Analytiques postérieurs, I, 4,* 73a 35-73b 24 – est cité maintes et maintes fois. Aristote y discute des manières dont une chose peut être dite appartenir « par soi » à une autre. Il distingue quatre modes de prédication par soi : 1) Est prédiqué ainsi ce qui est soi-même présent dans la nature de son sujet et qui est contenu dans sa définition essentielle. Par exemple : les côtés dans le triangle. 2) Dans le deuxième mode, ce n'est plus le prédicat qui est contenu dans la définition essentielle du sujet, mais le sujet dans la définition du prédicat. Ainsi il revient « par soi » au sujet « nombre » d'être un nombre pair ou bien impair; de fait, « nombre » est contenu dans la définition du pair aussi bien que de l'impair. En ce deuxième sens, quelque chose appartient « par soi » au sujet de la prédication, lorsque la définition de celui-ci doit nécessairement être contenue dans le prédicat. 3) Le troisième mode concerne les substances individuelles. « Par soi » signifie que ce qui est prédiqué n'est pas dans un autre sujet. Il y a des prédicats qui se présentent comme s'ils étaient quelque sujet autonome, mais qu'il faut toutefois reconduire à un "ce que" individuel. 4) Le quatrième mode concerne les événements. Ils sont dits « par soi » lorsque un fait est causé par quelque chose qui revient « par soi », c'est-à-dire essentiellement, à sa cause. Par exemple, si je me promène et qu'il y a un éclair, il n'y a aucune relation « par soi » entre ces deux faits. Mais si je tue un animal, il appartient « par soi » à cet événement que l'animal meurt.

Concernant l'analyse du principe essentiel et des accidents chez Dietrich, les trois premiers modes de prédications sont particulièrement importants. Il les utilise pour assurer le caractère obligatoire des rapports pas soi (*acc.* 2 (1), p. 50 et 21 (1), p. 120 ; *quid.* 7 (5) et (6), p. 178-180).

– Un second texte, relativement court, était indispensable pour Dietrich. Il se trouve dans le quatrième livre de la *Métaphysique ;* il s'agit du chapitre 1 et du début du chapitre 2 du livre *Gamma* (1003a 2-1003b 29). Aristote y détermine l'objet de sa philosophie première : c'est l'étant en tant qu'étant et ce qui lui revient « par soi ». L'étant possède de multiples significations ; lorsque nous qualifions d'étants aussi bien les choses que les propriétés, ne s'agit-il que d'une unité linguistique, sans communauté de contenu ? Aristote répond que ces significations se réfèrent à un unique point focal unificateur, un peu comme lorsque je qualifie de « saine » une médecine, une promenade, les considérant dans l'unique perspective de la santé de l'organisme. De telles prédications, orientées vers un point focal d'unification, Aristote les qualifiait d'« homonymie *pros hen* ». Plus tard, on a parlé de prédications « analogiques ». La pluralité de significations du mot « étant » est maîtrisée dans la mesure où nous la rapportons à un sens originaire de « étant ». La signification originaire de « étant » correspond à la santé de l'organisme, en rapport à laquelle nous qualifions de « sain » l'urine aussi bien que le fruit. Le point focal de toutes prédications de l'étant, Aristote le nomme *ousia*. Selon les besoins, on traduit ce terme par « étantité », « essence » ou encore « substance », mais il est préférable de ne pas le traduire, car c'est le seul moyen de préserver sa différence d'avec la *substantia* latine et de ne pas occulter la difficulté causée à Aristote par la définition exacte de l'*ousia*. Aristote transforme la question demandant ce qu'est l'étant en question sur l'*ousia*. Tout ce dont nous disons qu'il « est » reçoit sa signification ou son sens ontologique de l'*ousia*. Les propriétés et les changements ne sont des « étants » que dans la mesure où ils sont rapportés à l'*ousia*. Cela est décisif pour l'ontologie de l'accident : il est un étant du point de vue de l'*ousia*. Séparément d'elle, il ne serait rien.

– La question demandant ce qu'est l'étant se mue en question demandant ce qu'est l'*ousia*. En grec, ce mot est apparenté à la forme féminine du participe présent « *on* », c'est-à-dire « *ousa* » ; « *esse* » résonne de la même manière dans le mot latin signifiant « essence », *essentia*. Mais que signifie *ousia,* étance ? Que voulons-nous dire lorsque nous parlons de sens originaire de l'étant ? Pour répondre à ces questions, Aristote s'engage sur un chemin tortueux. Le témoignage de sa difficile enquête est le septième livre de sa *Métaphysique*, le livre *Zeta* [1]. Tout bref résumé de ce texte lui fait tort. Tout en schématisant, nous pourrions dire ceci : l'enquête commence par affirmer que, dans le sens originaire du terme, l'étant est ce qui gît sous les attributs. Recherchons donc le sujet sous-jacent. Cela semble d'abord être la matière. Aristote rejette pourtant cette première solution et adopte le point de vue suivant : le sujet sous-jacent, c'est-à-dire l'étant véritable, est soit le composé de matière et de forme, soit ce qui fait d'un étant un étant, c'est-à-dire le principe d'être et d'essence, qu'il nomme *to ti en einai* et qui deviendra le *quod quid erat esse* du latin scolastique. À partir de motifs liés à l'origine platonicienne de cette réflexion, Aristote admet une exacte correspondance entre principe d'être et principe essentiel d'une part, et de ceux-ci avec la définition d'autre part, dans la mesure où ils déterminent quelque chose dans son « en soi » et lui confèrent ainsi son information essentielle. Ce qui informe essentiellement n'est pas ce qui est informé, mais il est son principe existentiel et essentiel. Telle ne peut pas être la matière, ni même le composé de matière et de forme, mais la forme substantielle ou la forme essentielle. À la question « qu'est-ce que l'étant au sens originaire ? », Aristote répond ainsi : la forme essentielle, la *morphe* ou *forma* substantielle. Telle est sa réponse à la question portant sur l'étant au sens originaire, à savoir : qu'est ce que l'*ousia*, le *to ti en einai*, le *quod quid erat esse* ou la *quiditas ?*

Ce réseau textuel constitué des *Analytiques postérieurs, I, 4*, de la *Métaphysique, IV, 1-2* et du cheminement d'ensemble du livre *Z* – considéré dans son contraste avec la tentative de justifier la persistance de propriétés sans sujet – forme la trame de fond aussi bien du *De accidentibus* que du *De quiditatibus entium* de Dietrich. Siger de Brabant avait déjà formulé cette évidence aristotélicienne : les accidents n'ont aucune quidité propre [2].

Pour introduire au texte même de Dietrich, je donne une vue d'ensemble de la construction et du cheminement argumentatif du *De*

1. Sans exception dans W.D. Ross, *Aristotle's Metaphysics*, 2 vols, Oxford, 1924; j'utilise l'édition de 1966. Au sujet du livre VII : M. Frede, G. Patzig, *Aristoteles. Metaphysik* Z. Text, Übersetzung und Kommentar, 2 vols, Munich, 1988.

2. Siger de Brabant, *Quaestiones in Metaphysicam, VII, q. 2*. ed. W. Dunphy, Louvain, 1981, p. 387-388 et *VII, q. 9*, p. 404-407.

quiditatibus entium. Dietrich a découpé ce texte en treize chapitres qui se laissent résumer de la manière suivante :

Dietrich présente son écrit comme un traité sur l'étant en tant qu'étant, dans le sens de la *Métaphysique* d'Aristote. Tout ce qui est, est un "ce que", un *quid*. D'être un "ce que" confère à l'existant une détermination formelle constitutive; la raison de cette détermination essentielle interne est la quidité. Tout ce qui est un "ce que", l'est en raison de sa quidité. Le projet de cet écrit est de déterminer le sens exact de « quidité ». Au sens général, la quidité a la même signification que « essence »; en ce sens, les êtres spirituels (les intelligences) et les propriétés ont aussi une quidité. Au sens strict, il n'y a de quidité que des substances composées (chapitres 1-3). Après avoir élucidé de manière générale les rapports réciproques entre *ens*, *quid* et *quiditas*, Dietrich enquête sur les différenciations du "ce que" découlant des divisions de l'étant en tant que tel, et d'abord de la division en chose naturelle, réelle, *res primae intentionis*, et pure réalité conceptuelle, *res secundae intentionis*. Dietrich se demande ensuite en quel sens on peut parler de quidité dans le cas des *réalités conceptuelles*, c'est-à-dire des concepts de genre et d'espèce, des entités logiques et linguistiques (chapitres 4-6). Il montre ceci : le "tout simultané" de plusieurs parties – qui est caractéristique de la quidité – à savoir la multiplicité et l'unité, se retrouve aussi dans les réalités conceptuelles. Lorsque j'envisage « homme » comme un concept générique, comme une entité logique, abstraction faite des individus réels, je peux dire que l'humanité, *humanitas*, est sa quidité. Mais si, en philosophe attaché au réel ou en métaphysicien, je considère les hommes singuliers, la quidité doit être déterminée autrement. C'est ce que montre la section suivante (chapitres 7-8). Dietrich subdivise *l'étant réel*, qui avait résulté de la première division en *res primae* ou *secundae intentionis*, en étant substantiel et en étant qui est une propriété. Le traité suit cette partition : il traite d'abord de la quidité des substances composées et découvre la quidité au sens précis et strict dans cet unique champ (chapitres 7 et 8). Ensuite Dietrich aborde la question de la quidité des accidents. Il leur refuse une quidité au sens propre; leur quidité est leur substance. Il engage une polémique contre ceux qui accordent à l'accident une quidité pour la raison qu'une propriété est aussi un "ce que", qu'elle a une essence et que cela est manifesté par la possibilité de la définir (chapitres 9 à 13). Le traité accomplit le chemin allant de la question "*qu'est-ce que c'est ?*" à la forme essentielle. Comment passe-t-on de la question "qu'est-ce que c'est?" au *principe* essentiel? Quand quelqu'un se réfère à une porte de maison et demande ce que c'est, on ne lui répond pas que c'est du bois; en effet, ce morceau de matière est déterminé par la forme essentielle de la maison.

Le traité *De accidentibus* de Dietrich commençait par l'ontologie de l'accident, discutait ensuite les conditions de sa possible définition (chapitres 11-15) et s'achevait avec un débat portant sur la quidité, puisqu'il y avait des gens qui accordaient à l'accident une quidité propre (chapitres 16-23); le *De quiditatibus* parcourt le chemin inverse : dans sa partie principale, il discute de la quidité des choses naturelles et des réalités conceptuelles puis, dans la partie finale, il refuse aux accidents toute quidité au sens strict, s'opposant aux mêmes adversaires, ceux qui avaient intérêt à défendre l'indépendance de l'accident et la possibilité principielle de sa séparation (chapitres 9-13).

La substance philosophique du *De quiditatibus* consiste en l'établissement d'un rapport explicite entre l'analyse de l'*ens qua ens* et le concept de *quid* ou de *quiditas*. L'étant en tant qu'étant est déterminé par ses principes internes, il possède un certain caractère absolu, dans la mesure où il ne fait qu'un avec son essence et avec les parties de la définition de son essence. En tant que déterminé comme "ce que" il exclut toute détermination extérieure. Les théories qui accordent à l'accident une quidité indépendamment de la substance font la perte de cette immanentisme ontologique. Elles méconnaissent l'être intrinsèquement déterminé de la substance comme véritable étant et, en même temps, la manière d'être de l'accident, qui n'est étant que dans la mesure où il appartient à un autre étant, où il est un *ens entis*. Elles font outrage à la vérité et à Aristote, dont Dietrich associe souvent le nom à celui d'Averroès, de manière explicite (*quid.* 7 (2), p. 176; 8 (4), p. 184 et 10 (6), p. 192).

Telle est le fil rouge qui traverse le petit traité de Dietrich. Il s'agissait pour lui de fonder scrupuleusement ses doctrines fondamentales :

Prendre en considération l'étant en tant qu'étant revient à penser l'être-là par opposition au néant. On ajoute alors la détermination la plus principielle : l'étant a une essence. En latin, il est facile de discerner le rapport existant entre *ens* et *essentia;* cependant, Dietrich rencontrait chez Avicenne et Thomas d'Aquin des ontologies qui avaient tenté de desserrer le lien entre *ens* et *essentia*. Il se retourne contre elles au moyen d'une citation d'Augustin : l'essence n'est pas une pure abstraction, elle n'est pas une généralité vide, mais *essentia* vient de *esse* (*quid.* 1 (3), p. 148). Que l'étant soit également essence signifie qu'il se distancie du néant par sa propre essence, et non par quelque ajout étranger ou accidentel. Son caractère d'étant est une détermination immanente, à part de toute détermination étrangère. Chaque étant est seulement un “ce que”. Lorsque je considère l’étant en tant qu’il est quelque chose, je le vois pourtant dans sa propriété formelle; il se différencie du néant en tant que ceci ou cela; il est un cheval ou un homme (1 (4), p. 150). La considération proprement métaphysique de l’étant ne consiste pas à le quitter pour remonter vers sa cause ou, partant de lui, à conduire une réflexion pour découvrir sa fin (2 (3), p. 152). La métaphysique est la considération de l’être interne de l’être-là et du “ce que c’est”; elle exclut de ses analyses les causalités efficiente et finale, elle se différencie ainsi de la physique, sans pourtant la dévaloriser. À la physique, elle attribue comme seul objet les processus naturels se réalisant par des qualités; en tant que tels, ceux-ci sont des aspects extérieurs de l’étant, non pas l’étant en tant qu’étant. Pour la prochaine détermination de la quidité cela signifie : elle doit être un principe interne de l’étant dans la mesure où celui-ci est un étant et non pas une chose de la nature, et elle ne doit pas seulement déterminer la pure possibilité de cet étant, mais aussi informer en acte ce qu’il est. D’elle nous tirons les déterminations suivantes : l’étant *est* tel qu’il peut être défini et tel que nous pouvons le définir conceptuellement, il est également apparenté au concept. C’est pourquoi la quidité ne peut consister en la pure matière, elle doit être un déterminant constitutif, à savoir ce que les aristotéliciens nomment une forme, *aliquid formale intrinsecum rei quantum ad actum rei* (2 (4), p. 152). Telle est donc d’abord la définition la plus générale de la quidité. En ce sens les êtres absolument simples, à savoir les être spirituels, ont aussi une quidité par laquelle ils sont ce qu’ils sont. En ce sens, les accidents ont aussi une quidité, ils sont par exemple couleur ou poids. Une enquête plus précise sur ce que signifie “ce que” et “ce que c’est”, mène cependant plus loin. Elle recherche le propre du “ce que c’est” en le serrant de plus près et constate avant tout que, dans tout “ce que” réside une multiplicité, car il y a là quelque chose qui est déterminé et quelque chose d’autre qui le détermine intrinsèquement à être un “ce que”. Le “ce que” est “ce que” *par* le “ce que c’est”, comme un objet blanc est blanc par la blancheur qui n’est *elle-même pas blanche* (3 (1), p. 154-155). Ainsi la blancheur ou la quidité n’est-elle pas un “ce que” ou un *quid*. Il existe une relation étroite et interne entre la détermination essentielle et le “ce que”, mais, lorsque nous interrogeons sur le “ce que c’est” d’un “ce que”, nous nous attendons à une réponse qui exprime autre chose que le “ce que”. Celui qui demanderait pourquoi l’homme est homme, ne demanderait rien du tout. La relation du “ce que c’est” au “ce que”, de la *quiditas* au *quid*, constitue le rapport de la détermination à ce qui est déterminé. Il y a là une relation de ce qui est actuel à ce qui le reçoit. Ainsi se précise le concept de quidité. Dans le sens de quidité ainsi délimité, les êtres spirituels n'ont pas de "ce que c'est". Il leur manque la multiplicité interne que requiert la relation du déterminant au déterminé. Leur simplicité fait qu'en eux – qui sont des êtres pensants – le multiple soit unité. C'est pourquoi ils ne sont pas définissables.

Avec cette interprétation Dietrich a gagné sur deux tableaux : d'une part, il interdit de parler des êtres spirituels comme de choses de la nature. Ils ne sont pas des "ce que" qui sont déterminés en ce qu'ils sont par quelque chose d'autre. Ils consistent en une absolue « simplicité ». Cela signifie que toute multiplicité est absolument réunifiée en eux. Lorsque les philosophes parlent d'« intelligences » qui règlent l'ordre et le mouvement des sphères célestes, ou lorsque nous voulons nous concevoir comme intellect agent, nous devons adapter notre point de vue, car nous avons affaire à des réalités exemptes de détermination (au sens du "ce que c'est" précisé à l'instant). Telle est la condition de la dénaturalisation de la métaphysique entreprise par Dietrich, qui va de pair avec sa naturalisation de la physique.

Deuxième acquis : le "ce que c'est" se présente comme l'information du "ce que". La *quiditas* est ce par quoi quelque chose est un *quid*. Elle est le principe interne des êtres qui ne sont pas, comme les être spirituels et notre intellect agent, d'une « simplicité » absolue (dans le sens défini à l'instant). Les choses informées essentiellement doivent être identiques à ce qui les informe. Elles ne sont cependant pas tout à fait identiques à ce qui les informe. L'élément reçu se trouve en elles-mêmes, il ne s'ajoute pas à elles de l'extérieur; au contraire, il forme avec elles, conjointement, l'unité du concret. Le "ce que" est l'unité du "ce que c'est" et du "ce que". Le "ce que c'est" est le principe du composé tout entier, il n'est pas le tout. Il est maintenant question des êtres qui ne sont pas simples, par exemple de l'homme comme être naturel. Son "ce que" est informé par l'âme. Il est totalement âme, mais l'âme ne constitue pas sa totalité; il est un tout composé. Celui qui dirait que le "ce que c'est" de l'homme est l'*humanitas* – l'humanité –, aurait substitué la détermination abstraite « humanité » au principe concret de la nature, « âme ». Dans son commentaire du livre VII de la *Métaphysique*, Averroès avait reproché à Avicenne cette substitution; dans son propre commentaire du livre VII de la *Métaphysique* (*lectio 9*), Thomas s'était référé à ce débat et s'était rangé du côté d'Avicenne. Il fondait cette solution en affirmant que la quidité est le tout, car elle fait être l'homme tout entier, matière et forme. Dietrich se positionne contre Thomas, du côté d'Averroès, en invoquant la raison suivante : en métaphysicien, nous recherchions le principe réelle de ce tout, et tel n'est pas le concept logique d'humanité, mais l'âme humaine concrète. Il reproche à Avicenne et Thomas d'avoir parlé des essences réelles comme si elles étaient des concepts (6 (5), p. 172). La doctrine d'Avicenne et de Thomas fait outrage à Aristote et à la vérité (3 (3), p. 160). Dietrich veut un aristotélisme plus conséquent. En même temps, il se montre soucieux du danger encouru par Avicenne et Thomas, celui de reporter l'ontologie des choses sur les êtres spirituels; leur compréhension de la quidité abolit la différence entre choses corporelles et purs être spirituels qui n'ont pas de quidité au sens exact du terme, qui ne présentent de fait pas cette différence caractéristique entre principe et composé et que nous ne pouvons donc pas définir : *nulla enim secundum hoc esset differentia inter composita et simplicia* (3 (3), p. 160).

Dietrich a obtenu ainsi le sens strict de quidité, à savoir le principe formel interne d'un être composé. Il s'intéresse alors au cas analogue des relations quiditatives entre pures réalités conceptuelles (chapitres 4 à 6). Ce faisant, il laisse entendre qu'il n'est pas particulièrement intéressé à ce thème : celui qui serait assez curieux pour le faire pourrait à loisir étudier la répétition de la structure *quid-quiditas* dans les entités logiques et linguistiques (6 (5), p. 172). Dietrich a néanmoins deux raisons pour traiter de cette question. D'abord son programme le requiert, lui qui mène un questionnement sur la quidité à la manière d'une enquête sur l'étant en tant qu'étant. Dietrich doit examiner la relation *ens-quid-quiditas* pour *tous* les modes de l'étant en tant qu'étant; la première division de l'étant en tant qu'étant aboutit de nouveau à la distinction de l'étant comme être naturel ou *ens primae intentionis* d'une part, et comme réalité conceptuelle ou *ens secundae intentionis* d'autre part. Par là, Dietrich se réfère aux relations des entités logiques que sont le genre, l'espèce et l'individu : en elles, non seulement le rapport d'un *quid* à sa *quidité* se répète, mais, en ces schèmes logiques et linguistiques, apparaît également une occurrence typique d'un sujet sous-jacent qui est intimement déterminé. Là aussi, une multiplicité est réunifiée par la quidité. Le sujet linguistique ou logique se comporte comme la potentialité ou la matière par rapport à la forme; là aussi la forme est certes principe, mais pas totalité de l'expression composée (6 (2), p. 170). Contre Avicenne et Thomas une fois de plus, Dietrich rappelle ensuite la différence de signification d'humanité en fonction du point de vue logique et de la perspective philosophique ontologique (6 (7), p. 172).

Assez pour les réalités conceptuelles. Concernant le problème du *quid* et de la *quiditas*, le cas paradigmatique ne relève par d'clles, mais de la substance corporelle composée de matière et de forme. En l'analysant, Dietrich souligne le caractère métaphysique de son enquête – plus fortement encore que dans l'élucidation de la quidité des réalités conceptuelles; en effet, il met en évidence son lien avec le questionnement sur l'étant en tant qu'étant : la substance est l'étant au sens originaire, sa détermination est première chronologiquement et dans l'ordre de la connaissance, c'est-à-dire fondatrice de toutes autres déterminations (7 (2), p. 174). Le résultat obtenu par Dietrich au moyen de la détermination conceptuelle et universelle de la quidité et le corollaire tiré de l'enquête sur les réalités conceptuelles – à savoir que la quidité unifie une multiplicité en tant que principe formel interne –, ne suffisent pas à une analyse complète. Celle-ci ne sera achevée que lorsque par l'exemple des substances composées il sera montré que le *quid* se rapporte à la *quiditas* comme l'*ens* à l'*entitas*. Certes, « étant » et « étantité » jouissent d'une plus grande généralité que *quid* et *quidité*, mais les deux relations témoignent d'un même mode de rapport et d'une même nécessité. Il s'agit d'un rapport par soi. Dans la perspective où quelque chose est déterminé comme essence, tout accident est exclu. L'essentialité qui caractérise l'étant en relation à l'être et à l'essence reconduit au rapport entre *quid* et *quiditas*. Aussi grande que soit l'accidentalité existant dans le monde, une pure essentialité – *essentialitas* – règne entre la chose et son essence ; toute accidentalité – *accidentalitas* – en est éliminée. Nous touchons là au contenu rationnel inaltérable de la réalité. Cela signifie qu'il y a une identité essentielle ou une unité du principe essentiel et de l'essence, de la quidité et du "ce que" (*quid*). Le principe essentiel ou *quod quid erat esse* ne fait qu'un avec la substance et cette unité constitue la priorité ontologique de la substance. Le chapitre 7, central, explique ce que cela signifie. Dietrich affirme que, pour ce faire, il y résume les acquis du livre Z de la *Métaphysique* et du commentaire d'Averroès. Les propriétés ne sont pas identiques à leur principe essentiel ; seule la substance est ainsi. C'est pourquoi seule la forme substantielle peut être principe essentiel ; en effet, elle seule ne fait essentiellement et par soi (*essentialiter et per se*) qu'un avec la substance dont elle est la forme essentielle, la *forma*. Pour cette même raison, les éléments essentiels – comme par exemple « doué de raison » et « vivant » – sont eux aussi identiques les uns aux autres, ainsi qu'au "ce que". Le vivant est identique au doué de raison dans la réalité. Avec Aristote, Dietrich nomme ces éléments « parties de la forme essentielle », « *partes formae* ». Le contenu de réalité de la définition repose sur la possible partition de la forme, sur la multiplicité *et* l'unité de ses éléments. Dans la mesure où la multiplicité des parties essentielles est réunifiée dans le principe essentiel, le monde est parfois accessible à nos définitions. Lorsque je dis de l'homme qu'il est doué de raison, j'énonce une unité incomparablement plus forte que lorsque je dis d'un cheval rapide qu'il est brun. Dans ce dernier cas, quelque chose est aussi dit de quelque chose d'autre, mais ce qui est prédiqué, le brun, n'est pas la rapidité. En résumé, la substance se présente comme l'étant au sens originaire sur la base d'une triple unité : celle du "ce que" et de son principe essentiel, celle des parties essentielles et des parties de la définition, et enfin celle de l'unité essentielle de la substance avec elle-même. Cette triple unité se laisse décrire au moyen des trois premiers modes de prédication du par soi, les trois premiers des quatre *modi dicendi per se* qu'Aristote a conjointement établis dans les *Analytiques postérieurs I, 4* (7 (3) à (6), p. 176-182). Le principe essentiel du "ce que" substantiel est identique à lui et nécessaire selon ces trois modes, mais la quidité n'est justement pas pour autant identique au "ce que" *de tous points de vue*. Elle en est le principe formel ou le principe immanent (8 (3), p. 182-184). Le "ce que" est le tout composé et intrinsèquement fondé. Le "ce que c'est" n'est pas totalement ce qu'est le "ce que".

L'analyse de la substance aboutit à ce verdict : lorsque les *communiter loquentes* attribuent à la propriété un "ce que c'est" propre au sens strict, c'est une « erreur intolérable ». Au sens purement linguistique et vide de tout contenu ontologique, elle est accessible à la définition – Dietrich l'a déjà admis et il le réaffirme encore une fois en guise de conclusion (12 (2) à (3), p. 198). Mais il ne consent pas à ce que l'accident ait une quidité propre en raison de son essence – si l'on prend toujours le principe essentiel (la *quidité*) au sens strict défini auparavant. Il élève trois objections contre cette thèse : 1. Cette doctrine abolit la différence entre chose et propriété (10 (5), p. 190). 2. Elle se fonde sur une analyse fallacieuse de la substance et de l'accident, car elle considère le rapport de l'accident à la substance comme accidentel, et non pas comme nécessaire (9 (2), p. 186). 3. Si elle s'appliquait, tout changement accidentel serait un changement de l'essence en tant qu'essence, ce qui est manifestement faux (11 (1), p. 194).

Concernant le rapport du *De quiditatibus entium* à la tradition, il n'y a pas grand-chose à dire. Augustin apparaît une seule fois, avec cette formule du *De Trinitate VII, 1* aisément mobilisable contre les défenseurs de la distinction réelle : *essentia* vient de *esse*. Proclus est tout à fait absent. Avicenne est cité une fois sur le mode de l'approbation, avec la parfaite formule de sa *Métaphysique, V, 5* : la quidité des êtres simples est l'être simple lui-même (2 (5), p. 154). Là où Averroès contredit Avicenne et où Thomas suit Avicenne contre Averroès, Dietrich se positionne contre Avicenne et Thomas. L'argumentation s'appuie en permanence sur la *Métaphysique* d'Aristote, avant tout sur le livre Z dans l'interprétation d'Averroès. Le *De quiditatibus entium* constitue l'ébauche d'une nouvelle métaphysique, antithomiste, sur des bases aristotélico-averroïstes. En un sens à préciser, le *De accidentibus* et le *De quiditatibus entium* sont des traités théologiques concernés par les tensions intellectuelles des alentours de 1300 : d'une part, ils combattent un usage dogmatico-rigide de la Bible et la chasse aux hérétiques, d'autre part ils assurent la fondation théorique d'un noyau d'identité – non pas pour les modèles idéels abstraits, mais pour les créatures existant en acte. Ils pointent dans l'étant en tant qu'étant un rapport à soi stable, que ni les contingences naturelles ni la toute-puissance divine ne peuvent défaire à moins d'anéantir complètement l'essence, et qui révèle, en son essentialité (*essentialitas*) incontestable et exempte de toute accidentalité, la bonté de la création divine.

On ne laissera pas là ce traité sans se demander pourquoi Dietrich fait preuve d'autant de tempérament à l'occasion d'une enquête ontologique abstraite. Il a qualifié l'autonomisation des propriétés motivée par la théologie des sacrements d'« erreur intolérable », d'anéantissement de toute science, de contradiction éclatante avec la vérité et Aristote. Cette autonomisation introduit la contingence et, par ce biais, les interventions de la toute-puissance là où la création présente un lien nécessaire, elle qui est par ailleurs menacée de tous côtés par la contingence. L'étant signifie l'« essence » dans la mesure où il est, en sa détermination interne, cette essence même. En tant que tel, il n'est ni un effet ni un instrument. La doctrine critiquée par Dietrich enlève à l'essence cette dignité d'auto-détermination et fait de Dieu, qui en a été le fondateur, le destructeur. Elle interprète le sacrement de l'autel, le signe de l'alliance, de la paix et de l'amour, comme une manifestation de la *puissance;* elle élève le prêtre au rang de coopérateur de cette toute-puissance. Elle place les purs êtres spirituels et l'intellect agent de l'homme hors de toute considération ontologique; sans le savoir et le vouloir, elle abolit la différence entre êtres spirituels et choses de la nature, entre choses et propriétés. Elle parle de la réalité comme s'il s'agissait d'abstractions. Elle soumet Aristote à un jeu arbitraire, qu'elle interrompt lorsque ses conséquences dérangent les intérêts ecclésiaux. Aux yeux de Dietrich, tout cela n'était pas seulement faux et contradictoire sur le fond; c'était méprisable.

MAÎTRE DIETRICH

de l'ordre des frères prêcheurs

PROLOGUE GÉNÉRAL AU TRAITÉ DES TROIS QUESTIONS DIFFICILES
PROLOGUS GENERALIS IN TRACTATUM DE TRIBUS DIFFICILIBUS QUAESTIONIBUS

AD FIDEM CODICUM MANUSCRIPTORUM
EDIDIT LORIS STURLESE
in DIETRICH VON FREIBERG, *Opera omnia. Tomus 3,* Hamburg, Felix Meiner Verlag, 1983, p. 9.

TRAITÉ DES ACCIDENTS
TRACTATUS DE ACCIDENTIBUS

AD FIDEM CODICUM MANUSCRIPTORUM
EDIDIT MARIA RITA PAGNONI-STURLESE
in DIETRICH VON FREIBERG, *Opera omnia. Tomus 3,* Hamburg, Felix Meiner Verlag, 1983, p. 47-90.

TRAITÉ DES QUIDITÉS DES ÉTANTS
TRACTATUS DE QUIDITATIBUS ENTIUM

AD FIDEM CODICUM MANUSCRIPTORUM
EDIDERUNT RUEDI IMBACH ET JEAN-DANIEL CAVIGIOLI
in DIETRICH VON FREIBERG, *Opera omnia. Tomus 3,* Hamburg, Felix Meiner Verlag, 1983, p. 91-118.

MAGISTRI THEODORICI

Ordinis Fratrum Praedicatorum

PROLOGUS GENERALIS IN TRACTATUM DE TRIBUS DIFFICILIBUS QUAESTIONIBUS

TRACTATUS DE ACCIDENTIBUS

MAÎTRE DIETRICH

de l'ordre des frères prêcheurs

PROLOGUE GÉNÉRAL AU TRAITÉ DES TROIS QUESTIONS DIFFICILES

TRAITÉ DES ACCIDENTS

PROLOGUS GENERALIS IN TRACTATUM DE TRIBUS DIFFICILIBUS QUAESTIONIBUS

(1) De tribus articulis de numero difficilium quaestionum importunitate requirentium cogor scribere, a quo supersedere debui propter communiter loquentes. Tandem autem instantiae requirentium cedens cogitavi aliquid circa huiusmodi opponendo et per modum inquisitionis notare, ut saltem darem occasionem, cuicumque hoc placuerit, videlicet verbo vel scripto, mecum de huiusmodi conferre, ut per talem collationem harum rerum difficilium maxime mihi veritas eluscescat.

PROLOGUE GÉNÉRAL AU TRAITÉ DES TROIS QUESTIONS DIFFICILES

(1) L'entêtement de ceux qui m'en font la demande me pousse à écrire au sujet de trois points qui sont au nombre des questions difficiles que j'avais dû laisser en suspens à cause des porte-parole de la doctrine commune. Cédant finalement à l'insistance de ceux qui m'en faisaient la demande, j'ai projeté de rédiger quelque chose au sujet de ces matières, en m'opposant et sous la forme d'une enquête; [je l'ai fait] pour que l'occasion soit au moins offerte à qui en aura le souhait de discuter avec moi de ces sujets, par oral ou par écrit, afin que, par l'examen de ces choses difficiles, la vérité resplendisse à mes yeux, au plus haut point.

TRACTATUS DE ACCIDENTIBUS

Tabula capitulorum

TRAITÉ DES ACCIDENTS

Table des chapitres

13. De secundo modo, quo quiditas est in accidentibus modo logico
14. De tertio modo, quo quiditas invenitur in accidentibus modo logico
15. Declaratio eius, quod determinat Philosophus, scilicet quod quiditas substantiae est eadem ipsi substantiae, in accidentibus autem differt
16. Conclusio principalis de accidentibus quantum ad eorum essentias, analogiam ad substantiam et quiditatem et definitionem et remotio cuiusdam cavillationis
17. Confirmatio dictorum per deductionem ad inconveniens secundum Philosophum
18. Confirmatio dictorum per rationes sumptas ex proprietate seu propria ratione quiditatis, quae est vere quiditas
19. Quaestio de accidentibus in generali et eius responsio, videlicet utrum accidens possit aliqua virtute hoc agente esse sine subiecto
20. Rudis quorundam responsio et eius destructio
21. Vera responsio in speciali determinans, quod accidentia nullo modo possunt esse sine subiecto, sive pertineant ad primum sive ad secundum modum per se
22. Remotio quarundam cavillationum obnitentium determinatae veritati
23. Responsiones ad rationes, quae adducuntur in contrarium determinatae veritati

13. De la deuxième manière dont la quidité se trouve dans les accidents sur le mode logique
14. De la troisième manière dont la quidité se trouve dans les accidents sur le mode logique
15. Explication de la thèse qu'arrête le Philosophe, à savoir que la quidité de la substance est identique à la substance, alors que, dans les accidents, elle diffère des accidents
16. Conclusion principale au sujet des accidents : leurs essences, leur analogie à la substance, leur quidité, leur définition, et la destruction d'un raisonnement captieux
17. Confirmation de ce qui a été dit, au moyen d'une démonstration par l'absurde, selon le Philosophe
18. Confirmation de ce qui a été dit au moyen d'arguments tirés de la propriété ou de la raison propre de la quidité qui est véritablement quidité
19. La question des accidents en général et sa réponse : l'accident peut-il être sans sujet par l'action de quelque puissance ?
20. Une solution grossière et sa destruction
21. Véritable réponse. Que les accidents ne peuvent en aucune manière être sans sujet, qu'ils appartiennent au premier ou au second mode du par soi
22. Réfutation des raisonnements captieux qui s'opposent à la vérité déterminée
23. Réponses aux objections qui sont avancées contre la vérité déterminée ici

1. *Prooemium, in quo traditur intentio dicendorum*

(1) De tertio praeenumeratorum articulorum in principio nunc considerandum, videlicet de natura seu essentia accidentium et de esse ipsorum seu inesse substantiis, et utrum possint aliqua virtute agente vel conservante esse eorum a subiectis separari et permanere secundum se absque subiectis.

(2) Cuius rei consideratio non modicam ingerit difficultatem scholastice inquirentibus, compugnantibus ad invicem rationibus ad rationes et auctoritatibus ad auctoritates, maxime autem communiter loquentibus vincentibus multitudine, sed non sic efficacia rationum, ut patebit discussis et excussis simul cum manifestatione veritatis, si aliqua vel ratione vel auctoritate contraria videantur.

2. *In quo distinguitur nomen accidentis secundum suas significationes*

(1) Primo autem distinguendum significationem nominis accidentis. Dicitur enim accidens uno modo communiter, secundum quod in latitudine suae significationis includit etiam entium quorumcumque proprietates et per se passiones, quae competunt quantum ad secundum modum dicendi per se[1]. Et secundum hoc non solum inest accidens substantiis, sed etiam aliis entium generibus, scilicet quantitati et qualitati, quorum proprietates

1. Aristoteles Latinus, *Analytica Posteriora, I, 4. Recensio Guillelmi*, ed. L. Minio-Paluello, B.G. Dod (AL IV 1-4), p. 289 : *[...] et quibuscumque eorum que insunt ipsis ipsa insunt in ratione quid est demonstranti, ut rectum inest linee et circulare, et par et inpar numero, et primum et compositum et equilaterum, et altera parte longius, et omnibus hiis insunt in ratione quid est dicente hic quidem linea, ibi vero numerus.*

1. *Proème dans lequel est livrée l'intention du discours*

(1) Maintenant, il faut examiner le troisième point énuméré en début de traité, à savoir la nature ou essence des accidents, ainsi que leur être ou leur être d'inhérence aux substances; on demande si, quelque puissance actualisant ou conservant leurs êtres, ils peuvent être séparés de leurs sujets et demeurer en soi à part de leurs sujets.

(2) L'examen de cette question entraîne une difficulté qui n'est pas petite pour ceux qui en discutent de manière scolaire, en s'affrontant, arguments contre arguments et autorités contre autorités; ceci est particulièrement vrai pour les porte-parole la doctrine commune : ils l'emportent par la multiplicité des arguments mais pas par la force de conviction de ces derniers, comme il apparaîtra lorsque [ces arguments] auront été ébranlés et détruits en même temps que la vérité sera mise en lumière, dans la mesure où des [arguments], de l'ordre de la raison ou de l'autorité, s'y opposent.

2. *Où l'on distingue le nom 'accident' en fonction de ses significations*

(1) Il faut d'abord distinguer la signification du nom 'accident'. En effet, d'une première manière 'accident' est signifié communément, selon qu'il inclut aussi dans l'extension de sa signification les propriétés et les passions par soi de tous les étants – [passions] qui relèvent du second mode de ce qui est prédiqué par soi[1]. De cette manière, l'accident n'est pas seulement inhérent aux substances, mais aussi aux autres genres d'étants, c'est-à-dire à la quantité et à la qualité dont les propriétés sont

1. Aristote, *Analytiques postérieurs, I, 4,* 73a37-b3, trad. P. Pellegrin, 2005, p. 83 : « On parle aussi d'inhérence "par soi" dans tous les cas où des choses appartiennent à d'autres, lesquelles sont contenues dans la formule qui montre ce que sont les premières, par exemple le rectiligne et le courbe appartiennent par soi à la ligne, et l'impair et le pair, le premier et le divisible, le carré et l'oblong appartiennent par soi au nombre. Et toutes ces choses contiennent dans la formule qui dit ce qu'elles sont, les unes "ligne", les autres "nombre". »

enumerantur in *Praedicamentis*[1], et rebus mathematicis, ut triangulum habere tres aequales duobus rectis, par et impar numero et sic de aliis.

(2) Alio modo dicitur accidens proprie, quod importat aliquam realem naturam in substantia, qua substantia est aliquid melius et qua aliquo modo se habet ad motum et transmutationem, ut sunt quantitates et qualitates, quae sunt aliquae res positivam aliquam naturam importantes in substantia.

(3) Distinguitur autem primus istorum dictorum modorum in duos. Cum enim dictae proprietates sint quaedam proprie propria entium, quorum sunt proprietates, et sunt per se, oportet ea reduci in aliqua eorundem entium principia; non enim talia sunt ab extrinsecus advenientia : per se enim insunt et non per accidens. Essent autem talia et inessent per accidens, si non in per se principia suorum subiectorum reducerentur.

3. *De diversis principiis entium, secundum quae in huiusmodi entibus diversi proprietatum modi inveniuntur*

(1) Sunt autem entium principia duobus modis. Unus, videlicet eorum, quae sunt principia compositionis seu constitutionis alicuius entis secundum naturam speciei, inquantum tamen huiusmodi ens secundum speciem determinatur in sua individua. Sunt autem talia principia entis in rebus compositis materia et forma, miscibilia in mixto, anima et corpus. Per huiusmodi enim principia, quaecumque sint, et sunt communia toti alicui generi vel speciei, determinatur natura generis vel speciei in sua individua. Et ideo communiter loquentes de principiis seu causis individuationis aliqua de iam dictis vocatis principiis inducunt pro causis seu principiis individuationis.

(2) Sunt igitur aliquae proprietates seu proprie propria aliquarum specierum secundum totam latitudinem et ambitum suorum individuorum, quae in iam dicta principia naturae reducuntur tamquam in propria suorum subiectorum principia, ut sunt risibile, hinnibile,

1. Aristoteles Latinus, *Categoriae vel Praedicamenta, VI; VIII. Translatio Guillelmi*, ed. L. Minio-Paluello (AL I 1-5), p. 94-96; p. 105-107.

énumérées dans les *Catégories*[1], et aux objets mathématiques – par exemple, pour le triangle, le fait d'avoir trois angles égaux à deux angles droits, le pair ou l'impair revenant au nombre, et les autres choses de ce type.

(2) D'une seconde manière, 'accident' est signifié proprement : il introduit dans la substance une nature réelle en vertu de laquelle la substance est quelque chose de meilleur et, de quelque manière, participe au mouvement et au changement. Telles sont les quantités et les qualités : elles sont des choses introduisant une nature positive dans la substance.

(3) Or, le premier de ces modes se subdivise en deux. En effet, puisque les propriétés mentionnées sont des propres proprement dits des étants dont elles sont les propriétés, et puisqu'elles sont par soi, il faut qu'elles soient reconduites à quelques principes de ces mêmes étants, car de telles propriétés n'adviennent pas de l'extérieur : elles sont inhérentes par soi et non par accident. Elles seraient par contre [des propriétés advenant de l'extérieur] et seraient inhérentes par accident, si elles n'étaient pas reconduites aux principes par soi de leurs sujets.

3. *Des divers principes des étants, selon lesquels on trouve divers modes de propriétés dans ces étants*

(1) Les principes des étants sont de deux types. Au premier de ces types appartiennent les principes de composition ou de constitution de chaque étant selon la nature de l'espèce, dans la mesure où un étant de cette sorte, envisagé selon l'espèce, est cependant réalisé en ses individus. Dans les choses composées, de tels principes de l'étant sont la matière et la forme, les [éléments] du mélange dans ce qui est mélangé, l'âme et le corps. Par des principes de ce type – quels qu'ils soient, ils sont communs à un genre ou à une espèce entière –, la nature du genre ou de l'espèce est en effet réalisée en ses individus. Ainsi, lorsqu'ils traitent des principes ou des causes de l'individuation, les porte-parole de la doctrine commune invoquent certains des principes énoncés à l'instant comme causes ou principes d'individuation.

(2) Il y a donc des propriétés ou des propres proprement dits, appartenant à quelque espèce dans toute son extension et selon toute la sphère de ses individus, qui sont reconduits aux principes de la nature mentionnés auparavant en tant qu'ils sont les principes propres de leurs sujets, par exemple l'aptitude à rire, l'aptitude à hennir, le fait d'être compréhensible

1. Aristote, *Catégories*, *6*, 5b11-6a35 ; *8*, 10b12-11a19.

disciplinae perceptibile et similia; et haec aliquam realem positivam naturam circa sua subiecta importare possunt. Insunt enim haec secundum rationem principiorum compositionis naturae, inquantum stant sub ordine generantis seu constituentis naturam speciei, secundum quod determinatur in sua individua. Unde huiusmodi propria possunt etiam dici esse a generante tamquam a motore essentiali eo ordine causalis dependentiae, quo sua subiecta a generante dependent. Iste igitur est unus modus proprietatum seu propriorum accidentium, quae in principia compositionis naturae reducuntur, ut dictum est, et sunt propria alicui generi vel speciei.

(3) Est autem alius modus propriorum accidentium, quae proprie per se passiones dicimus, quae in aliud genus principiorum sui subiecti reduci habent; sunt enim generum et specierum principia quaedam alia a praedictis. Sunt autem talia principia generum vel specierum inquantum huiusmodi, id est inquantum genera vel species, non inquantum ex principiis generationis et compositionis naturae ipsa genera vel species determinantur in individua, sed inquantum considerantur secundum suas quiditates habentia secundum hoc quaedam principia formalia, quae sunt partes formae et sunt ante totum, sicut Philosophus nominat et describit ea VII *Metaphysicae*[1]. Has etiam partes formae complectitur definitio formalis cuiuscumque entis, quod secundum rationem suae quiditatis seu formae determinatur et definitur, ut si definiam hominem per animal rationale, et triangulum, quod est figura plana et cetera.

(4) Sunt igitur alterius modi a praedicto genere proprietatum quaedam, quas proprie per se passiones dicimus, quae in iam immediate dicta principia suorum subiectorum reducuntur, agente hoc ratione et eliciente ea ex huiusmodi principiis eo, quod nullam naturam positivam important circa subiectum suum quantum ad id, quod principaliter significatur per nomen; tum quia plerumque tota ratio entitatis seu naturae eorum in privatione consistit, et sunt species unius et multi, puta simile et dissimile, aequale et

1. Aristoteles Latinus, *Metaphysica, VII, 10. Recensio Guillelmi*, ed. G. Vuillemin-Diem (AL XXV 3.2), p. 150 : *Quare quecumque sunt partes ut materia et in que dividitur ut in materiam, sunt posteriora; quecumque uero ut rationis et substantie secundum rationem, priora aut omnia aut quedam.* Vide etiam : Aristoteles Latinus, *Metaphysica, VII, 10; 11. Recensio Guillelmi*, ed. G. Vuillemin-Diem (AL XXV 3.2), p. 149, 150 ; 152, 153.

pour l'enseignement, et d'autres [propriétés] semblables; et celles-ci peuvent ajouter une nature positive réelle à leurs sujets. En effet, elles sont inhérentes [à leurs sujets] à la manière des principes de composition de la nature, dans la mesure où elles demeurent soumises à l'ordre de ce qui engendre ou de ce qui constitue la nature de l'espèce selon qu'elle est déterminée en ses individus. C'est pourquoi des propres de ce type peuvent être dits procéder de ce qui engendre comme d'un moteur essentiel, dans le même ordre de dépendance causale que celui des sujets à ce qui les engendre. Tel est donc le premier mode de propriétés ou d'accidents propres, qui sont reconduits aux principes de composition de la nature, comme il a été dit, et qui sont propres à un genre ou à une espèce.

(3) Il y a un autre mode d'accidents propres, que nous nommons 'passions par soi proprement dites': ils doivent être reconduits à un autre genre de principes de leur sujet. Il y a en effet d'autres principes des genres et des espèces que ceux qui ont été mentionnés auparavant. Ils sont principes des genres et des espèces en tant que tels, à savoir en tant que genres et espèces, non en tant que les genres et les espèces sont réalisés en individus par les principes de la génération et de la composition naturelles, mais en tant qu'ils sont envisagés dans leurs quidités, possédant en cela certains principes formels qui sont les parties de la forme et qui sont antérieurs au tout, comme les qualifie et les décrit le Philosophe au livre VII de la *Métaphysique*[1]. La définition formelle de tout étant inclut ces parties de la forme, étant qui est déterminé et défini selon la raison de sa quidité ou de sa forme; je peux par exemple définir 'homme' par 'animal doué de raison' et le triangle par le fait d'être une figure plane, etc.

(4) Les propriétés que nous appelons 'passions par soi proprement dites' appartiennent donc à un autre mode que le genre de propriétés mentionné auparavant: elles sont reconduites aux principes de leurs sujets dont nous venons juste de parler, la raison les produisant et les tirant de principes de ce type, de sorte à ce qu'elles n'ajoutent aucune nature positive à leurs sujets, relativement à ce qui est signifié principalement par le nom. En effet, la plupart du temps, toute la raison de l'entité et de la nature de ces [passions] consiste en une privation; elles sont alors les espèces de l'un et du multiple, par exemple le semblable et le dissemblable, l'égal et

1. Aristote, *Métaphysique*, *VII, 10,* 1035b12-14, trad. J. Tricot, 1991 [ici, comme par la suite, il s'agit de la réimpression de l'édition de 1953], p. 404-405: « Par conséquent, les parties, prises au sens de parties matérielles, et en lesquelles, comme en sa matière, une chose se divise, sont postérieures au tout; au contraire, les parties, au sens de parties de l'énonciation et de la substance formelle, sont antérieures, soit pour le tout, soit pour quelques-unes seulement. » Voir aussi: Aristote, *Métaphysique*, *VII, 10,* 1034b34-1035a4, 1035b4-6; 11, 1036a26, 1036b5.

inaequale, idem differens diversum, et similia fundata super numerum repertum in substantia vel quantitate vel qualitate; tum quia, licet aliquando positive significentur, important quosdam respectus fundatos super actionem et passionem vel quasi, ut pater filius, causa causatum, dominus servus, et similia; et ea, quae iuristae vocant 'res incorporales'[1], ut sunt omnia iura fundata similiter super rationem mensurae et mensurati, quia important quosdam respectus, plerumque positive significantur. Haec autem omnia, quae dicta sunt, sive ratio eorum et natura in privatione consistat, sive importent aliquos respectus fundatos in aliquibus rebus, ut dictum est, sunt modi determinati circa res agente ratione, et hoc vel ratione speculativa, quantum ad intellectum speculativum in scientiis speculativis, ut triangulum habere tres aequales duobus rectis, vel ratione practica in aliquibus pertinentibus ad vitam, ut nummum esse pretium vel desinere esse pretium, et similia.

(5) Sunt igitur duo modi proprietatum seu proprie propriorum, quorum primus reducitur tamquam in causam in principia compositionis seu constitutionis naturae, ut dictum est; alius autem originem trahit et principiatur ex principiis speciei, quae sunt partes formae et sunt ante totum, ut dicit Philosophus in VII[2]. Et propter hoc utrique istorum modorum commune est hoc, quod subiectum ingreditur definitionem eius; nec aliter vere et proprie definiri possunt, quia tota ratio entitatis et naturae eorum, si quam habent, attenditur in hoc, quod sunt alicuius entis proprietates vel per se passiones.

4. *Ponitur quaedam dubitatio orta ex dictis et eius solutio*

(1) Potest autem aliquis dubitare in hoc, quod sicut infra ostendetur ex sententia et dictis Philosophi, quod accidentium quorumcumque, et cuiuscumque generis sint, definitiones sunt ex additamentis in eo, quod

1. Justinianus, *Institutes II, 2,* ed. P. Krueger, p. 13; *Digestae VIII, 1*, n. 14, ed. T. Mommsen, p. 112 : *Servitutes praediorum rusticorum etiamsi corporibus accedunt, incorporales tamen sunt et ideo usu non capiuntur.*

2. Vide adnotationem 1, p. 54.

l'inégal, le même, le différent, le divers, et d'autres [relations] similaires, fondées sur le nombre envisagé dans la substance, la quantité ou la qualité; dans d'autres cas, bien qu'elles soient parfois signifiées positivement, ces passions introduisent des relations fondées sur l'action et la passion ou sur quelque chose d'approchant, par exemple père / fils, cause / causé, maître / esclave, et d'autres [relations] similaires; de même pour ces [relations] que les juristes nomment 'réalités incorporelles'[1], à savoir tous les droits fondés, de la même manière, sur la raison de mesure et de mesuré; ils introduisent en effet certaines relations et, en règle générale, sont signifiés positivement. Or toutes ces passions qui ont été évoquées, que leur raison et leur nature consiste en une privation ou qu'elles introduisent des relations fondées dans des choses, – comme il a été dit – toutes sont des modes déterminés d'une chose du fait que la raison les produit : il peut s'agir de la raison spéculative, relativement à l'intellect spéculatif, dans les sciences spéculatives – par exemple, que le triangle ait trois angles égaux à deux angles droits –, ou il peut s'agir de la raison pratique, dans quelques [affaires] concernant la vie courante – par exemple, que la pièce de monnaie ait un prix ou cesse d'en avoir un –, et ainsi de suite.

(5) Il y a donc deux modes de propriétés ou de propres proprement dits : le premier est reconduit aux principes de la composition ou de la constitution de la nature, comme à sa cause – selon ce qui a été dit; le second tire son origine et sa source des principes de l'espèce, qui sont les parties de la forme et qui sont antérieurs au tout, comme le dit le Philosophe au livre VII [de la *Métaphysique*][2]. C'est pourquoi il est commun à ces deux modes que leurs sujets entrent dans leurs définitions. Autrement, ils ne pourraient être vraiment et proprement définis : en effet, toute la raison de leur entité et de leur nature, s'ils en ont une, se rapporte au fait qu'ils sont les propriétés et les passions par soi de quelque étant.

4. *Où l'on expose un doute né des propos précédents, et sa solution*

(1) Quelqu'un pourrait douter [de ce qui a été dit], de la manière suivante. En effet, comme il sera démontré plus bas à partir de la doctrine et des dires du Philosophe, les définitions de tous les accidents, quels qu'ils

1. Justinien, *Institutes II, 2; Digestae VIII, 1*, n. 14, trad. L.J. de Ferrière, Paris, P.E.G. Durand, 1773, p. 545 : « Quoique les servitudes des terres soient des accessoires d'une chose corporelle, elles sont cependant incorporelles; c'est pourquoi elles ne peuvent être acquises par un long usage. »

2. Voir note 1, p. 55.

necessario substantia ingreditur definitionem cuiuscumque eorum, nec aliter vere definiri possunt, puta qualitas, quantitas et cetera. Secundum hoc ergo non videtur esse differentia inter huiusmodi accidentia et ea, quae supra dicta sunt entium proprietates; et secundum hoc videtur, quod etiam omnia talia accidentia naturae non sint nisi substantiae proprietates.

(2) Ad quod dicendum, quod aliter et aliter ingrediuntur subiecta dictarum proprietatum suam definitionem, sive subiecta huiusmodi sint substantiae sive aliae res naturae. Aliter autem ingreditur substantia definitionem dictorum accidentium naturae.

(3) Quantum enim ad proprietates entium subiecta earum ingrediuntur definitionem earum non ut substantia simpliciter, id est inquantum subiectum, sed secundum rationem principiorum subiecti, ex quibus eliciuntur tales proprietates et determinantur circa subiecta sua, sive talia principia sint principia compositionis seu constitutionis naturae, sive sint principia speciei partes videlicet formae, quae sunt ante totum, secundum quod eadem est definitio subiecti dicens quid est subiectum et propter quid passionis. Ex hoc enim huiusmodi proprietates habent rationem proprietatum vel per se passionum, quia secundum talia principia insunt et ex his definiuntur.

(4) Quantum autem ad definitiones naturalium entium, quae sunt accidentia, ut quantitas, qualitas et cetera, substantia ingreditur definitionem eorum inquantum substantia et vere ens, quod est ens per se, cuius dicta naturalia accidentia sunt quaedam naturales dispositiones. Ex quo competit dictis accidentibus esse entia inquantum sunt entis, ut dicit Philosophus in principio VII *Metaphysicae*[1]; et secundum hoc sunt accidentia secundum propriam rationem accidentium et distinguuntur per novem genera praedicamentorum. Si autem aliquid istorum reduceretur in principia subiecti et ex his haberent suam definitionem dicentem quid est subiectum et propter quid talis accidentis, ex hoc iam accederet ad rationem et naturam

1. Aristoteles Latinus, *Metaphysica, VII, 1. Recensio Guillelmi*, ed. G. Vuillemin-Diem (AL XXV 3.2), p. 132 : *Alia uero dicuntur entia eo quod taliter entis hec quidem qualitates esse, illa uero quantitates, alia passiones, alia aliud quid tale.*

soient et de quel genre qu'ils soient, se font par addition, dans la mesure où la substance entre nécessairement dans la définition de chacun d'eux; autrement ceux-ci, par exemple la qualité, la quantité, etc. ne pourraient être vraiment définis. En ce sens, il semble donc qu'il n'y ait pas de différence entre les accidents de ce type et ceux qui ont été qualifiés précédemment de 'propriétés des étants'; de fait, il semble que de tels accidents naturels ne soient eux-aussi rien d'autre que des propriétés de la substance.

(2) Il faut répondre que les sujets des propriétés évoquées précédemment – que ces sujets soient des substances ou d'autres choses de la nature – entrent diversement dans les définitions de ces propriétés, et que c'est d'une autre manière que la substance entre dans la définition des dénommés 'accidents naturels'.

(3) En effet, concernant les propriétés des étants, leurs sujets n'entrent pas dans leurs définitions en tant que substances absolument – c'est-à-dire en tant que sujets –, mais selon la raison des principes du sujet, desquels sont tirées de telles propriétés et par lesquels elles sont déterminées relativement à leurs sujets; peu importe que ces principes soient les principes de composition ou de constitution de la nature, ou qu'ils soient les principes de l'espèce, à savoir les parties formelles qui précèdent le tout, dans la mesure où la définition du sujet, qui dit ce qu'est le sujet, est identique à celle qui dit le 'en raison de quoi' de la passion. En effet, de telles propriétés ont la raison de propriété ou de passion par soi, car elles sont inhérentes [aux étants] en fonction de ces principes et elles sont définies à partir d'eux.

(4) Quant aux définitions des étants naturels que sont les accidents comme la quantité, la qualité, etc., la substance entre dans leurs définitions en tant que substance et étant véritable : en tant qu'elle est étant par soi dont ces accidents naturels sont des dispositions naturelles. C'est pourquoi il revient à ces accidents d'être des étants dans la mesure où ils sont [quelque chose] de l'étant, comme le dit le Philosophe au début du livre VII de la *Métaphysique*[1]; en ce sens, ils sont des accidents selon la raison propre d'accident et ils se distinguent en neuf genres de catégories. Or, si l'un d'eux était reconduit aux principes du sujet et si, à partir de ces principes, on obtenait sa définition, disant quel est son sujet et le 'en raison de quoi' d'un tel accident, alors cet accident accéderait au statut et à la nature de

1. Aristote, *Métaphysique, VII, 1,* 1028a17-20, trad. J. Tricot, 1991, p. 347 : « Les autres choses ne sont appelées des êtres, que parce qu'elles sont ou des quantités de l'être proprement dit, ou des qualités, ou des affections de cet être, ou quelque autre détermination de ce genre. »

proprietatum, ut si quis ex principiis substantiae caelestis eliceret et concluderet caelum esse sphaericum vel luminosum et similia.

5. *Ostenditur, quod proprie propria et per se passiones et respectus in eo, quod respectus, nullo modo possunt esse separata a subiectis*

(1) Habita igitur differentia eorum, quae vere et proprie sunt accidentia distincta per se secundum novem genera praedicamentorum, et eorum, quae large et extenso nomine dicuntur accidentia, puta entium proprietates et per se passiones, circa ipsas tales proprietates et per se passiones absolvatur primo quaestio de esse et inesse eorum ex sibi propriis, antequam veniamus ad communia ipsis et aliis, quae vere sunt accidentia.

(2) Si igitur de huiusmodi proprietatibus et per se passionibus quaeratur, utrum possint esse sine omni subiecto ita, ut per se absolutam existentiam habeant sine fulcimento cuiuscumque subiecti, dicendum, quod si loquamur de his, quas proprie per se passiones dicimus, qualia sunt illa, quae in mathematicis concluduntur, ut habere tres aequales duobus rectis et par et impar quoad numerum et sic de aliis, si etiam sit sermo de respectibus, quantum ad ipsos respectus, qui respectu sui fundamenti habent rationem et modum per se passionum, ut pater, filius et similia, nulla vi naturae sive creatae sive increatae agente potest fieri, ut talia sint sine suis subiectis, ex quorum principiis talia eliciuntur et constituuntur in esse.

(3) Primo, quia huiusmodi plerumque talia sunt, quod ratio eorum consistit in privatione, quia sunt species unius et multi, ut simile et dissimile, aequale et inaequale et similia, quae significant unum et multa vel in substantia vel in qualitate vel in quantitate, ut patet; cum haec etiam aliqua respectus aliquos important, ut per se notum est, puta simile, aequale et cetera; quia igitur, ut dictum est, ratio talium in privatione consistit, privatio autem est negatio in subiecto secundum Philosophum in IV

propriété; il en irait de même si quelqu'un concluait que le ciel est sphérique, lumineux, et [qu'il possède] d'autres [qualités] similaires, en tirant ces conclusions des principes de la substance céleste.

5. *Où l'on montre que les propres proprement dits, les passions par soi et les relations, en tant que relations, ne peuvent être séparés de leurs sujets, en aucune manière*

(1) Après avoir différencié les accidents qui sont vraiment et proprement accidents, distingués par soi selon les neuf genres de catégories, et ceux qui sont dits 'accidents' en un sens large et étendu du mot, par exemple les propriétés et les passions par soi des étants, il faut résoudre d'abord la question de l'être et de l'être d'inhérence relativement à ces propriétés-là et à ces passions par soi, à partir de ce qui leur est propre, avant d'en venir à ce qui est commun à ces propriétés et aux véritables accidents.

(2) Au sujet de ces propriétés et des passions par soi, dans l'hypothèse où l'on demande s'ils peuvent être sans aucun sujet, de sorte à jouir par soi d'une existence absolue sans l'assise de quelque sujet que ce soit, il faut répondre ainsi : si nous parlons des dénommées 'passions proprement par soi', telles celles qui sont démontrées en mathématiques – comme avoir trois angles égaux à deux angles droits, le pair et l'impair par rapport au nombre, et ainsi de suite –, et si le propos concerne des relations en tant qu'elles sont des relations qui ont la raison et le mode de passions par soi dans leurs rapports à leurs fondements – comme le père, le fils et d'autres relations similaires –, l'action d'aucune force naturelle, créée ou increée, ne peut faire que de telles propriétés soient sans les sujets des principes desquels elles sont tirées, et par les principes desquels elles sont constituées dans l'être.

(3) En voici la première raison : la plupart du temps, ces propriétés sont telles que leur raison consiste en une privation. En effet, elles sont des espèces de l'un et du multiple, comme le semblable et le dissemblable, l'égal et l'inégal, et d'autres [espèces] similaires qui signifient l'un et le multiple dans la substance, dans la qualité ou dans la quantité – ceci est bien clair. Certaines de ces propriétés introduisent aussi des relations, – cela est connu par soi –, par exemple le semblable, l'égal, etc. Comme il a été dit, la raison de ces propriétés consiste donc en une privation. Or la privation est une négation dans le sujet, selon le Philosophe au livre IV de la

Metaphysicae[1], subtracto subiecto manifestum est non manere nisi puram negationem, quae secundum rem est nihil.

(4) Quia etiam huiusmodi aliquos respectus important, respectus autem ad respectum non refertur, sed habens respectum, ideo subtracto subiecto seu fundamento nihil manet, quod referatur; ergo nec respectus manet, quia remanere respectus et nihil secundum respectum referri non est intelligibile. Ex eadem ratione concluditur, quod nec hi respectus, qui positive significantur, sive fundentur super actionem et passionem, ut pater, filius, sive fundentur super rationem mensurae et mensurati, de quibus tractat Philosophus in V *Metaphysicae*[2], huiusmodi, inquam, nulla vi possunt esse separati ratione iam dicta.

(5) Quod autem communiter attinet ad dictas entium proprietates et per se passiones est hoc, videlicet quod, quia ex principiis subiectorum suorum eliciuntur agente hoc natura vel ratione eo, quod eadem sunt ipsorum et suorum subiectorum principia essendi et definiendi; ex quo etiam sequitur eandem esse definitionem uniuscuiusque ipsorum et sui proprii subiecti dicentem quid est subiecti et propter quid dictae passionis – voco etiam hic subiectum quoad respectus ipsum fundamentum suum, respectu cuius fundamenti ipse respectus habet rationem et modum proprietatis –; quia, inquam, sic se habent, quae dicta sunt, impossibile est saepe dictas entium proprietates et per se passiones aliqua vi naturae vel etiam virtute supernaturali separari eo modo, ut absque omni subiecto in se propriam subsistentiam habeant.

(6) Sequeretur enim rem separari a suis principiis, ex quibus et essentiam et definitionem habet. Ex quo sequitur definitum separari a definitione. Ex quo consequenter infertur rem separari a sua quiditate et propria et essentiali definitione; sic enim hic accipimus definitionem,

1. Aristoteles Latinus, *Metaphysica, IV, 2; 6. Recensio Guillelmi*, ed. G. Vuillemin-Diem (AL XXV 3.2), p. 69; p. 88 : *[...] hic quidem igitur uni differentia adest preter quod in negatione, illius enim absentia negatio est, in priuatione uero et subiecta quedam fit natura de qua dicitur priuatio. [...] priuatio negatio est ab aliquo determinato genere.*

2. Aristoteles Latinus, *Metaphysica, V, 15. Recensio Guillelmi*, ed. G. Vuillemin-Diem (AL XXV 3.2), p. 112 : *Alia ut calefactiuum ad calefactibile et sectiuum ad secabile, et omne actiuum ad passiuum. Alia ut mensurabile ad mensuram et scibile ad scientiam et sensibile ad sensum.*

Métaphysique[1]. Une fois le sujet ôté, il est donc évident qu'il ne reste rien, sinon une pure négation qui n'est rien dans la réalité.

(4) En effet, les [propriétés] de ce type introduisent des relations. Or la relation ne se rapporte pas à la relation, mais à ce qui a la relation. C'est pourquoi, lorsque le sujet ou le fondement est ôté, il ne demeure rien à quoi [la relation] puisse se rapporter. La relation ne demeure donc pas non plus, car il est inconcevable que la relation demeure et que rien ne soit relatif par le fait de cette relation. La même raison invite à conclure qu'aucune force ne peut non plus séparer [de leurs fondements] les relations qui sont signifiées positivement, qu'elles soient fondées sur l'action et la passion comme le père, le fils, ou qu'elles soient fondées sur la raison de la mesure et du mesuré – telles sont [les relations] dont parle le Philosophe au livre V de la *Métaphysique*[2] – et cela, pour la raison mentionnée auparavant.

(5) Ces dites propriétés des étants et les passions par soi sont concernées par un [trait] commun : en effet, elles sont tirées des principes de leurs sujets par l'action de la nature ou de la raison, dans la mesure où elles ont les mêmes principes d'être et de définition que leurs sujets; il s'ensuit donc que la définition de chacune d'elles est identique à la définition de son sujet propre, disant ce qui appartient au sujet et le 'en raison de quoi' de cette passion. (Ici encore, je parle de 'sujet' dans la mesure où il s'agit du fondement propre de la relation, et dans la mesure où la relation a la raison et le mode de propriété eu égard à ce fondement.) Puisque, dis-je, il en va ainsi qu'il a été précisé, il est impossible qu'une force naturelle, ou même qu'une puissance surnaturelle, sépare ces propriétés et ces passions par soi souvent évoquées, de sorte à ce qu'elles jouissent d'une subsistance propre, en soi, à part de tout sujet.

(6) Il s'ensuivrait en effet que la chose serait séparée de ses principes propres, dont elle tire son essence et sa définition. Il s'ensuit que le défini est séparé de la définition. De manière conséquente, on en déduit que la chose est séparée de sa quidité et de sa définition propre et essentielle; en

1. Aristote, *Métaphysique, IV, 2*, 1004a14-16; *6*, 1011b19-20, trad. J. Tricot, 1991, p. 183; p. 234 : « [...] dans ce dernier cas, une différence est surajoutée à ce qui est impliqué dans la pure négation, car la négation n'est que l'absence de la chose en question, tandis que, dans la privation, il y a aussi, subsistant dans un sujet, une nature particulière dont la privation est affirmée. »; « [...] or la privation est une négation de quelque chose dans un genre déterminé. »

2. Aristote, *Métaphysique, V, 15*, 1020b30-31, développé à la page 1021a14-b3, trad. J. Tricot, 1991, p. 294 : « [...] d'autre part, ["relatif" se dit] comme ce qui peut échauffer à ce qui peut être échauffé, ce qui peut couper à ce qui peut être coupé, et, d'une manière générale, l'actif au passif. Le relatif est aussi comme le mesuré à la mesure, le connaissable à la connaissance, le sensible à la sensation. »

quae designativa et determinativa est rei secundum suam quiditatem. Ex quo ulterius concluditur essentiam talis rei separatae cadere in quandam suae essentiae aequivocationem. Ex quo necessario infertur ipsam talem rem separatam cadere non solum in aliam speciem, sed etiam in aliud genus, non quodcumque, sed in genus substantiae; de ratione enim substantiae est per se esse secundum rationem suae quiditatis, per quod per se differt ab omni accidente et proprietatibus accidentium.

(7) Ex his autem omnibus necessario habetur, quod dicere saepe dictas proprietates entium et per se passiones separari importat manifeste contradictionem, quod Deus facere non potest. Quod enim aliqua res sit et non habeat suam propriam quiditatem nec propriam suam definitionem nec sit in suo proprio genere vel specie, manifeste contradictionem importat, sicut si quis diceret, quod homo est et non est animal rationale.

6. *Removetur quaedam cavillatoria instantia cum sua ratione*

(1) Nec obstat, si fortassis aliquis [1] fingeret definitiones talium proprietatum et per se passionum dari secundum aptitudinem, ut videlicet ipsum subiectum secundum suam propriam definitivam rationem sit aptum natum recipere tales proprietates seu passiones in se et saepe dictae passiones sunt aptae natae inesse talibus subiectis, sed non necessario insunt actu.

1. Vide : Bonaventura de Bagnoreggio, *In IV Sent., dist. 12, pars 1, art. 1, q. 1*, Quaracchi, t. 4, p. 271a : *Quod enim obiicit quod definitum non potest separari a definitione, dicendum quod nomina in definitione posita, similiter verba, dicunt aptitudinem, non semper actum. Et ideo dico quod accidens, quamvis non sit in subiecto, non tamen separatur a sua definitione, immo ei convenit, quia aptum est esse in subiecto. Patet etiam responsio ad sequens de operatione, quia illa definitio, si intelligatur secundum actum est separabilis; si secundum aptitudinem, neutra est separabilis.* Thomas de Aquino, *Quodlibet IX, q. 3, ad 2*, ed. leon., p. 99 : *Ad secundum dicendum quod, secundum Auicennam in sua Metaphisica, esse non potest poni in diffinitione alicuius generis uel speciei, quia omnia particularia uniuntur*

effet, nous envisageons ici la définition en tant qu'elle désigne et détermine la chose selon sa quidité. On peut aller plus loin et conclure que l'essence d'une telle chose séparée tombe dans une sorte d'équivocité relativement à son essence. On en conclut nécessairement qu'une telle chose séparée tombe non seulement dans une autre espèce [que lorsqu'elle n'était pas séparée], mais aussi dans un autre genre, et pas dans n'importe quel genre, mais dans celui de la substance; en effet, il appartient à la raison de substance d'être par soi selon la raison de sa quidité; en vertu de cela, la substance diffère par soi de tout accident et de toutes les propriétés accidentelles.

(7) À partir de tout cela, on conclut nécessairement ainsi : affirmer que ces propriétés des étants souvent évoquées et les passions par soi sont séparées [de leurs sujets] implique manifestement une contradiction; Dieu ne peut pas faire cela. Qu'une chose soit et qu'elle ne possède pas sa propre quidité, ni sa propre définition, qu'elle ne soit pas non plus dans son genre et dans son espèce propres, implique manifestement une contradiction; comme si quelqu'un affirmait que l'homme est et qu'il n'est pas animal doué de raison.

6. *Où l'on écarte une objection captieuse et son fondement*

(1) L'objection serait nulle si d'aventure quelqu'un[1] se figurait que les définitions de telles propriétés et passions par soi sont données selon l'aptitude; [s'il se figurait] par exemple que, selon sa raison définitionnelle propre, le sujet est destiné par nature à recevoir en soi de telles propriétés ou passions, et que ces passions souvent évoquées sont destinées par nature à être inhérentes à de tels sujets, mais qu'elles ne le sont pas nécessairement en acte.

1. L'expression '*secundum aptitudinem*' et l'argument lui-même semblent venir de Saint Bonaventure, *Sent. IV, dist. 12, partie 1, art. 1, q. 1*, Quaracchi, t. 4, p. 271a : « À l'objection disant que le défini ne peut être séparé de sa définition, il faut répondre ainsi : les noms posés dans la définition, ainsi que les verbes, signifient l'aptitude, et pas toujours l'acte. Ainsi, j'affirme que, bien qu'il ne soit pas toujours dans son sujet, l'accident n'est pas séparé de sa définition, au contraire celle-ci lui revient [toujours], car il est destiné à être dans un sujet. La réponse à l'[objection] suivante, au sujet de l'opération, est également manifeste : en effet, cette définition est séparable si elle est conçue selon l'acte; si elle est conçue selon l'aptitude, aucun des deux n'est séparable [de l'autre]. » Avec des variantes et sans jamais utiliser l'expression '*secundum aptitudinem*': Thomas d'Aquin, *Quodlibet IX, q. 3, ad 2*, ed. leon., p. 99 : « À la seconde objection, il faut répondre ceci : selon Avicenne dans sa *Métaphysique*, l'être ne peut être posé dans la définition d'un genre ou d'une espèce, car tous les particuliers sont unis

(2) Huius autem fictionis ruditas et falsitas primo aspectu apparet ex eo, quod triangulus non solum secundum aptitudinem, sed necessario semper secundum actum habet tres aequales duobus rectis, et sic de aliis similibus per se passionibus se habet, ut patet intuenti. Cuius causa est, quoniam, sicut dictum est, eadem sunt principia secundum esse et definitionem subiecti et passionis ; sed principia subiecti non sunt principia ipsius secundum aptitudinem solum, sed secundum actum : ergo etiam secundum hunc modum sunt principia per se passionis. Principia enim solum secundum quandam aptitudinem non actuant nec essentiant rem secundum actum, nec secundum huiusmodi principia res est aliquid secundum actum : homo enim esset animal vel rationale solum secundum aptitudinem, non esset homo in actu.

(3) Verum est tamen quandoque definitiones dari secundum aptitudinem ; sed hoc contingit quando formae substantiales seu earum propria nomina sunt ignota, et tunc in talibus definitionibus loco formarum substantialium ponuntur talium entium propriae eorum operationes seu actiones et passiones propriae ipsis, ex quibus innotescant quoquo modo ipsae formae substantiales. Et sic ponitur sensibile in definitione animalis et rationale in definitione hominis, et designantur ibi formae substantiales animalis ab aptitudine sentiendi, hominis autem ab aptitudine ratiocinandi.

in diffinitione generis uel speciei, cum tamen genus uel species non sit secundum unum esse in omnibus. Et ideo hec non est uera diffinitio substancie : 'Substancia est quod per se est', uel <accidentis> : 'Accidens est quod est in alio', set est circumlocutio uere descriptionis, que talis intelligitur : 'Substancia est res cuius nature debetur esse non in alio' ; 'Accidens uero est res cuius nature debetur esse in alio'. Vide etiam : Thomas de Aquino, *In IV Sent., dist. 12, q. 1, art. 1, quaestiuncula 1, ad 2 ; Summa theologiae III, q. 77, art. 1, ad 2*, ed. leon., p. 194. Aegidius Romanus, *Theoremata de corpore Christi, prop. 41,* Romae 1554/5 [réimpr. : Frankfurt, Minerva, *Opera exegetica Opuscula I*], 28vaD : *Cum ergo accidens in sacramento altaris ponitur esse absque subiecto, licet illud accidens actualiter subiecto non insit, et virtute divine ablata sit ab eo actualis inhaerentia, tamen quia aptitudo inhaerendi inseparabiliter concomitatur naturam accidentis, cum illud accidens maneat accidens, et non sit amota ab eo natura propria, non est amota ab eo aptitudo inhaerendi ; possemus enim dicere de illo accidente, quod non inest, est tamen aptum natum inesse [...].*

(2) La grossièreté et la fausseté de cette théorie fictive apparaît au premier coup d'œil. En effet, le triangle n'a pas trois angles égaux à deux angles droits seulement selon l'aptitude, mais nécessairement et toujours en acte; et il en va de même pour toutes les passions par soi de ce type – cela apparaît clairement à qui considère la question. En voici la cause : comme il a été dit, le sujet et sa passion ont les mêmes principes d'être et de définition; or, les principes du sujet ne sont pas ses principes seulement selon l'aptitude, mais selon l'acte; les principes de la passion par soi seront donc aussi de ce mode-là. En effet, des principes selon la seule aptitude n'actuent pas et n'essencient pas la chose selon l'acte; en vertu de principes de ce type, la chose n'est pas quelque chose selon l'acte : si l'homme était animal ou doué de raison seulement selon l'aptitude, il ne serait pas homme en acte.

(3) Il est pourtant vrai que, parfois, des définitions sont données selon l'aptitude, mais ceci se produit lorsque les formes substantielles ou leurs désignations propres ne sont pas connues. Dans de telles définitions, on mentionne alors, à la place des formes substantielles, les opérations ou les actions propres de ces étants, ainsi que leurs passions propres, pour faire connaître, d'une certaine manière, ces formes substantielles. Et de cette manière, on mentionne 'sensible' dans la définition de animal et 'doué de raison' dans la définition de 'homme'; par le truchement de l'aptitude à sentir, on signifie les formes substantielles de l'animal; par le truchement de l'aptitude à raisonner, on signifie les formes substantielles de l'homme.

dans la définition du genre ou de l'espèce, alors que le genre ou l'espèce n'est pas selon un seul et même être dans tous [les particuliers]. Ainsi, telle n'est pas la véritable définition de la substance : "La substance est ce qui est par soi", ni celle-ci [de l'accident] : "L'accident est ce qui est dans un autre", mais c'est une circonlocution de la véritable définition, que l'on conçoit ainsi : "La substance est la chose à la nature de laquelle il revient de ne pas être dans un autre"; "L'accident est la chose à la nature de laquelle il revient d'être dans un autre". » Voir aussi : Thomas d'Aquin, *Sent. IV, dist. 12, q. 1, art. 1, quaestiuncula 1, ad 2; Somme de théologie III, q. 77, art. 1, ad 2*, ed. leon., p. 194. L'expression '*secundum aptitudinem*' intervient à nouveau chez Gilles de Rome, *Théorèmes sur le corps du Christ, prop. 41,* Romae 1554/5 [réimpr. : Frankfurt, Minerva, *Opera exegetica Opuscula I*], 28vaD : « Lorsque, dans le sacrement de l'autel, l'accident est donc affirmé être à part du sujet, bien que cet accident ne soit pas actuellement inhérent à un sujet et que cette inhérence actuelle lui ait été ôtée par la puissance divine, l'aptitude à l'inhérence ne lui a pourtant pas été enlevée, car elle accompagne la nature de l'accident de manière inséparable, du moins si cet accident demeure accident et s'il n'est pas privé de sa nature propre; nous pourrions en effet dire de cet accident qui n'est pas inhérent [actuellement], qu'il est cependant destiné par nature à être inhérent [...]. »

(4) Secundum hoc etiam quaedam entium propria designantur ab aptitudine quadam et non ab actu, ut risibile, disciplinae perceptibile ; ridere enim in actu et percipere disciplinam in actu non sunt propria, sed ipsae aptitudines ad huiusmodi actus ; et quia huiusmodi aptitudines semper actu insunt his, quorum sunt propria, ideo reducuntur in principia secundum actum, quae eadem sunt principia substantiae secundum actum.

(5) De per se passionibus igitur et his, quae proprie propria sunt entibus, tantum dictum sit.

7. *Circa accidentia naturae praemittitur intentio dicendorum cum praemunitione de discreto et cauto usu sacrae scripturae*

(1) De accidentibus autem naturae per se distinctis per novem genera praedicamentorum alia a genere substantiae nunc agendum.

(2) In quo negotio sicut et in omnibus aliis, quae ad doctrinam veritatis pertinent, summopere cavendum, ne scripto vel verbo aliquid non solum veritati, quam per fidem tenemus, contrarium asseratur, verum etiam ne aliquis ipsa scriptura sancta, quae veritati in aeternum fundatae innititur, in ipsius scripturae praeiudicium utatur, sicut diligenter monet Augustinus *Super Genesim* l. I c. 25, ubi sic dicit : « Plerumque enim accidit, ut aliquid de terra, de caelo, de ceteris mundi huius elementis, de motu et conversione vel etiam magnitudine et intervallis siderum, de certis defectibus solis ac lunae, de circuitibus annorum et temporum, de naturis animalium, fructuum, lapidum atque huiusmodi ceteris et non Christianus ita noverit, ut certissima ratione vel experientia teneat. Turpe est autem nimis et perniciosum ac maxime cavendum, ut Christianum de his rebus quasi secundum Christianas litteras loquentem ita delirare quilibet infidelis audiat, ut, quemadmodum dicitur, toto caelo errare conspiciens risum tenere vix possit. Et non tam molestum est, quod errans homo derideretur, sed quod auctores nostri ab eis, qui foris sunt, talia sensisse creduntur et cum magno eorum exitio, de quorum salute satagimus, tamquam indocti reprehenduntur atque respuuntur. Cum enim quemquam de numero Christianorum

(4) De cette manière encore, certains propres des étants sont signifiés par une certaine aptitude et non par un acte; par exemple, l'aptitude à rire, le fait d'être compréhensible pour un enseignement. En effet, rire en acte et comprendre un enseignement en acte ne sont pas des propres, mais les aptitudes à accomplir de tels actes le sont. Or, puisque, ces aptitudes sont toujours inhérentes en acte à ce dont elles sont les propres, elles sont reconduites aux principes actuels qui sont les principes mêmes de la substance selon l'acte.

(5) En voilà donc assez au sujet des passions par soi et des propres proprement dits appartenant aux étants.

7. *En ce qui concerne les accidents naturels, on précise au préalable la visée du discours, avec une mise en garde relative à l'usage approprié et avisé de l'Écriture sainte*

(1) Il faut maintenant traiter des accidents naturels distingués par soi en les neuf genres de catégories autre que celui de la substance.

(2) Dans cette entreprise comme dans toutes celles qui concernent les enseignements de la vérité, il faut non seulement se garder, au prix du plus grand effort, de ne pas affirmer par écrit ou par oral quelque chose de contraire à la vérité que nous tenons de la foi, mais il faut aussi veiller à ce que quelqu'un ne se serve pas de l'Écriture sainte au détriment de cette même Écriture, qui s'appuie sur la vérité fondée pour l'éternité. Telle est la sage admonestation d'Augustin [dans son traité] *Sur la Genèse, I, 25*, là où il dit ceci : « Voici ce qui se produit la plupart du temps : quelque non-chrétien possède une connaissance qu'il tient d'un raisonnement et d'une expérience des plus fiables; il peut s'agir d'une connaissance concernant la terre, le ciel, les autres éléments de ce monde, le mouvement et la révolution des astres, ainsi que leurs grandeurs et leurs intervalles, les éclipses de soleil et de lune, les cycles des années et des saisons, les natures animales, végétales et minérales, et toutes les autres choses de ce type. Ceci est alors excessivement honteux et dangereux, et il faut l'éviter au plus haut point : qu'un infidèle entende un Chrétien parler comme au nom des textes chrétiens et dire, au sujet de ces diverses matières, des insanités telles qu'on pourrait à peine se retenir de rire en voyant quelqu'un errer si loin du but, comme on dit. Il n'est pas tellement regrettable qu'un homme dans l'erreur soit tourné en ridicule, mais que ceux qui sont étrangers [à notre foi] croient que nos auteurs ont pensé de telles insanités et que ceux-ci soient dépréciés et méprisés comme des ignorants, au grand préjudice des âmes dont nous nous occupons du salut. Après avoir pris un chrétien en train de se tromper

in ea re, quam optime norunt, errare comprehenderint et vanam sententiam suam de nostris libris asserere, quomodo illis libris credituri sunt de resurrectione mortuorum et de spe vitae aeternae regnoque caelorum, quando de his rebus, quas iam experiri vel indubitatis numeris percipere potuerunt, fallaciter putaverint esse conscriptos ? Quid enim molestiae tristitiaeque ingerant prudentibus fratribus temerarii praesumptores, satis dici non potest, cum, si quando de prava et falsa opinione sua reprehendi et convinci coeperint ab eis, qui nostrorum librorum auctoritate non tenentur, ad defendendum id, quod levissima temeritate et apertissima falsitate dixerunt, eosdem libros sanctos, unde id probent, proferre conantur[1]. » Hucusque verba Augustini.

(3) Secundum hoc igitur cum modestia simul et circumspectione agendum de his, quae secundum scripturam sanctam pertinent ad doctrinam veritatis. Nec facile praesumendum dicere aliquid pertinere ad fidem vel reducere in aliquem articulum fidei et contrarium eius asserere erroneum seu haereticum esse, nisi manifeste hoc habeatur per canonicam scripturam vel cognita et supposita scripturae veritate tale aliquid manifesta et necessaria ratione concludatur vel etiam nisi per summum pontificem determinetur, ad quem pertinet articulos fidei determinare. Alias ex talibus praesumptuosis assertionibus scriptura summae veritatis intolerabile praeiudicium, non sine magno periculo legentium, patietur, ut praemissum est.

(4) Quantum ad propositum autem specialiter nunc intendendum de accidentibus novem generum praedicamentorum et praecipue de quantitate et qualitate, quae sunt quasi radices et fundamenta aliorum septem generum. Communiter igitur de omnibus novem generum accidentibus agendum de natura ipsorum et quiditate in generali, inquantum sunt accidentia et condividuntur contra substantiam quantum ad generalem et communem rationem substantiae inquantum substantia, et de ordine seu habitudine eorum ad substantiam quoad inhaerentiam et inseparabilitatem eorum a substantia.

1. Augustinus Hipponensis, *De Genesi ad litteram, I, 19*, n. 39 ; PL 34, 261.

sur des choses qu'ils connaissent parfaitement, après l'avoir entendu défendre une lecture inepte de nos livres, comment, sur la base de ces mêmes livres, des infidèles pourront-ils croire à la résurrection des morts, en l'espérance de la vie éternelle, au royaume des cieux, alors même qu'ils auront jugé que ces écrits sont fallacieux au sujet de choses dont ils font maintenant l'expérience et qu'ils rangent au nombre de celles dont on ne doute pas ? On ne saurait dire l'embarras et la tristesse dans lesquels ces imposteurs insolents jettent leurs sages frères ; si, défendant quelque opinion faible et fausse, ils commencent à être attaqués et convaincus d'erreur par ceux qui ne reconnaissent pas l'autorité de nos livres, les voilà qui s'appuient sur les livres saints, qu'ils en tirent des preuves, pour défendre une thèse affirmée avec la plus légère insolence et contenant la plus manifeste fausseté »[1]. Tels sont les propos d'Augustin.

(3) Il faut donc user de retenue et de circonspection lorsque l'on traite de sujets qui, selon l'Écriture sainte, concernent les enseignements de la vérité. Il ne faut pas prétendre quelque chose à la légère : dire qu'une thèse touche à la foi ou la reconduire à un article de foi, et affirmer qu'il est erroné ou hérétique de se prononcer contre elle, à moins de la tenir manifestement des textes canoniques, ou à moins qu'une telle thèse soit conclue par une argumentation claire et nécessaire, en pleines connaissance et acceptation de la vérité de l'Écriture, à moins encore qu'elle soit déterminée par le souverain pontife, à qui il revient de déterminer les articles de foi. Autrement, ces assertions présomptueuses font subir à l'Écriture un préjudice qui est intolérable à la vérité suprême, non sans mettre en grand danger les lecteurs, comme il a été précisé auparavant.

(4) Pour revenir au sujet, il faut maintenant traiter spécialement des accidents appartenant aux neuf genres de catégories, et avant tout de la quantité et de la qualité, car ils sont, pour ainsi dire, les racines et les fondements des sept autres genres. Il faut donc traiter des accidents de ces neuf genres en commun, de leur nature et de leur quidité en général, en tant qu'ils sont des accidents et qu'ils se démarquent de la substance envisagée selon la raison générale et commune de substance en tant que substance ; [il faut traiter] aussi de leur ordre et de leur rapport à la substance, dans la mesure de leur inhérence et de l'impossibilité de les séparer de la substance.

1. Augustin d'Hippone, *La Genèse au sens littéral*, *I*, *19*, n. 39 ; PL 34, 261.

8. *Qua necessitate accidentia naturae inveniuntur in quibusdam entibus et non in aliis et de divisione entium in substantias et accidentia in ordine ad suos fines*

(1) Primo igitur sumendum, quod Philosophus dicit in II *De caelo et mundo*[1], quod unaquaeque res est propter suam propriam operationem. Cuius dicti ratio est, quia propria rei operatio est ipsius perfectio secundum rationem finis, sub cuius ordine natura entium substantias constituit. Sicut igitur unaquaeque res, si destitueretur sua propria operatione, quae est finis, frustra esset in natura, sic etiam, si aliquid esset impertinens ad huiusmodi finem, esset frustra. Natura autem nihil facit frustra, sicut non deficit in necessariis secundum Philosophum II *Caeli et mundi*[2]; et in libro *De progressu animalium* c. 7[3] dicit, quod natura nihil facit praeter naturam.

(2) His igitur suppositis manifestum est, quod, si sunt aliqua entia, quae per suam essentiam nata sunt attingere suos proprios fines, cuiusmodi entia dicebant philosophi intelligentias[4] et animas caelorum[5] et intellectum

1. Aristoteles Latinus, *De caelo et mundo II, 3, in* Albertus Magnus, *De caelo et mundo*, Münster, Monasterii Westf., p. 121 : *Dico ergo, quod causa multitudinis motuum circularium est, quod omnis res, cui est operatio, fit propter operationem suam illam [...].*

2. Aristoteles Latinus, *De caelo et mundo II, 11, in* Albertus Magnus, *De caelo et mundo*, Münster, Monasterii Westf., p. 169 : *Nos autem nuper ostendimus et diximus, quod stellae non moventur omnino per se et quod natura non fecit aliquid vanum et exspectavit super illud.* Vide etiam : Aristoteles Latinus, *De anima III, 9, in* Thomas de Aquino, *Sentencia libri de anima*, ed. leon., p. 238 : *Si igitur natura non facit frustra nichil neque deficit in necessariis [...].*

3. Aristoteles Latinus, *De progressu animalium, c. 7.*

4. Vide Theodoricus Teutonicus de Vriberg, *De intelligentiis et motoribus caelorum, 2.1*, ed. L. Sturlese, p. 354 : *Hoc igitur primo considerandum circa substantias illas, quas intelligentias dicimus, sicut etiam in pluribus aliis opportunis locis dictum est, videlicet quod id, quod sunt, sunt intellectus in actu per essentiam. Et secundum hoc possunt esse et sunt rerum causalia principia secundum philosophos ; unde Proclus propositione 171 dicit sic : "Omnis intellectus in intelligendo instituit, quae sunt post ipsum, et factio intelligere et intelligentia facere" ; commentum : "Et enim intellectus et ens et quod in ipso idem : si igitur facit per esse, esse autem intelligere est, facit per intelligere".* *Cf.* Proclus Latinus, *Elementatio Theologica translata a Guilelmo de Moerbeke, prop. 174,* ed. C. Vansteenkiste [*Tijdschrift voor Filosofie*, 13 (1951)], p. 517.

5. Vide Theodoricus Teutonicus de Vriberg, *De animatione caeli, 15-16,* ed. L. Sturlese, p. 26-27.

8. *Par quelle nécessité on trouve des accidents naturels dans certains étants et non dans d'autres, et de la division des étants en substances et en accidents, en fonction de leur ordre à leurs fins propres*

(1) D'abord, il faut prendre en considération ce que dit le Philosophe dans le livre II du traité *Du ciel et du monde* [1] *:* toute chose est en vue de son opération propre. Telle en est la raison : l'opération propre d'une chose constitue sa perfection propre, du point de vue de la fin dans l'ordre de laquelle la nature établit les substances des étants. Si une chose se trouvait donc spoliée de son opération propre – qui est sa fin –, elle serait en vain dans la nature ; de même, si quelque chose ne pouvait atteindre une fin de ce type, elle serait en vain. Or la nature ne fait rien en vain, ainsi qu'elle ne fait pas défaut dans les choses nécessaires, selon le Philosophe, au livre II du traité *Du ciel et du monde* [2]*;* de plus, au chapitre 7 de son traité *Sur la marche des animaux* [3], le Philosophe dit que la nature ne fait rien en-dehors de la nature.

(2) Ces points admis, ce qui suit est manifeste : s'il existe des étants qui sont destinés par nature à atteindre leurs fins propres par leurs essences, – ces étants, les philosophes les appelaient 'intelligences' [4], 'âmes des cieux' [5]

1. Aristote, *Du ciel et du monde, II, 3,* 286a8-9, trad. C. Dalimier, P. Pellegrin, 2004, p. 203 : « La cause <de cette multiplicité> doit être appréhendée à partir de ceci. Chaque chose qui a une activité existe en vue de cette activité. »

2. Aristote, *Du ciel et du monde, II, 11,* 291b13-14, trad. C. Dalimier, P. Pellegrin, 2004, p. 253 : « Puisque, en effet, il a été montré qu'ils ne se meuvent pas naturellement par eux-mêmes et que la nature ne fait rien de contraire à la raison ni en vain, il est clair qu'elle a donné aux êtres immobiles une forme qui soit la moins disposée au mouvement. » Voir aussi : Aristote, *De l'âme, III, 9,* 432b21-22, trad. R. Bodéüs, 1993, p. 242 : « Si donc la nature ne fait rien en vain, ni ne néglige quoi que ce soit de nécessaire [...]. »

3. Aristote, *La marche des animaux, 11,* 711a7, trad. P. Louis, 1973, p. 31 : « [...] or la nature ne fait rien qui ne soit conforme à la nature (*para phusin*). »

4. Dans son traité *De intelligentiis et motoribus caelorum, 2.1,* ed. L. Sturlese, p. 354, Dietrich de Freiberg définit ces intelligences en se référant à Proclus : « Il faut d'abord envisager ceci relativement à ces substances que nous nommons "intelligences" : comme il a été dit en de nombreux autres lieux opportuns, elles sont des intellects en acte par essence. C'est en ce sens qu'elles peuvent être et qu'elles sont les principes causaux des choses, selon les philosophes. Ainsi, dans la proposition 171, Proclus dit ceci : "En intelligeant, tout intellect établit ce qui vient après lui, et ce faire est intelliger et l'intelligence est ce faire"; commentaire : "Et, en effet, l'intellect, l'étant et ce qui est en lui sont identiques : si donc il fait par l'être et si l'être est l'intelliger, il fait par l'intelliger" ».

5. Dans son traité *De animatione caeli,* Dietrich de Freiberg définit les âmes motrices des corps célestes comme des intellects en acte par essence, au moyen d'Aristote et d'Averroès. Cf. *De animatione caeli, 15-16,* ed. L. Sturlese, p. 26-27.

agentem[1], praeter talium entium essentias nulla extranea natura, quae sit accidens, in essentiis eorum invenitur, tum quia sunt simplices et intellectus in actu per essentiam – accidens autem est dispositio habentis partes –, tum etiam quia frustra esset accidens in eis, cum per essentiam suam suos fines attingant.

(3) Alia autem entia, quae per suam essentiam proprias operationes suas exercere non possunt, necessario indigent aliquibus extraneis ab essentia sua dispositionibus accidentalibus, quibus exerceant suas operationes in attingendo suas finales perfectiones, sicut manifeste apparet in substantiis corporalibus.

(4) Secundum hoc igitur universitas entium, quae sunt res primae intentionis et vere res naturae, in duplicem maneriem rerum distinguitur secundum duas differentias entis in eo, quod ens, quae est prima et simplicissima omnium formalium intentionum repertarum in rebus, qua res primo distat a nihilo, distinguitur, inquam, in substantias et accidentia, ut substantiae sint entia, quorum proprium est agere et pati et universaliter operari et sua propria operatione stare sub ordine sui finis; accidentia autem sunt quaedam formales dispositiones quarundam substantiarum, quibus suas perfectivas operationes explent in adeptione sui finis.

(5) Haec igitur differentia substantiarum et accidentium attenditur in ordine uniuscuiusque entis ad suum finem intra, qui est eius propria operatio.

9. *De differentia substantiae et accidentis secundum sibi proprias generales rationes*

(1) Secundum se autem quantum ad suos formales modos considerando substantias et accidentia occurrit eorum ad invicem differentia in eo, videlicet quod substantia secundum generalem rationem substantiae inquantum substantia est ens per se et secundum se; accidens autem secundum sui communem et generalem rationem, id est inquantum accidens,

1. Vide Theodoricus Teutonicus de Vriberg, *De visione beatifica, 1.1. 9*, ed. B. Mojsisch, p. 35.

et 'intellect agent' [1] –, en sus des essences de tels étants on ne découvrira en elles aucune nature extrinsèque qui soit un accident. D'abord, ils sont simples et sont des intellects en acte par essence; or l'accident est une disposition de ce qui contient des parties. De plus, ce serait en vain qu'un accident fût inhérent à ces [étants] qui atteignent leurs fins par leur essence.

(3) Quant aux autres étants, ceux qui ne peuvent pas exercer leurs opérations propres par leurs essences, ils ont nécessairement besoin de quelques dispositions accidentelles extrinsèques à leurs essences au moyen desquelles ils exercent leurs opérations et acquièrent ainsi leurs perfections finales; ceci apparaît manifestement dans le cas des substances corporelles.

(4) En conséquence, la totalité des étants, c'est-à-dire la totalité des réalités de première intention ou des choses vraiment naturelles, se distingue en deux ordres de réalités, selon deux différenciations de l'étant. En effet, l'étant, qui est la première et la plus simple de toutes les intentions formelles découvertes dans les choses – intention grâce à laquelle la chose est d'emblée à distance du néant –, l'étant, dis-je, se distingue en substances et en accidents de la manière suivante: les substances sont les étants auxquels il appartient en propre d'agir et de pâtir, et en général d'exercer une opération et de demeurer dans l'ordre de leur fin par leur opération propre; les accidents sont les dispositions formelles de certaines substances, au moyen desquels elles complètent leurs opérations de perfection, en vue de l'obtention de leur fin.

(5) Cette différence entre substances et accidents touche donc au rapport de chaque étant à sa fin intrinsèque, qui est son opération propre.

9. *De la distinction de la substance et de l'accident en fonction de leurs raisons propres et générales*

(1) Si l'on envisage les substances et les accidents en soi, relativement à leurs modes formels propres, la division suivante se rencontre en eux: selon la raison générale de substance en tant que substance, la substance est un étant par soi et selon soi; selon sa raison commune et générale, c'est-à-dire en tant qu'accident, l'accident est un étant par un autre ou selon

1. Dans son traité *De visione beatifica, 1.1. 9*, ed. B. Mojsisch, p. 35, Dietrich de Freiberg cite Alexandre, Alpharabi, Avicenne et le Commentateur. *Cf.* Alexandre d'Aphrodise, *De intellectu et intellecto*, ed. G. Théry, 1926, p. 77; Alfarabi, *De intellectu et intellecto,* ed. E. Gilson (*Les sources gréco-arabes [...]*), p. 121, p. 124; Avicenna, *De anima V, 6*, Venetiis 1508 [réimpr. Frankfurt, Minerva, 1961], 26rC; Averroès, *Commentarium magnum in Aristotelis De anima libros, III, comm. 18,* ed. F.S. Crawford, 1953, p. 439.

est ens per aliud seu secundum aliud, quod communiter loquentes dicunt ens in alio.

(2) Potest autem iam dicta differentia duobus modis intelligi. Uno modo, ut sit sensus substantiam esse ens per se seu secundum se, inquantum substantia se ipsa subsistit et stat in esse naturae nec aliquo alio fulcitur; accidens autem dicitur ens per aliud seu secundum aliud, quia sustentatur et fulcitur in esse per substantiam.

(3) Sed iste modus differentiae nec re nec intellectu est primus, quo differant substantia et accidens, inquantum sunt entia. Subsistere enim per se et non fulciri aliquo alio et fulciri et sustentari aliquo alio sunt quidam modi substantiae et accidentis posteriores essentiis eorum et quantum ad modum intelligendi et quantum ad modum significandi. Nec etiam est haec differentia universalis quoad substantias : neque enim forma materialis nec materia nec partes in toto, cum sint substantiae, non tamen per se et secundum se subsistunt in esse.

(4) Est igitur alius modus intelligendi dictam differentiam substantiae et accidentis, qua dicitur, quod substantia est ens per se seu secundum se, accidens autem ens per aliud seu secundum aliud vel in alio.

(5) Hic autem modus differendi, ut sit primus et universalis, attenditur in essentiis eorum, substantiae scilicet et accidentis, universalis, inquam, ut quantum ad unam partem differentiae competat omnibus substantiis, scilicet per se seu secundum se esse secundum rationem suae essentiae et propriae quiditatis, secundum aliam autem partem differentiae competat omnibus accidentibus, scilicet secundum aliud et per aliud esse, similiter secundum rationem suae essentiae et quiditatis.

(6) Dico autem hunc modum differendi esse primum, quoniam ens in eo, quod ens, quo res primo distat a nihilo, cadit in primam divisionem entium, quae est per ipsorum essentias secundum rationem suarum quiditatum et secundum primam dividendi rationem, secundum quam primo dividitur ens, inquantum stat sub ratione distandi a nihilo. Prima autem ratio dividendi ens secundum hoc est vel habere essentiam per se et secundum se secundum rationem suae propriae et intraneae quiditatis vel habere essentiam per aliud et secundum aliud et non secundum rationem intraneae quiditatis, sed magis, ut ita dicamus, extraneae.

un autre; les porte-parole de la doctrine commune le nomment 'étant dans un autre'.

(2) Or cette division peut être conçue de deux manières. D'une première manière, dans le sens suivant: la substance est un étant par soi ou selon soi, dans la mesure où la substance subsiste par elle-même, perdure dans l'être naturel, et n'est pas soutenue par quelque chose d'autre; l'accident est dit 'étant par un autre ou selon un autre', car il est supporté et soutenu dans l'être par la substance.

(3) Mais cette manière de diviser, qui distingue les substances et les accidents en tant qu'ils sont des étants, n'est première ni en réalité ni selon la pensée. Subsister par soi, ne pas être soutenu par un autre, être soutenu et supporté par un autre sont en effet des modes déterminés de la substance et de l'accident, qui sont postérieurs à leurs essences, dans l'ordre de la pensée et dans l'ordre de la signification. Cette division n'est même pas universelle en ce qui concerne les substances; en effet, alors même qu'elles constituent des substances, ni la forme matérielle, ni la matière, ni les parties du tout ne subsistent dans l'être par soi et selon soi.

(4) Il y a donc une autre manière de penser la dite division de la substance et de l'accident que celle qui affirme que la substance est un étant par soi ou selon soi, mais que l'accident est un étant par un autre, selon un autre ou dans un autre.

(5) Pour être première et universelle, cette seconde manière de diviser doit envisager les essences de la substance et de l'accident. Je dis qu'elle est universelle dans la mesure où, dans l'une de ses [deux] parties sont contenues toutes les substances, c'est-à-dire les êtres par soi et selon soi en raison de leur essence et de leur quidité propre, et dans la mesure où dans la deuxième de ses parties sont contenus tous les accidents, c'est-à-dire les êtres selon un autre et par un autre, pareillement considérés sous la raison de leur essence et de leur quidité.

(6) J'affirme que cette manière-là de diviser est première, puisque l'étant en tant qu'étant, l'étant en vertu duquel la chose est d'emblée à distance du néant, tombe sous cette première division des étants, qui se fait par les essences de ceux-ci en raison de leurs quidités et selon le premier principe de division qui commande de diviser d'abord l'étant considéré sous la raison de sa distance par rapport au néant. Or voici quelle est cette première manière de diviser l'étant: soit il a une essence par soi et selon soi, en raison de sa quidité propre et intrinsèque, soit il a une essence par un autre et selon un autre, non en raison de sa quidité intrinsèque, mais plutôt, pour le dire ainsi, en raison d'une quidité extrinsèque.

(7) Patet autem, quod in iam dictis modis differenter habendi suam essentiam attenditur diversus gradus distandi a nihilo. Magis enim essentiatur et magis rationem et perfectionem entis habet et per consequens magis distat a nihilo id, quod per se et secundum se ipsum secundum rationem suae quiditatis habet essentiam suam, quam id, quod per aliud aut secundum aliud et quidificatur et capit essentiam suam. Primum istorum competit substantiae, secundum accidenti.

10. *Quomodo secundum praemissa convenit diversimode praedicatio entis de substantia et accidente et de analogia accidentis ad substantiam in eo, quod ens*

(1) Et ideo secundum primum istorum substantia est ens per se et secundum se et est vere ens non solum ea ratione, quod subsistit in esse sic, quod non fulcitur ab aliquo alio deferente ipsam, sed magis secundum quod ens dictum de substantia praedicat essentiam eius, quam secundum se et per se habet secundum modum supra dictum.

(2) Secundum hoc etiam accidens dicitur ens per attributionem ad vere ens, quod est substantia, quia ipsum non est nisi quaedam dispositio veri entis, quod est substantia : et hoc est essentia eius. Unde non dicitur ens per attributionem ad substantiam per aliquid accidentale ipsi accidenti, quasi propter inhaerentiam eius ad substantiam, tamquam ipsum habeat alias essentiam absolutam in se non dependentem a substantia secundum rationem essentiae, cui essentiae accidentis quasi posterius natura et intellectu competat esse dispositionem substantiae, sed, ut dictum est, esse dispositionem substantiae est eius essentia, et secundum hoc accidens dicitur ens per attributionem ad vere ens, quod est substantia.

(3) Et hoc est, quod dicit Philosophus in principio VII *Metaphysicae*[1], quod accidentia eo sunt entia, quo sunt entis veri, quod est substantia.

1. Aristoteles Latinus, *Metaphysica, VII, 1. Recensio Guillelmi*, ed. G. Vuillemin-Diem (AL XXV 3.2), p. 132 : *Alia uero dicuntur entia eo quod taliter entis hec quidem qualitates esse, illa uero quantitates, alia passiones, alia aliud quid tale.*

(7) Dans ces différentes manières d'avoir son essence, on discerne clairement divers degrés de distanciation par rapport au néant. Ce qui a son essence par soi et selon soi-même, en raison de sa quidité, est en effet plus essencié, a une raison et une perfection d'étant supérieures et, par conséquent, est plus distant du néant que ce qui est quidifié et reçoit son essence par un autre ou selon un autre. À la première de ces classes appartient la substance, à la seconde, l'accident.

10. *Comment, selon les propos précédents, l'étant se prédique-t-il diversement de la substance et de l'accident; de l'analogie de l'accident à la substance dans ce qui est étant*

(1) Ainsi, selon cette première manière [de diviser], la substance est un étant par soi et selon soi; elle est non seulement un étant véritable parce qu'elle subsiste dans l'être sans soutien de quelque chose d'autre qui la porte, mais elle l'est plus encore dans la mesure où 'étant' attribué à la substance dit l'essence qu'elle a selon soi et par soi, de la manière précisée ci-dessus.

(2) De cette manière encore, l'accident est dit 'étant' par attribution à l'étant véritable – c'est-à-dire à la substance; en effet, il n'est rien d'autre qu'une disposition de l'étant véritable, c'est-à-dire de la substance : et telle est son essence. De fait, l'accident n'est pas dit 'étant' par attribution à la substance en raison de quelque chose d'accidentel à l'accident, comme si c'était à cause de son être d'inhérence dans la substance, comme si, par ailleurs, il avait en soi une essence absolue qui ne dépendait pas de la substance dans l'ordre de l'essence, et comme s'il revenait à l'essence de l'accident d'être une disposition de la substance de manière secondaire, par nature et dans l'ordre conceptuel; au contraire, nous avons dit que d'être une disposition de la substance est l'essence de l'accident. C'est en cela que l'accident est dit 'étant' par attribution à l'étant véritable, c'est-à-dire à la substance.

(3) Tel est bien le propos du Philosophe au début du livre VII de la *Métaphysique*[1] : les accidents sont des étants dans la mesure où ils sont [quelque chose] de l'étant véritable qu'est la substance. Au début

1. Aristote, *Métaphysique, VII, 1,* 1028a17-20, trad. J. Tricot, 1991, p. 347 : « Les autres choses ne sont appelées des êtres, que parce qu'elles sont ou des quantités de l'être proprement dit, ou des qualités, ou des affections de cet être, ou quelque autre détermination de ce genre. »

Et quod ista analogia, qua accidens dicitur ens per attributionem ad substantiam, attendatur penes essentiam accidentis, ostendit Philosophus in principio IV *Metaphysicae*[1], ubi assumit, quod ens dictum de decem generibus praedicamentorum non praedicat nisi ipsarum rerum essentias. Cuius ratio est, quia ens nominat primam et simplicissimam omnium intentionum, qua res primo distat a nihilo : Hoc autem, quo res primo distat a nihilo, non potest esse aliquid accidentale. Et procedit ulterius Philosophus ostendens, quod ens secundum istam intentionem, scilicet inquantum significat uniuscuiusque rei essentiam, dicitur de aliis novem generibus in analogia ad substantiam[2]. Unde Commentator dicit ibi, quod alia praedicamenta « universaliter non dicuntur entia, nisi quia sunt dispositiones entis »[3]. Unde versus principium VII, aliquantulum post supra inductam auctoritatem, dicit Philosophus : Sedens enim et stans non dicuntur sine hoc[4]. Manifestum est igitur, quod haec est causa essentiae istorum. Super quo dicit ibi Commentator : « Quoniam accidentia, verbi gratia stans et sedens, non dicuntur entia sine istis [...], et cum hoc sit declaratum de substantiis, manifestum est, quod substantiae sunt causae essentiae accidentium et accidentia non sunt nisi propter substantias[5]. »

1. Aristoteles Latinus, *Metaphysica, IV, 1. Recensio Guillelmi*, ed. G. Vuillemin-Diem (AL XXV 3.2), p. 67 : *Est scientia quedam que speculatur ens in quantum est ens et que huic insunt secundum se.*

2. Aristoteles Latinus, *Metaphysica, IV, 2. Recensio Guillelmi*, ed. G. Vuillemin-Diem (AL XXV 3.2), p. 68 : *Ita uero et ens multipliciter dicitur quidem, sed omne ad unum principium. Hec enim quia substantie, entia dicuntur, illa uero quia passiones substantie [...].*

3. Averroes, *Aristotelis opera cum Averrois commentariis, Metaphysicorum liber IV, comm. 2,* Venetiis apud Junctas, 1562-1574, vol. 8 [réimpr. Frankfurt, Minerva, 1962], 65vI : *[...] et similiter hoc nomen ens, licet dicatur multis modis, tamen in omnibus dicitur ens, quia attribuitur primo enti substantiae. Et istae attributiones in unoquoque eorum sunt diversae. Praedicamenta enim attribuuntur substantiae, non quia est agens aut finis eorum, sed quia constituuntur per illam, et subiectum est eorum. Et universaliter non dicuntur entia, nisi quia sunt dispositiones entis.*

4. Aristoteles Latinus, *Metaphysica, VII, 1. Recensio Guillelmi*, ed. G. Vuillemin-Diem (AL XXV 3.2), p. 132 : *Hec autem magis apparent entia, quia est aliquid subiectum ipsis determinatum, hoc autem est substantia et unumquodque quod quidem in cathegoria tali apparet ; bonum enim aut sedens non sine hoc dicitur.*

5. Averroes, *Aristotelis opera cum Averrois commentariis, Metaphysicorum liber VII, comm. 3,* Venetiis apud Junctas, 1562-1574, vol. 8 [réimpr. Frankfurt, Minerva, 1962], 154rE.

du livre IV de la *Métaphysique*[1], le Philosophe montre aussi que l'analogie dans laquelle l'accident est dit 'étant' par attribution à la substance doit concerner l'essence de l'accident; il y affirme que l'étant prédiqué des dix genres de catégories ne dit rien d'autre que les essences de ces réalités. Telle en est la raison: 'étant' dénomme la première et la plus simple de toutes les intentions, en vertu de laquelle la réalité est d'emblée à distance du néant. Or ce par quoi la réalité est d'emblée à distance du néant ne peut être quelque chose d'accidentel. Le Philosophe continue en montrant que, selon cette intention, c'est-à-dire dans la mesure où il signifie l'essence de toute réalité, l'étant est dit des neuf autres catégories par analogie à la substance[2]. C'est pourquoi le Commentateur ajoute à cet endroit que les autres catégories « ne sont pas dites universellement 'étants', sinon parce qu'elles sont des dispositions de l'étant »[3]. Ainsi, vers le début du livre VII, juste un peu après l'autorité mentionnée auparavant, le Philosophie dit que la position assise et la station debout ne sont en effet pas dites sans cela[4]. Il est donc clair que telle est la cause de leurs essences. Et voici ce que précise le Commentateur : « Puisque les accidents, par exemple la station debout et la position assise, ne sont pas dits 'étants'sans ces étants-là [...], et puisque cette affirmation fait référence aux substances, il est manifeste que les substances sont les causes de l'essence des accidents et que les accidents ne sont qu'en raison des substances »[5].

1. Aristote, *Métaphysique, IV, 1,* 1003a20-21, trad. J. Tricot, 1991, p. 171 : « Il y a une science qui étudie l'être en tant qu'être, et les attributs qui lui appartiennent essentiellement. »

2. Aristote, *Métaphysique, IV, 2,* 1003b4-1003b7, trad. J. Tricot, 1991, p. 177 : « [...] de même aussi, l'être se prend en de multiples acceptions, mais, en chaque acception, toute dénomination se fait par rapport à un principe unique. Telles choses, en effet, sont dites des êtres parce qu'elles sont des substances, telles autres parce qu'elles sont des déterminations de la substance [...]. »

3. Averroès, *Commentaire de la Métaphysique, livre IV, comm. 2,* Venetiis apud Junctas, 1562-1574, vol. 8 [réimpr. Frankfurt, Minerva, 1962], 65vI : « [...] et pareillement, bien que ce nom "étant" soit dit de multiples manières, dans tous les cas il est pourtant dit étant parce qu'il est premièrement attribué à l'étant de la substance. Et ces attributions sont diverses dans chacun de ces cas. En effet, les catégories [accidentelles] sont attribuées à la substances, non pas parce que celle-ci est leur agent ou leur fin, mais parce qu'elles sont constituées par elle et qu'elle est leur sujet. Et, de manière générale, elles ne sont dites "étants" que parce qu'elles sont des dispositions de l'étant. »

4. Aristote, *Métaphysique*, *VII, 1*, 1028a26-30, trad. J. Tricot, 1991, p. 348 : « Et ces dernières choses apparaissent davantage des êtres, parce qu'il y a, sous chacune d'elles, un sujet réel et déterminé : ce sujet, c'est la substance et l'individu, qui est bien ce qui se manifeste dans une telle catégorie, car le bon ou l'assis ne sont jamais dits sans lui. ».

5. Averroès, *Commentaire de la Métaphysique, livre VII, comm. 3,* Venetiis apud Junctas, 1562-1574, vol. 8 [réimpr. Frankfurt, Minerva, 1962], 154rE.

(4) Modum autem et causam eorum, quae dicta sunt, videlicet quod accidens dicitur ens per attributionem et analogiam ad vere ens, quod est substantia, inquantum accidens essentialiter non est nisi dispositio substantiae, et quod aliter capit essentiam suam substantia, aliter accidens, ut praemissum est, ostendit Philosophus in VII *Metaphysicae* in eo, videlicet quod nullum accidens vere et proprie quiditatem habet nec definitionem, sed sola substantia[1].

11. *Confirmatio dictorum per Philosophum et quod substantia vere et proprie quiditatem habet et definitionem et non accidentia*

(1) Hoc autem ostendit universaliter de omni accidente distinguens accidentia secundum quadruplicem modum, quo in ordine ad substantiam vel ad invicem disponi habent. Quorum unus est, ut accidens dicatur id, quod est pure per accidens, puta album esse musicum[2]; secundus, ut sit accidens aliquod aggregatum ex subiecto et aliquo accidente, quod accidentaliter inest tali subiecto, et subiectum non per se, sed accidentaliter ipsum recipit ut homo albus[3]; tertius modus, ut dicatur accidens id, quod per se est quantum ad secundum modum dicendi per se, ut par et impar in numero[4]; quarto modo vocat accidens unumquodque novem generum praedicamentorum, puta quantitatem, qualitatem et cetera[5].

(2) Hos quattuor modos nominatim exprimit Philosophus in VII *Metaphysicae*, et in eis exemplificat et ostendit suam intentionem, videlicet quod secundum nullum modorum accidentis ipsum accidens habet vere et proprie quiditatem nec definitionem, sed sola substantia. Definitiones

1. Aristoteles Latinus, *Metaphysica, VII, 4; VII, 5. Recensio Guillelmi*, ed. G. Vuillemin-Diem (AL XXV 3.2), p. 138; p. 140: *Illud autem palam quia que primo et simpliciter diffinitio et quod quid erat esse substantiarum est. […] Quod quidem igitur est diffinitio que ipsius quid erat esse ratio, et quid erat esse aut solum substantiarum est aut maxime et primum et simpliciter, palam.*

2. Aristoteles Latinus, *Metaphysica, VII, 6. Recensio Guillelmi*, ed. G. Vuillemin-Diem (AL XXV 3.2), p. 140; *Analytica Posteriora, I, 4. Recensio Guillelmi*, ed. L. Minio-Paluello, B.G. Dod (AL IV 1-4), p. 289.

3. Aristoteles Latinus, *Metaphysica, VII, 4. Recensio Guillelmi*, ed. G. Vuillemin-Diem (AL XXV 3.2), p. 136-137.

4. Aristoteles Latinus, *Metaphysica, VII, 5. Recensio Guillelmi*, ed. G. Vuillemin-Diem (AL XXV 3.2), p. 139; *Analytica Posteriora, I, 4. Recensio Guillelmi*, ed. L. Minio-Paluello, B.G. Dod (AL IV 1-4), p. 289.

5. Aristoteles Latinus, *Metaphysica, VII, 4. Recensio Guillelmi*, ed. G. Vuillemin-Diem (AL XXV 3.2), p. 137-138.

(4) Or, dans le livre VII de la *Métaphysique*, le Philosophe expose la manière et la cause de ce qui a été affirmé auparavant, à savoir des thèses suivantes : l'accident est dit 'étant' par attribution et analogie à l'étant véritable, c'est-à-dire à la substance, dans la mesure où, essentiellement, l'accident n'est rien d'autre qu'une disposition de la substance ; de plus, la substance et l'accident reçoivent leurs essences de manières différentes, comme il a été dit. En effet, aucun accident n'a véritablement et proprement de quidité et de définition, mais seule la substance [peut s'en prévaloir] [1].

11. *Confirmation de ce qui a été dit par le truchement du Philosophe ; que la substance a véritablement et proprement une quidité et une définition, et non les accidents*

(1) Cela, le Philosophe le montre universellement de tout accident, en distinguant les accidents en fonction des quatre modes selon lesquels ils sont disposés par rapport à la substance ou les uns par rapport aux autres. Selon un premier mode, est dit 'accident' ce qui est purement par accident, par exemple que le blanc soit musicien [2]. Selon un deuxième mode, l'accident est l'agrégat d'un sujet et d'un accident qui est accidentellement inhérent à ce sujet et que le sujet ne reçoit pas par soi, mais accidentellement, par exemple l'homme blanc [3]. Selon un troisième mode, est dit 'accident' ce qui est par soi en vertu du second mode de prédication par soi, par exemple le pair et l'impair dans le nombre [4]. Selon un quatrième mode, 'accident' désigne chacun des neuf genres de catégories, par exemple la quantité, la qualité, etc. [5].

(2) Dans le livre VII de la *Métaphysique*, le Philosophe mentionne nommément ces quatre modes. Pour chacun d'eux, il illustre et démontre la position que voici : selon aucun de ces modes d'être accident, l'accident n'a véritablement et proprement de quidité et de définition, mais seule la substance [peut s'en prévaloir]. Dans les autres genres, les définitions

1. Aristote, *Métaphysique*, *VII, 4*, 1030b5-6 ; *VII, 5*, 1031a12-14, trad. J. Tricot, 1991, p. 366 ; p. 370 : « Ce qui est manifeste, c'est que la définition et la quiddité, au sens primordial et absolu, n'appartiennent qu'aux substances. » […] « Par conséquent, en un sens, il n'y a de définition et de quiddité que pour les substances, mais, en un autre sens, il pourra y en avoir des autres choses. »

2. Aristote, *Métaphysique*, *VII, 6*, 1031a25-28 ; *Analytiques postérieurs, I, 4*, 73b4-5.

3. Aristote, *Métaphysique*, *VII, 4*, 1029b22-1030a7.

4. Aristote, *Métaphysique*, *VII, 5*, 1030b14-28, 1031a1-4 ; *Analytiques postérieurs, I, 4*, 73a37-40.

5. Aristote, *Métaphysique*, *VII, 4*, 1030a17-32.

autem aliorum generum sunt ex additione, quia ingreditur definitiones eorum res alterius naturae, scilicet substantia, sine qua nullum eorum definiri potest vere et proprie, ut dicit[1]. Aliquo tamen modo potest dici, quod habeant quiditates et per consequens definitiones[2], sed secundum quid et ratione deminuta; unde et consequenter Philosophus, postquam ostendit ea habere aliquo modo quiditatem et definitionem, ulterius probat in substantiis quiditatem eandem esse cum eo, quod est quid, in accidentibus autem differre[3].

12. *Quid sit quiditas secundum Philosophum et de primo modo, quo quiditas modo logico invenitur in accidentibus*

(1) Ad quae intelligenda considerandum, quid Philosophus vere et proprie intelligat esse quiditatem, quam dicit solum in substantiis inveniri et non in accidentibus.

(2) Quantum autem ex eodem VII[4] colligitur ex textu et Commentatore[5], quiditas secundum Philosophum in rebus compositis est forma, quam significat definitio; quamvis autem solam formam

1. Aristoteles Latinus, *Metaphysica, VII, 5. Recensio Guillelmi*, ed. G. Vuillemin-Diem (AL XXV 3.2), p. 140 : *Palam itaque quia solius substantie est diffinitio. Nam et si aliarum cathegoriarum, necesse est ex additione esse, ut qualitatis et imparis ; non enim sine numero, nec que est feminini sine animali.*

2. Aristoteles Latinus, *Metaphysica, VII, 4. Recensio Guillelmi*, ed. G. Vuillemin-Diem (AL XXV 3.2), p. 137-138 : *Sicut enim et le est existit omnibus, sed non similiter sed huic quidem primum illis uero consequenter, ita et quod quid est simpliciter quidem substantie aliquo uero modo aliis. Et enim qualitatem dicemus utique quid est, quare et qualitas eorum que quid est quidem, sed non simpliciter, sed sicut de non ente logice dicunt quidam esse non ens, non simpliciter sed non ens, sic et qualitatem.*

3. Aristoteles Latinus, *Metaphysica, VII, 6. Recensio Guillelmi*, ed. G. Vuillemin-Diem (AL XXV 3.2), p. 140 : *In dictis quidem itaque secundum accidens uidebitur utique diuersum esse, ut albus homo alterum et albo homini esse. Si enim idem, homini esse et albo homini idem ; idem enim homo et albus homo, ut dicunt ; quare et albo homini et homini.*

4. Aristoteles Latinus, *Metaphysica, VII, 10; VII, 11; VII, 15. Recensio Guillelmi*, ed. G. Vuillemin-Diem (AL XXV 3.2), p. 149, 151 ; p. 152, 153 ; p. 161.

5. Averroes, *Aristotelis opera cum Averrois commentariis, Metaphysicorum liber VII, comm. 8,* Venetiis apud Junctas, 1562-1574, vol. 8 [réimpr. Frankfurt, Minerva, 1962], 159rF-vG; *liber VII, comm. 21*, Venetiis apud Junctas, 1562-1574, 170vM; *liber VII, comm. 33*,

se font par addition; en effet, dans la définition des accidents entre une réalité d'une autre nature, à savoir la substance, sans laquelle aucun accident ne peut être véritablement et proprement défini, comme il le dit[1]. En un certain sens, on peut cependant dire que les accidents ont des quidités et par conséquent des définitions, mais relativement et selon une raison diminuée. En conséquence, après avoir montré que d'une certaine manière les accidents ont une quidité et une définition[2], le Philosophe démontre en outre que, dans les substances, la quidité est identique à ce qui est un 'ce que', et que, dans les accidents, elle en diffère[3].

12. *Ce qu'est la quidité selon le Philosophe; de la première manière dont la quidité se trouve logiquement dans les accidents*

(1) Pour l'intelligence de ces points, il faut considérer ce que le Philosophe conçoit véritablement et proprement être quidité, lorsqu'il dit qu'on ne la trouve que dans les substances, non dans les accidents.

(2) Si l'on parcourt le texte du même livre VII [de la *Métaphysique*][4] et du Commentateur[5], [telle est] l'intention du Philosophe: dans les choses composées, la quidité est la forme signifiée par la définition; bien que la

1. Aristote, *Métaphysique, VII, 5,* 1031a1-3, trad. J. Tricot, 1991, p. 369 : « On voit donc que c'est de la substance seule qu'il y a définition. S'il y a, en effet, définition des autres catégories, c'est nécessairement une définition par addition, comme pour la qualité et l'impair, lequel ne peut se définir sans le nombre, pas plus que la femelle sans l'animal. »

2. Aristote, *Métaphysique, VII, 4,* 1030a21-27, trad. J. Tricot, 1991, p. 364-365 : « Car, de même que le terme *est* appartient à toutes les catégories, mais non au même degré, puisqu'il appartient à la substance d'une manière primordiale, et aux autres catégories, d'une manière dérivée, de même l'essence appartient, d'une façon absolue, à la substance, et, dans une certaine mesure seulement, aux autres catégories. Car, même pour la qualité, nous pouvons demander ce qu'elle est; la qualité rentre donc bien aussi dans les essences, mais non pas absolument, et il en est de la qualité comme du non-être, dont certains philosophes disent dialectiquement qu'il est, non pas qu'il soit absolument, mais parce qu'il est non-être. »

3. Aristote, *Métaphysique, VII, 6,* 1031a19-24, trad. J. Tricot, 1991, p. 371-372 : « Quand il s'agit des termes formés d'une substance et d'un prédicat par accident, la quiddité paraîtra généralement différer de l'être : par exemple, *homme blanc* est différent de la quiddité de l'homme blanc. S'il y avait, en effet, identité, il y aurait aussi identité entre la quiddité d'homme et la quiddité d'homme blanc, puisque *homme* et *homme blanc*, c'est, dit-on, une même chose, de sorte que la quiddité de l'homme blanc et la quiddité de l'homme seraient aussi identiques. »

4. Aristote, *Métaphysique, VII, 10,* 1035a1-9, 1035b31-34; *11*, 1036a28-29, 1036b3-6; *15*, 1039b20-22.

5. Averroès, *Commentaire de la Métaphysique, livre VII, comm. 8,* Venetiis apud Junctas, 1562-1574, vol. 8 [réimpr. Frankfurt, Minerva, 1962], 159rF-vG; *livre VII, comm. 21*, Venetiis apud Junctas, 1562-1574, 170vM; *livre VII, comm. 33*, Venetiis

significet definitio, definit tamen totum compositum. Unde in VIII *Metaphysicae*[1], ubi distinguit principia substantiae compositae generabilis et corruptibilis, et universaliter ubicumque loquitur de tali forma, semper vocat eam 'quod quid erat esse'[2].

(3) In VII autem[3], antequam investiget et determinet hoc principium substantiae compositae, scilicet formam, distinguens ens in substantiam et alia genera praedicamentorum, loquitur generaliter de substantia et accidente, videlicet secundum generales rationes eorum, scilicet substantiae inquantum substantia et accidentis inquantum accidens; et secundum hoc determinat quiditates eorum et modum habendi et non habendi vel qualitercumque habendi quiditatem. Hoc enim erat quoddam praeparatorium ad illud, quod consequenter pertractat. Et ostendit, quod quiditas substantiae est idem cum substantia, cuius est quiditas; sed non sic est in accidentibus, sed differt in eis quiditas et id, cuius est quiditas.

(4) Generaliter igitur considerando quiditatem quoad generales rationes substantiae et accidentis quiditas est id, quo res est quid secundum rationem alicuius actus formalis formaliter essentiantis rem, quo res per se sit ens et unum, remota omni accidentalitate inter quiditatem et id, cuius est quiditas, et inter partes ipsius quiditatis, quae sunt partes formae, ex quibus constat definitio; quae omnia sunt unum et idem et totum quoddam essentialiter. Et sic se habet animal rationale ad hominem, quod scilicet animal rationale est idem cum homine essentialiter et homo in se ens et unum essentialiter per se, et animal idem rationali per essentiam et e converso. Hoc enim, sicut dicit Philosophus in VII[4], non est nisi

Venetiis apud Junctas, 1562-1574, 182vM; *liber VII, comm. 34*, Venetiis apud Junctas, 1562-1574, 184rD-F, 184vG; *liber VII, comm. 35*, Venetiis apud Junctas, 1562-1574, 187vG; *liber VII, comm. 37*, Venetiis apud Junctas, 1562-1574, 189rC; *liber VII, comm. 40*, Venetiis apud Junctas, 1562-1574, 192vI; *liber VII, comm. 44*, Venetiis apud Junctas, 1562-1574, 197rE; *liber VII, comm. 53*, Venetiis apud Junctas, 1562-1574, 202rA-B; *liber VII, comm. 59*, Venetiis apud Junctas, 1562-1574, 207rF-vG.

1. Aristoteles Latinus, *Metaphysica, VIII, 3; VIII, 4. Recensio Guillelmi*, ed. G. Vuillemin-Diem (AL XXV 3.2), p. 172; p. 175.

2. Aristoteles Latinus, *Metaphysica, VII, 7; VII, 10; VII, 17; VIII, 3; VIII, 4. Recensio Guillelmi*, ed. G. Vuillemin-Diem (AL XXV 3.2), p. 143; p. 151; p. 166; p. 172; p. 175. Vide etiam : Aristoteles Latinus, *Metaphysica, V, 2*. Aristoteles Latinus, *Physica, II, 2*.

3. Aristoteles Latinus, *Metaphysica, VII, 4-5*. Vide adnotationes, 5, p. 82 et 2, p. 84.

4. Aristoteles Latinus, *Metaphysica, VII, 4. Recensio Guillelmi*, ed. G. Vuillemin-Diem (AL XXV 3.2), p. 137 : *[...] ut albus homo non est quod uere hoc aliquid, siquidem le hoc substantiis inest solum. Quare quid erat esse est quorumcumque ratio est diffinitio*. Vide etiam adnotationem 1, p. 82.

définition ne signifie que la forme, elle définit tout le composé. C'est pourquoi, dans le livre VIII de la *Métaphysique*[1], le Philosophie nomme toujours cette forme le 'ce que c'était être' [2], là où il distingue les principes de la substance composée qui peut être engendrée et corrompue et en général partout où il parle d'une telle forme.

(3) Dans le livre VII [de la *Métaphysique*][3], avant de rechercher et de déterminer le principe de la substance composée, à savoir la forme, en divisant l'étant en la substance et en les autres genres de catégories, le Philosophe parle en général de la substance et de l'accident : il considère leurs raisons universelles, celle de la substance en tant que substance et celle de l'accident en tant qu'accident. Ainsi, il détermine leurs quidités, comment ils ont ou n'ont pas de quidité, ou les manières de l'avoir. Cette détermination constitue en effet un prolégomène à ce dont il traite ensuite. Et il montre que la quidité de la substance est identique à la substance dont elle est la quidité, mais qu'il n'en va pas ainsi pour les accidents, dans lesquels la quidité diffère de ce dont elle est quidité.

(4) Si l'on envisage la quidité en général, eu égard aux raisons universelles de substance et d'accident, la quidité est ce par quoi une chose est un 'ce que', en raison d'un acte formel qui essentie formellement la réalité ; elle est ce par quoi la chose est par soi étant et une, abstraction faite de toute accidentalité entre la quidité et ce dont elle est quidité, et entre les parties de cette quidité, c'est-à-dire les parties de la forme dont résulte la définition ; ces parties sont alors essentiellement une, identiques et un certain tout. Tel est le rapport entre animal doué de raison et homme ; animal doué de raison est essentiellement identique à homme, homme en soi est essentiellement étant et un par soi, et animal est par essence identique à doué de raison, et inversement. Comme le dit le Philosophe au livre VII[4], cela ne revient

apud Junctas, 1562-1574, 182vM; *livre VII, comm. 34*, Venetiis apud Junctas, 1562-1574, 184rD-F, 184vG; *livre VII, comm. 35*, Venetiis apud Junctas, 1562-1574, 187vG; *livre VII, comm. 37*, Venetiis apud Junctas, 1562-1574, 189rC; *livre VII, comm. 40*, Venetiis apud Junctas, 1562-1574, 192vI; *livre VII, comm. 44*, Venetiis apud Junctas, 1562-1574, 197rE; *livre VII, comm. 53*, Venetiis apud Junctas, 1562-1574, 202rA-B; *livre VII, comm. 59*, Venetiis apud Junctas, 1562-1574, 207rF-vG.

1. Aristote, *Métaphysique*, *VIII, 3,* 1043b1-2 ; *4*, 1044a36.

2. Aristote, *Métaphysique*, *VII, 7,* 1032b1-2; *10,* 1035b32; *17*, 1041a26-28; Aristote, *Métaphysique*, *VIII, 3,* 1043b1-2; *4*, 1044a36; Aristote, *Métaphysique*, *V, 2,* 1013a26-28; Aristote, *Physique*, *II, 2,* 194a20-21 ; *3*, 194b26-27.

3. Aristote, *Métaphysique*, *VII, 4-5*. Voir notes 5, p. 83 et 2, p. 85.

4. Aristote, *Métaphysique*, *VII, 4,* 1030a5-6, trad. J. Tricot, 1991, p. 362 : « [...] ainsi l'homme blanc n'est pas une essence individuelle déterminée, s'il est vrai que l'essence individuelle n'appartient qu'aux substances. Il en résulte qu'il y a seulement quiddité des choses dont l'énonciation est une définition. » Voir aussi note 1, p. 83.

substantiarum tantum. Et infra[1] loquens de accidentibus dicit: Definitionem autem non habent neque illud, quod est per essentiam, id est quiditatem, sicut exponit Commentator[2].

(5) Et sequitur in textu[3], quod nihilominus quantitas et qualitas sunt eorum, quae dicuntur per quid, videlicet et interrogando quid est quantitas vel quid est qualitas et respondendo. Et secundum hoc potest dici, quod aliquo modo habent quiditatem, sed non simpliciter, sed, ut quidam dixerunt, modo logico[4]; modo, inquit, logico, inquantum videlicet logice inquirendo per logicas seu dialecticas definitiones et interrogationem et responsionem per quid est inquiritur de ipsis.

(6) Et hoc dupliciter. Uno modo quoad coordinationem eorum in linea seu genere praedicamentali, ut si quaeratur, quid est albedo, et respondeatur

1. Aristoteles Latinus, *Metaphysica, VII, 4; VII, 5. Recensio Guillelmi*, ed. G. Vuillemin-Diem (AL XXV 3.2), p. 137; p. 138; p. 140: *Quod quidem enim quid erat esse est id quod aliquid erat esse. Quando uero aliud de alio dicitur, non est quod quidem hoc aliquid, ut albus homo non est quod uere hoc aliquid, siquidem le hoc substantiis inest solum. Quare quid erat esse est quorumcumque ratio est diffinitio [...] sed si primi alicuius fuerit; talia uero sunt quecumque dicuntur non eo quod aliud de alio dicatur. [...] Illud autem palam quia que primo et simpliciter diffinitio et quod quid erat esse substantiarum est. [...] Quod quidem igitur est diffinitio que ipsius quid erat esse ratio, et quid erat esse aut solum substantiarum est aut maxime et primum et simpliciter, palam.*

2. Averroes, *Aristotelis opera cum Averrois commentariis, Metaphysicorum liber VII, comm. 14,* Venetiis apud Junctas, 1562-1574, vol. 8 [réimpr. Frankfurt, Minerva, 1962], 164rE: *[...] et ista non habent definitionem simpliciter, quia non habent quiditatem simpliciter.*

3. Aristoteles Latinus, *Metaphysica, VII, 4. Recensio Guillelmi*, ed. G. Vuillemin-Diem (AL XXV 3.2), p. 137-138: *Sicut enim et le est existit omnibus, sed non similiter sed huic quidem primum illis uero consequenter, ita et quod quid est simpliciter quidem substantie aliquo uero modo aliis. Et enim qualitatem dicemus utique quid est, quare et qualitas eorum que quid est quidem, sed non simpliciter, sed sicut de non ente logice dicunt quidam esse non ens, non simpliciter sed non ens, sic et qualitatem.*

4. Averroes, *Aristotelis opera cum Averrois commentariis, Metaphysicorum liber VII, comm. 2,* Venetiis apud Junctas, 1562-1574, vol. 8 [réimpr. Frankfurt, Minerva, 1962], 153vI-K: *In hoc ergo capitulo intendit declarare, quod quiditas indiuidui substantiae est prior in esse quiditatibus accidentium. Individuum enim substantiae prius esse aliis individuis manifestum est per se. Et sciendum est, quod ista declaratio est logica. Et plures demonstrationes in hac scientia sunt logicae, scilicet quoniam propositiones eius sunt acceptae a Dialectica.*

en effet qu'aux substances. Plus bas[1], lorsqu'il traite des accidents, il dit qu'ils n'ont ni définition, ni 'ce que c'est' par essence, c'est-à-dire qu'ils n'ont pas de 'quidité', comme l'explicite le Commentateur[2].

(5) La suite du texte[3] affirme que la quantité et la qualité appartiennent néanmoins aux réalités qui sont signifiées par le 'qu'est-ce?', en vertu d'une interrogation sur ce qu'est la quantité ou ce qu'est la qualité, et dans la réponse qui s'ensuit. En ce sens, on peut dire qu'elles ont une quidité d'une certaine manière, mais non absolument : comme certains l'ont dit, de manière logique[4]; de manière logique – comme dit [le Commentateur] – dans la mesure où l'on mène une enquête logique au sujet de ces accidents, au moyen de définitions logiques ou dialectiques, et d'une interrogation et d'une réponse à la question 'qu'est ce que c'est?'.

(6) Et cela se produit de deux manières. D'une première manière, selon la classification de ces accidents dans la série ou sous le genre catégoriel : par exemple, lorsque l'on demande ce qu'est le blanc et que l'on répond

1. Aristote, *Métaphysique*, *VII, 4,* 1030a3-12; *VII, 4,* 1030b5-6; *VII, 5,* 1031a12-14, trad. J. Tricot, 1991, p. 362-363; p. 366; p. 370 : « En effet, la quiddité d'un être est son essence individuelle et déterminée; or, quand une chose est attribuée à une autre chose à titre de prédicat, le composé ne constitue pas une essence individuelle déterminée : ainsi l'homme blanc n'est pas une essence individuelle déterminée, s'il est vrai que l'essence individuelle n'appartient qu'aux seules substances. Il en résulte qu'il y a seulement quiddité des choses dont l'énonciation est une définition [...]. En réalité, il n'y a définition que si l'énonciation est celle d'un objet premier, c'est-à-dire de tout ce qui n'est pas constitué par l'attribution d'une chose à une autre chose. » ; [...] « Ce qui est manifeste, c'est que la définition et la quiddité, au sens primordial et absolu, n'appartiennent qu'aux substances. » [...] « Par conséquent, en un sens, il n'y a de définition et de quiddité que pour les substances, mais, en un autre sens, il pourra y en avoir des autres choses. »

2. Averroès, *Commentaire de la Métaphysique, livre VII, comm. 14,* Venetiis apud Junctas, 1562-1574, vol. 8 [réimpr. Frankfurt, Minerva, 1962], 164rE : « [...] et ceux-là n'ont pas de définition absolument parlant, car ils n'ont pas de quidité absoluement parlant. »

3. Aristote, *Métaphysique*, *VII, 4,* 1030a21-27, trad. J. Tricot, 1991, p. 364-365 : « Car, de même que le terme *est* appartient à toutes les catégories, mais non au même degré, puisqu'il appartient à la substance d'une manière primordiale, et aux autres catégories, d'une manière dérivée, de même l'essence appartient, d'une façon absolue, à la substance, et, dans une certaine mesure seulement, aux autres catégories. Car, même pour la qualité, nous pouvons demander ce qu'elle est; la qualité rentre donc bien aussi dans les essences, mais non pas absolument, et il en est de la qualité comme du non-être, dont certains philosophes disent dialectiquement qu'il est, non pas qu'il soit absolument, mais parce qu'il est non-être. »

4. Averroès, *Commentaire de la Métaphysique, livre VII, comm. 2,* Venetiis apud Junctas, 1562-1574, vol. 8 [réimpr. Frankfurt, Minerva, 1962], 153vI-K : « Dans ce chapitre, il veut donc montrer que la quidité de l'individu substantiel est antérieure selon l'être aux quidités des accidents. Que l'individu qu'est la substance est premier par rapport aux autres individus, cela est en effet manifeste par soi. Et il faut savoir que ce jugement est logique. De même, de nombreuses démonstrations sont logiques dans cette science, dans la mesure où leurs propositions sont prises dans une perspective dialectique. ».

color, vel si definiatur albedo, quod est color disgregativus visus[1]; quae definitio constat ex proprio genere et differentia. Utrumque istorum, scilicet et quaestio et responsio per quid est, sive respondeatur proprium genus, scilicet color, vel differentia, definitio modo logico est, inquantum videlicet genere vel definitione determinatur aliquid, secundum quod Philosophus in libro *Topicorum*[2] determinat problemata de genere et definitione. Quattuor enim praedicata, scilicet accidens, genus, proprium et definitio, de quibus agit Philosophus in suis *Topicis*[3], genera etiam praedicamentorum[4] et coordinationes eorum, quae in aliquo genere praedicamentali ordinata sunt, puta genera, species et differentiae ipsorum generum, secundum quandam famositatem et logicam considerationem determinata sunt; et secundum hoc inquantum praedicata vel praedicamenta et definitiones ex his extractae pertinent ad res secundae intentionis et habent modum logicum.

(7) Iste ergo est unus modus, quo accidentia, puta quantitas, qualitas et cetera, dicuntur habere quiditatem et definitionem non simpliciter, sed modo logico, inquantum videlicet attenduntur in eis istae logicae considerationis intentiones, quae sunt genus, species, definitio, quae praedicantur in quid et sunt res secundae intentionis, sicut et ipsum praedicari in quid. Et dicere ex hoc aliquid habere quiditatem modo logico, commune est et his, quae sunt in genere substantiae, et his, quae sunt in aliis novem generibus accidentium.

13. *De secundo modo, quo quiditas est in accidentibus modo logico*

(1) Est et alius modus, videlicet considerando ea in ordine ad substantiam, inquantum scilicet sunt dispositiones substantiae. Et iste modus considerationis pertinet ad considerationem essentiae et naturae eorum,

1. Aristoteles Latinus, *Topica, III, 5. Translatio Boethii*, ed. L. Minio-Paluello (AL V 1-3), p. 59 : *Amplius praeter ea quae dicta sunt prius, quod magis suscipit propriam propositi rationem, ut si albi est ratio color disgregativus visus, albius quod est color magis disgregativus visus.*

2. Aristoteles Latinus, *Topica, IV; VI.*

3. Aristoteles Latinus, *Topica, I, 4; I, 5-8.*

4. Aristoteles Latinus, *Topica, I, 9.*

'une couleur', ou si l'on définit le blanc comme 'la couleur qui est critère discriminant de la vision' [1]; cette définition consiste en le genre propre et la différence. Que l'on réponde par le genre propre, à savoir la couleur, ou par la différence, la question et la réponse au 'qu'est-ce que?' constituent l'une et l'autre une définition sur le mode logique, dans la mesure où quelque chose est déterminé par le genre ou la définition à la manière dont le Philosophe résout les problèmes relatifs au genre et à la définition dans les *Topiques*[2]. En effet, les quatre prédicats dont parle le Philosophe dans les *Topiques*[3], – à savoir : l'accident, le genre, le propre et la définition –, ainsi que les genres de catégories[4] et les subsomptions de ce qui est ordonné sous un genre catégoriel, par exemple les genres, les espèces et les différences de ces genres, sont établis en vertu d'un usage conventionnel et d'une considération logique; en tant que prédicats, catégories et définitions qui en résultent, ces items appartiennent donc aux réalités de seconde intention et ont un mode logique.

(7) Telle est la première manière dont les accidents, par exemple la quantité, la qualité, etc., sont dits avoir une quidité et une définition non absolument, mais de manière logique, dans la mesure où, en elles, sont envisagées d'un point de vue logique ces intentions que sont le genre, l'espèce, la définition; ces intentions sont prédiquées essentiellement et sont des réalités de seconde intention, ainsi que cette prédication essentielle elle-même. Et attribuer ainsi une quidité sur le mode logique se fait communément [dans le cas] des réalités qui appartiennent au genre de la substance et de celles qui appartiennent aux neuf autres genres d'accidents.

13. *De la deuxième manière dont la quidité se trouve dans les accidents sur le mode logique*

(1) Il y a une autre manière [dont la quidité est logiquement dans les accidents] : lorsque les accidents sont considérés dans leur ordre à la substance, en tant qu'ils sont des dispositions de la substance. Ce type de considération revient à envisager leur essence et leur nature,

1. Aristote, *Topiques, III, 5,* 119a28-31, trad. J. Tricot, 1990, p. 113 : « De plus, en dehors des lieux dont nous avons traité précédemment, possède davantage tel caractère ce qui admet davantage la définition propre du caractère donné : par exemple, si la définition du blanc est une couleur dissociante de la vision, est plus blanc ce qui est une couleur dissociante de la vision. »

2. Aristote, *Topiques, IV; VI.*

3. Aristote, *Topiques, I, 4,* 101b17-25 ; *I, 5-8.*

4. Aristote, *Topiques, I, 9.*

inquantum sunt entia et res primae intentionis circumscriptis ab eis rebus secundae intentionis, ut si quaereretur, quid est color, et responderetur, quod color est extremitas perspicui in corpore terminato[1], et si quaereretur de qualitate, quid est qualitas, et responderetur, quod qualitas est, secundum quam quales dicimur[2].

(2) In huiusmodi enim definitionibus et interrogationibus et responsionibus per quid est non infertur quiditas talium accidentium, quae sit eorum quiditas simpliciter, sed modo logico, inquantum videlicet ex ipsa interrogatione per quid est extenditur nomen quiditatis per quandam famositatem et logicae considerationis probabilitatem etiam ad ipsam responsionem. Quod quidem capit rationem ex eo, quoniam quaestio per quid est importat quandam generalitatem, sicut et ipsum ens et quodlibet transcendentium. Quaerit enim de essentia; determinatur autem huiusmodi generalitas per responsionem quantum ad determinatum modum essentiae; et sic id, quod respondetur ad talem quaestionem de accidente, sortitur modo quodam logicae attributionis nomen quiditatis et non simpliciter et vere.

(3) Ratio enim et proprietas quiditatis deficit in eis. Quiditas enim vera et simpliciter quiditas essentialitatem quandam importat et essentialem identitatem partium quiditatis, si quas habet, et identitatem essentialem quiditatis ipsius ad ipsum quod quid est et partium ipsius quod quid est, ut supra dictum est. Hoc autem non invenitur in accidentibus, ut Philosophus ostendit in VII sed, ut ibidem dicit, proprium est soli substantiae[3].

(4) Secundum hoc igitur sola substantia habet vere et simpliciter quiditatem et per consequens vere et simpliciter definitionem; accidens autem non, quoniam accidens non est unum per se et essentialiter, nec re nec significatione.

(5) Significatione quidem, quia in intellectu et significatione sua importat substantiam. Quamvis enim albedo vel album solam qualitatem

1. Aristoteles Latinus, *De sensu et sensato, 3*, *in* Thomas de Aquino, *Sentencia libri de sensu et sensato*, ed. leon., p. 33b : *Quare color utique erit perspicui extremitas in determinato corpore*.

2. Aristoteles Latinus, *Categoriae vel Praedicamenta, VIII. Translatio Guillelmi*, ed. L. Minio-Paluello (AL I 1-5), p. 101-102 : *Qualitatem autem dico secundum quam quales quidam dicuntur. Est autem qualitas eorum que multipliciter dicuntur.*

3. Vide adnotationes 1, p. 82, 4, p. 86, 1, p. 88.

en tant qu'ils sont des étants et des réalités de première intention, abstraction faite de toutes réalités de seconde intention. Par exemple, si l'on demandait ce qu'est la couleur et que l'on répondait qu'elle est le contour perceptible d'un corps délimité[1]; et si l'on interrogeait au sujet de la qualité, que l'on demandait ce qu'elle est, et que l'on répondait que la qualité est ce en vertu de quoi nous sommes dits tels [que nous sommes][2].

(2) En effet, dans ce type de définitions, d'interrogations et de réponses par le 'qu'est-ce que c'est?', on n'obtient pas la quidité de tels accidents, on n'obtient pas leur quidité absolument parlant, mais sur le mode logique, car, dans cette interrogation par le 'qu'est-ce que c'est?', le nom de quidité est aussi appliqué par extension à cette réponse-là en vertu d'un usage conventionnel et d'une certaine vraisemblance logique. La raison de cette pratique se tire du fait que la question par le 'qu'est-ce que c'est?' implique une certaine généralité, ainsi que l'étant même et chacun des transcendantaux. En effet, on questionne au sujet de l'essence; or une généralité de ce type est déterminée par le biais d'une réponse au sujet d'un mode déterminé de l'essence; ainsi, la réponse à une telle question portant sur l'accident fait recours au nom de quidité, non absoluement et véritablement, mais sur le mode d'une attribution logique.

(3) La raison et la propriété de quidité font en effet défaut aux accidents, car la quidité, la quidité véritablement et absolument, implique une certaine essentialité et, le cas échéant, l'identité essentielle des parties de la quidité, l'identité essentielle de cette quidité au 'ce que c'est' lui-même, et l'identité des parties de ce 'ce que c'est', comme nous l'avons dit plus haut. On ne trouve pourtant pas cela dans les accidents, comme le montre le Philosophe au livre VII [de la *Métaphysique*], mais tel est le propre de la seule substance, comme il le précise au même endroit[3].

(4) En conséquence, seule la substance a véritablement et absolument une quidité, et seule la substance a donc véritablement et absolument une définition; l'accident non, car l'accident n'est un par soi et essentiellement ni dans la réalité ni par la signification.

(5) Il ne l'est pas par la signification, car il implique la substance dans son intellection et dans sa signification. Certes, la blancheur ou le blanc

1. Aristote, *Du sens et du senti*, *3*, 439b11-12, trad. P.-M. Morel, 2000, p. 74 : « Ainsi, la couleur serait la limite du diaphane dans un corps délimité. »

2. Aristote, *Catégories, 8*, 8b25, trad. F. Ildefonse, J. Lallot, 2002, p. 99 : « J'entends par qualité ce en fonction de quoi certains sont dits qualifiés; or la qualité relève de ce qui se dit en plusieurs acceptions. »

3. Voir notes 1, p. 83, 4, p. 85 et 1, p. 87.

significet, sicut dicitur in *Praedicamentis*[1], et hoc, inquantum albedo et huiusmodi ordinantur in linea praedicamentali, ut genera vel species, secundum quod quodlibet praedicamentorum absolutam sui generis habet significationem et in sui significatione excludit quodlibet aliud, sumendo tamen qualitatem secundum suam essentiam et rationem cuiuscumque generis praedicamentalis accidentium in significatione sui nominis includitur substantia, sicut dicit Philosophus V *Metaphysicae* c. 9[2], ubi distinguit significationem entis per se in decem genera, scilicet substantiam et alia novem. Et dicit ibi de significatione nominum aliorum novem generum, scilicet accidentium, quod significatio uniuscuiusque istorum est unius entis. Super quo dicit ibi Commentator[3] : « Significatio uniuscuiusque nominum novem accidentium cum sua significatione super illud accidens est super unum praedicamentum, scilicet praedicamentum substantiae. » Et infra loquens contra Avicennam, qui dicebat, quod accidens primo significat subiectum et secundo accidens[4], dicit, quod « est e converso », scilicet quod accidens « primo significat accidens et secundo subiectum : accidens enim innatum est existere in subiecto »[5].

(6) Sicut autem accidens non habet per se et essentialiter unitatem in sui significatione, sic nec in re in sua essentia per se et essentialiter est unum. Re ipsa enim importat subiectum, cuius ipsum est dispositio; et sic in sua essentia importat quoddam aggregatum ex subiecto et sua dispositione, quia in hoc attenditur accidentalitas eius, quae est sibi

1. Aristoteles Latinus, *Categoriae vel Praedicamenta, V. Translatio Guillelmi*, ed. L. Minio-Paluello (AL I 1-5), p. 90 : *[...] nichil enim aliud significat album quam quale. Species autem et genus circa substantiam quale determinant (qualem enim quandam substantiam significant).*

2. Aristoteles Latinus, *Metaphysica, V, 7. Recensio Guillelmi*, ed. G. Vuillemin-Diem (AL XXV 3.2), p. 103 : *Secundum se uero esse dicuntur quecumque significant figuras predicationis ; quotiens enim dicitur, totiens esse significat. Quoniam ergo predicatorum alia quid est significant, alia quale, alia quantum, alia ad aliquid, alia facere, alia pati, alia ubi, alia quando, horum unicuique esse idem significant.*

3. Averroes, *Averrois in librum V Metaphysicorum Aristotelis commentarius, comm. 14*, ed. R. Ponzalli, 1971, p. 130.

4. Avicenna, *Logica, I*, in *Opera omnia*, Venetiis, 1508 [réimpr. Frankfurt, Minerva, 1961], 9va.

5. Averroes, *Averrois in librum V Metaphysicorum Aristotelis commentarius, comm. 14*, ed. R. Ponzalli, 1971, p. 131.

signifie seulement la qualité, comme il est dit dans les *Catégories*[1], et ceci dans la mesure où la blancheur et les [accidents] de ce type sont ordonnés dans une série catégorielle, en tant que genres ou espèces; en ce sens, toute catégorie revêt la signification absolue de son genre et elle exclut toute autre chose de sa signification. Pourtant, si la qualité est envisagée selon son essence et selon la raison propre à tous les genres de catégories accidentelles, la substance est incluse dans la signification de son nom. Tel est le propos du Philosophe au chapitre 9 du livre V de la *Métaphysique*[2], où il divise la signification de l'étant par soi en dix genres, à savoir la substance et les neuf autres. À cet endroit, traitant de la signification des noms des neuf autres genres, c'est-à-dire des accidents, il dit que la signification de chacun d'eux est rapportée à un seul étant. À ce propos, le Commentateur ajoute[3]: « La signification de chacun des neuf noms d'accident, chacun avec sa signification qui porte sur un accident, repose sur une seule catégorie, la catégorie de la substance ». Plus bas, il se prononce contre Avicenne, qui affirmait que l'accident signifie premièrement le sujet et secondairement l'accident[4]; il dit que « c'est le contraire », que « l'accident signifie premièrement l'accident et secondairement le sujet: l'accident est en effet destiné par nature à exister dans le sujet »[5].

(6) De même que l'accident n'a pas d'unité de signification par soi et essentiellement, il n'est pas un essentiellement et par soi, en réalité et dans son essence. Dans la réalité elle-même, il implique le sujet dont il est la disposition; de fait, il suppose, dans son essence, l'agrégat du sujet et de sa disposition, car c'est en cela que consiste l'accidentalité qui lui est

1. Aristote, *Catégories, 5*, 3b19, trad. F. Ildefonse, J. Lallot, 2002, p. 71 : « [...] en effet, le blanc ne signifie rien d'autre qu'un qualifié, tandis que l'espèce et le genre déterminent le qualifié dans le champ d'une essence : ils signifient une certaine essence qualifiée. »

2. Aristote, *Métaphysique, V, 7,* 1017a22-30, trad. J. Tricot, 1991, p. 270-271 : « L'être par essence reçoit toutes les acceptions qui sont indiquées par les types de catégorie, car les sens de l'être sont en nombre égal à ces catégories. Puis donc que, parmi les prédicats, les uns signifient la substance, d'autres, la qualité, d'autres, la quantité, d'autres, la relation, d'autres, l'action ou la passion, d'autres, le lieu, et d'autres, le temps, à chacune de ces catégories répond un des sens de l'être. »

3. Averroès, *Commentaire de la Métaphysique, livre V, comm. 14*, ed. R. Ponzalli, 1971, p. 130.

4. Avicenne, *Logique, I*, in *Opera omnia*, Venetiis, 1508 [réimpr. Frankfurt, Minerva, 1961], 9va.

5. Averroès, *Commentaire de la Métaphysique, livre V, comm. 14*, ed. R. Ponzalli, 1971, p. 131.

essentialis. Et ideo Philosophus in VII volens loqui de accidente alicuius novem generum praedicamentorum, puta de albo, resolvit ipsum in hoc, quod est homo albus, c. 12[1].

(7) In eo tamen, quod est homo albus, aeque primo utrumque significatur et in recto, scilicet homo et albedo seu albus. Cum autem per se sumitur albus, significat ipsam dispositionem, quae est albedo, in recto, subiectum autem in obliquo, inquantum in intellectu suo ipsum importat. Inter album igitur per se sumptum et aggregatum, quod est homo albus, ista est differentia in modo significandi.

(8) Quantum autem ad rem significatam per album et hominem album nulla est differentia, nisi inquantum album importat subiectum suum in generali ; et sic habitudo albedinis ad subiectum est per se. In ea autem, quae est homo albus, specificatur ipsum albedinis subiectum, cui inest albedo ; et sic tali subiecto accidit inesse albedinem, inquantum potest sibi non inesse, et ipsi albedini accidit inesse tali subiecto et non per se inest.

14. *De tertio modo, quo quiditas invenitur in accidentibus modo logico*

(1) Potest etiam accidens tertio modo dici habere quiditatem modo logico, quia ipsum est dispositio eius, quod habet vere et simpliciter quiditatem, quod est substantia, sicut etiam dicitur ens, quia est dispositio veri entis, quod est substantia. Et sic secundum quandam attributionem logicalis considerationis attribuitur sibi nomen et ratio quiditatis.

1. Aristoteles Latinus, *Metaphysica, VII, 4. Recensio Guillelmi*, ed. G. Vuillemin-Diem (AL XXV 3.2), p. 137 : *Quod quidem enim quid erat esse est id quod aliquid erat esse. Quando uero aliud de alio dicitur, non est quod quidem hoc aliquid, ut albus homo non est quod uere hoc aliquid, siquidem le hoc substantiis inest solum. Quare quid erat esse est quorumcumque ratio est diffinitio.*

essentielle. Ainsi, au chapitre 12 du livre VII [de la *Métaphysique*][1], lorsque le Philosophe veut parler d'un accident qui appartient à l'un des neuf genres de catégories, par exemple le blanc, il le ramène au fait qu'il y ait un homme blanc.

(7) Du fait qu'il y ait 'homme blanc', on signifie également premièrement et directement l'un et l'autre : l'homme et la blancheur ou le blanc. Mais, si l'on considère le blanc en soi, il signifie directement cette disposition qu'est la blancheur et obliquement le sujet, dans la mesure où il le suppose dans sa propre signification. Entre le blanc considéré en soi et l'agrégat qu'est l'homme blanc, il y a donc une différence de modes de signifier.

(8) Du côté de la chose signifiée par 'blanc' et 'homme blanc', il n'y a aucune différence, sinon que le blanc suppose en général son sujet ; de fait, le rapport de la blancheur à son sujet est par soi. Le sujet de la blancheur, ce à quoi elle est inhérente, est cependant spécifié par le fait qu'il y ait un homme blanc. Ainsi, il échoit accidentellement à un tel sujet que la blancheur lui soit inhérente, puisqu'elle peut ne pas lui être inhérente ; et il échoit accidentellement à cette blancheur d'être inhérente à un tel sujet, elle ne lui est pas inhérente par soi.

14. *De la troisième manière dont la quidité se trouve dans les accidents sur le mode logique*

(1) On peut encore dire d'une troisième manière que l'accident a une quidité sur le mode logique ; en effet, il est une disposition de ce qui a véritablement et absolument une quidité, c'est-à-dire de la substance ; de la même manière, il est dit étant, car il est une disposition de l'étant véritable qu'est la substance. En conséquence, le nom et la raison de quidité lui sont attribués par le truchement d'une attribution de type logique.

1. Aristote, *Métaphysique*, *VII, 4,* 1030a3-7, trad. J. Tricot, 1991, p. 362-363 : « En effet, la quiddité d'un être est son essence individuelle et déterminée ; or, quand une chose est attribuée à une autre chose à titre de prédicat, le composé ne constitue pas une essence individuelle déterminée : ainsi l'homme blanc n'est pas une essence individuelle déterminée, s'il est vrai que l'essence individuelle n'appartient qu'aux seules substances. Il en résulte qu'il y a seulement quiddité des choses dont l'énonciation est une définition. »

15. *Declaratio eius, quod determinat Philosophus, scilicet quod quiditas substantiae est eadem ipsi substantiae, in accidentibus autem differt*

(1) Ad intelligentiam autem eius, quod supra dictum est et habetur a Philosopho in VII[1], scilicet quod in substantiis quiditas unitatem et identitatem habet cum eo, cuius est quiditas, differunt autem in accidentibus, considerandum.

(2) Huiusmodi autem rei, quam Philosophus circa differentiam substantiarum et accidentium pertractat in iam dicto libro, ratio et causa est, quoniam quiditas est id, quo formalissime essentiatur et constituitur res in esse secundum actum formalem quantum ad suam essentiam, ex quo etiam formali principio res talis notificatur in eo, quod quid est. Quamvis enim essentia in rebus compositis importet utrumque componentium, scilicet materiam et formam, quibus essentia rei constituitur, sola tamen forma est quiditas substantiae compositae, ut praemissum est. Quam formam significat definitio definiens nihilominus totum compositum et notificans in eo, quod quid est, secundum quod habetur a Philosopho[2] et Commentatore in VII[3] et a Boethio in libro *De Trinitate*[4], ubi pertractat, quomodo esse est a forma et non a materia : Esse, inquam, in eo, quod quid est.

(3) Quamvis igitur accidentia suo modo et deminuta ratione quiditatem habeant et modo logico, ut supra habitum est, nihilominus tamen habent eam proportionaliter substantiis, videlicet quod quemadmodum in substantiis sic et in accidentibus se habet, ut, quod in constitutione

1. Aristoteles Latinus, *Metaphysica, VII, 6.* Vide adnotationem 3, p. 84.

2. Aristoteles Latinus, *Metaphysica, VII, 10; VII, 11; VII, 15. Recensio Guillelmi*, ed. G. Vuillemin-Diem (AL XXV 3.2), p. 149, p. 151 ; p. 152, p. 153 ; p. 161.

3. Averroes, *Aristotelis opera cum Averrois commentariis, Metaphysicorum liber VII, comm. 8,* Venetiis apud Junctas, 1562-1574, vol. 8 [réimpr. Frankfurt, Minerva, 1962], 159rF-vG; *liber VII, comm. 21*, Venetiis apud Junctas, 1562-1574, 170vM; *liber VII, comm. 33*, Venetiis apud Junctas, 1562-1574, 182vM; *liber VII, comm. 34*, Venetiis apud Junctas, 1562-1574, 184rD-F, 184vG; *liber VII, comm. 35*, Venetiis apud Junctas, 1562-1574, 187vG; *liber VII, comm. 37*, Venetiis apud Junctas, 1562-1574, 189rC; *liber VII, comm. 40*, Venetiis apud Junctas, 1562-1574, 192vI; *liber VII, comm. 44*, Venetiis apud Junctas, 1562-1574, 197rE; *liber VII, comm. 53*, Venetiis apud Junctas, 1562-1574, 202rA-B; *liber VII, comm. 59*, Venetiis apud Junctas, 1562-1574, 207rF-vG.

4. Boethius, *De Trinitate, II*, ed. C. Moreschini, 2000, p. 169-170 : *Sed diuina substantia sine materia forma est atque ideo unum et est id quod est.*

15. *Explication de la thèse qu'arrête le Philosophe, à savoir que la quidité de la substance est identique à la substance, alors que, dans les accidents, elle diffère des accidents*

(1) Voici ce qu'il faut voir pour comprendre les propos précédents, qui sont tirés du Philosophe au livre VII [de la *Métaphysique*] [1], à savoir que, dans les substances, la quidité a l'unité et l'identité avec ce dont elle est quidité, mais que, dans les accidents, elle en diffère.

(2) Les propos que le Philosophe développe dans le livre mentionné à l'instant et qui sont relatifs à la différence entre substances et accidents, ont la raison et la cause suivantes : la quidité est ce par quoi la chose est le plus formellement essentiée et constituée dans l'être en vertu d'un acte formel, selon son essence; par ce principe formel, une telle chose est aussi manifestée dans son 'ce que c'est'. Bien que, dans les choses composées, l'essence suppose l'un et l'autre des composants dont l'essence de la chose est composée – à savoir la matière et la forme –, seule la forme est en effet la quidité de la substance composée, comme nous l'avons annoncé. La définition signifie cette forme, en définissant néanmoins tout le composé et en le manifestant dans son 'ce que c'est'. Tels sont les propos du Philosophe [2] et du Commentateur [3], au livre VII [de la *Métaphysique*], ainsi que de Boèce, dans son traité *De la Trinité* [4], où il expose comment l'être procède de la forme et non de la matière : l'être, dis-je, en ce sens qu'il est un 'ce que c'est'.

(3) Donc, bien que les accidents aient une quidité, à leur manière, selon une raison diminuée et sur le mode logique – selon ce que nous avons précisé plus haut –, ils l'ont cependant proportionnellement aux substances : la manière [dont la quidité] est dans les accidents est fonction de la manière dont elle est dans les substances; dans la constitution de n'importe quel

1. Aristote, *Métaphysique*, *VII, 6*. Voir note 3, p. 85.

2. Aristote, *Métaphysique*, *VII, 10*, 1035a1-9, 1035b31-34; *11*, 1036a28-29, 1036b3-6; *15*, 1039b20-22.

3. Averroès, *Commentaire de la Métaphysique, livre VII, comm. 8,* Venetiis apud Junctas, 1562-1574, vol. 8 [réimpr. Frankfurt, Minerva, 1962], 159rF-vG; *livre VII, comm. 21*, Venetiis apud Junctas, 1562-1574, 170vM; *livre VII, comm. 33*, Venetiis apud Junctas, 1562-1574, 182vM; *livre VII, comm. 34*, Venetiis apud Junctas, 1562-1574, 184rD-F, 184vG; *livre VII, comm. 35*, Venetiis apud Junctas, 1562-1574, 187vG; *livre VII, comm. 37*, Venetiis apud Junctas, 1562-1574, 189rC; *livre VII, comm. 40*, Venetiis apud Junctas, 1562-1574, 192vI; *livre VII, comm. 44*, Venetiis apud Junctas, 1562-1574, 197rE; *livre VII, comm. 53*, Venetiis apud Junctas, 1562-1574, 202rA-B; *livre VII, comm. 59*, Venetiis apud Junctas, 1562-1574, 207rF-vG.

4. Boèce, *La Trinité, II*, trad. A Tisserand, 2000, p. 147 : « Mais la substance divine est forme sans matière, et c'est pourquoi elle est l'Un, et elle est-ce-qu'elle-est. »

accidentis cuiuscumque et in ipsius notificatione in eo, quod quid est, formalius est et per consequens magis notificativum essentiae eius, quiditas accidentis talis et sit et vocetur.

(4) Sicut igitur in consideratione substantiae forma est principium quiditativum et in hoc etiam notificativum substantiae in eo, quod quid est, sic habita consideratione circa accidens ipsum subiectum seu substantia est quiditas eius; unde in ipsius accidentis expositione ponitur subiectum seu substantia tamquam principium maxime formale, ut si dicam, quid est simitas, et respondeatur, quod est concavitas nasi[1]. Additio enim nasi contrahit communitatem concavitatis et formaliter ipsam determinat ad talem specificum modum, quem habet, inquantum est simitas. Si igitur fuerit accidens per se quantum ad secundum modum dicendi per se in libro *Posteriorum*[2], subiectum exprimitur in expositione eius et est quiditas eius, et definitio subiecti dicens quid est subiectum et propter quid talis passionis est etiam definitio per se talis passionis. Si autem sit accidens non per se, sed accidentaliter inhaerens, ut album homini, ipsum subiectum est quiditas eius, sed accidentaliter et non per se, et definitio hominis est definitio talis accidentis non per se, sed accidentaliter. Et hoc est, quod Philosophus determinat in VII[3], scilicet quod accidentia neque quiditatem habent proprie nec definitionem, sed, sicut quidam dixerunt, modo logico, ut ipse dicit et expositum est supra.

(5) In hoc ergo attenditur differentia inter substantiam et accidens, videlicet quod in substantiis quiditas et id, cuius est quiditas, sunt idem propter identitatem essentialem eorum ad invicem et partium quiditatis ad invicem et partium eius, quod quid est, ad invicem. In accidentibus autem non sic se habet propter accidentalitatem, quae attenditur inter accidens et subiectum suum, quod secundum modum saepe dictum est eius quiditas. Et ideo, secundum quod determinat Philosophus, definitiones accidentium sunt ex additione et ingreditur res alterius

1. Aristoteles Latinus, *Metaphysica, VII, 5. Recensio Guillelmi*, ed. G. Vuillemin-Diem (AL XXV 3.2), p. 139 : *Dico autem ut est nasus et concauitas, et simitas ex duobus dictum eo quod hoc in hoc, hoc in hoc; et non secundum accidens nec concauitas neque simitas passio nasi, sed secundum se [...].*

2. Aristoteles Latinus, *Analytica Posteriora, I, 4. Recensio Guillelmi*, ed. L. Minio-Paluello, B.G. Dod (AL IV 1-4), p. 289 : *[...] et quibuscumque eorum que insunt ipsis ipsa insunt in ratione quid est demonstranti, ut rectum inest linee et circulare [...].*

3. Aristoteles Latinus, *Metaphysica, VII, 4.*

accident et dans sa manifestation comme 'ce que c'est', ce qui est plus formel et qui, par conséquent, est le plus susceptible de le manifester, cela est et est nommé 'quidité' d'un tel accident.

(4) De même que, si nous traitons de la substance, la forme est principe quiditatif et, de fait, principe de manifestation de la substance en 'ce que c'est', de même, si nous traitons de l'accident, le sujet ou la substance est sa quidité; de la sorte, on pose le sujet ou la substance en guise de principe le plus formel dans l'explicitation de l'accident, comme si, par exemple, je demandais 'qu'est-ce que le camus?', on me répondrait que c'est une concavité du nez[1]. En effet, l'addition de 'nez' contracte la communauté de la concavité; elle la détermine formellement au mode spécifique qu'elle possède en tant qu'elle est le camus. S'il s'agit donc d'un accident par soi en vertu du second mode de prédication par soi exposé dans les *Analytiques postérieurs*[2], le sujet est exprimé dans son explicitation et dans sa quidité; la définition du sujet, qui signifie ce qu'est le sujet et le 'en raison de quoi' de sa passion, est aussi la définition par soi d'une telle passion. Par contre, s'il ne s'agit pas d'un accident par soi, mais d'un accident inhérent par accident [à son sujet], comme le blanc à l'homme, son sujet constitue bien sa quidité, mais par accident et non par soi; la définition de l'homme est la définition d'un tel accident, non par soi mais par accident. Telle est la solution déterminée par le Philosophe au livre VII [de la *Métaphysique*][3]; les accidents n'ont proprement ni quidité ni définition, mais, comme certains l'ont dit, de manière logique, à la manière même dont le Philosophe l'a dit et comme nous l'avons expliqué tantôt.

(5) C'est en cela qu'on perçoit la différence entre substance et accident: dans les substances, la quidité et ce dont elle est la quidité sont identiques, en vertu d'une identité essentielle et réciproque de l'une et de l'autre, des parties de la quidité et des parties du 'ce que c'est'. Dans les accidents, il n'en va pas de même, en raison de l'accidentalité caractérisant le rapport entre l'accident et son sujet, qui, selon ce que nous avons déjà souvent dit, est sa quidité. Ainsi, selon ce que détermine le Philosophe, les définitions des accidents se font par addition; en elles entre quelque chose d'une autre

1. Aristote, *Métaphysique*, *VII, 5*, 1030b16-19, trad. J. Tricot, 1991, p. 367-368 : « Soit, d'une part, le nez et la concavité, et, d'autre part, le camus, lequel est affirmé du nez et de la concavité, par la présence de l'une dans l'autre; ce n'est certes pas par accident que la concavité et le camus sont propriété du nez, c'est par essence. »

2. Aristote, *Analytiques postérieurs*, *I, 4*, 73a37-b3, trad. P. Pellegrin, 2005, p. 83 : « On parle aussi d'inhérence "par soi" dans tous les cas où des choses appartiennent à d'autres, lesquelles sont contenues dans la formule qui montre ce que sont les premières, par exemple le rectiligne et le courbe appartiennent par soi à la ligne [...]. »

3. Aristote, *Métaphysique*, *VII, 4*.

naturae, scilicet substantia, secundum rationem suae propriae definitionis, sicut dicit Philosophus in VII[1] sic: Necesse est enim, ut definitio substantiae accipiatur in definitione cuiuslibet rei.

16. *Conclusio principalis de accidentibus quantum ad eorum essentias, analogiam ad substantiam et quiditatem et definitionem et remotio cuiusdam cavillationis*

(1) Ex omnibus igitur his, quae praemissa sunt, habemus, quod accidentia non habent essentiam absolutae quiditatis secundum se ipsa, sed quod eorum essentia et entitas est esse aliquam dispositionem entis, sicut dicit Philosophus[2], et quod secundum hoc dicuntur entia per attributionem ad substantiam, quae vere est ens secundum suam essentiam, scilicet secundum rationem suae absolutae et propriae quiditatis – analogia autem huiusmodi, quae attenditur in accidentibus secundum attributionem ad substantiam, inquantum sunt entia, convenit per essentiam ipsorum, non per aliquid accidentale in eis –; et quod secundum hoc non habent vere et proprie quiditatem nec definitionem secundum rationem absolutae essentiae ipsorum, quia ingreditur definitionem ipsorum res alterius naturae, scilicet substantia, quae est quiditas ipsorum, ex cuius etiam definitione definiuntur eo modo, qui dictus est; et quod ex his sequitur, quod in accidentibus quiditas ipsorum non est idem cum eo, quod quid est, id est cum ipso accidente, sicut e converso est in substantiis.

(2) Ex his igitur omnibus manifestum est, quod accidens non habet essentiam absolutae quiditatis secundum se, sed tota eius essentia est esse dispositionem et aliquem modum substantiae, et quod in hoc per se et primo differt a substantia.

(3) Nec potest dici, quod saepe dicta analogia accidentis ad substantiam, qua dicitur ens, attendatur in accidente penes aliquem respectum essentialem, quasi per quandam inclinationem ad substantiam, quo per essentiam suam inclinetur ad inhaerendum substantiae.

1. Aristoteles Latinus, *Metaphysica, VII, 5. Recensio Guillelmi*, ed. G. Vuillemin-Diem (AL XXV 3.2), p. 140 : *Palam itaque quia solius substantie est diffinitio. Nam et si aliarum cathegoriarum, necesse est ex additione esse, ut qualitatis et imparis ; non enim sine numero, nec que est feminini sine animali.*

2. Aristoteles Latinus, *Metaphysica, VII, 1. Recensio Guillelmi*, ed. G. Vuillemin-Diem (AL XXV 3.2), p. 132. Vide adnotationem 1, p. 58.

nature – à savoir la substance –, selon la raison de sa propre définition. Comme le dit le Philosophe dans le livre VII [de la *Métaphysique*][1], il est nécessaire que la définition de la substance soit comprise dans la définition de toute chose.

16. *Conclusion principale au sujet des accidents : leurs essences, leur analogie à la substance, leur quidité, leur définition, et la destruction d'un raisonnement captieux*

(1) À partir de tout ce qui a été avancé auparavant, nous tenons pour acquis que les accidents, en eux-mêmes, ne possèdent pas l'essence d'une quidité absolue, mais que leur essence et leur entité c'est d'être quelque disposition d'un étant, comme l'affirme le Philosophe[2]; de fait, ils sont dits 'étants' par attribution à la substance, qui est véritablement un étant selon son essence, c'est-à-dire selon la raison de sa quidité propre et absolue. Or cette analogie qui concerne les accidents dans leur attribution à la substance, en tant qu'ils sont des étants, s'applique aux accidents en vertu de leur essence, et non par quelque chose d'accidentel en eux. En conséquence, les accidents n'ont pas véritablement et proprement de quidité ou de définition en raison de quelque essence absolue qui leur appartiendrait. En effet, dans leur définition entre une chose d'une autre nature, la substance, qui est leur quidité; ils sont définis à partir de la définition de cette quidité-là, de la manière que nous avons dite. Il s'ensuit que, dans les accidents, la quidité n'est pas identique au 'ce que c'est', c'est-à-dire à l'accident lui-même, alors que ceci vaut pour les substances.

(2) À partir de tout ceci, il est clair que l'accident ne possède pas par soi l'essence d'une quidité absolue, mais que toute son essence se résume à être une disposition et un mode de la substance; c'est en cela qu'il diffère par soi et premièrement de la substance.

(3) On ne peut pas affirmer que l'analogie souvent mentionnée de l'accident à la substance, par laquelle l'accident est dit 'étant', revient à l'accident par le fait d'une relation essentielle, comme si c'était par une certaine inclination de l'accident à la substance, en vertu de laquelle l'accident était par son essence disposé à inhérer à la substance.

1. Aristote, *Métaphysique*, *VII, 5*, 1031a1-3, trad. J. Tricot, 1991, p. 369 : « On voit donc que c'est de la substance seule qu'il y a définition. S'il y a, en effet, définition des autres catégories, c'est nécessairement une définition par addition, comme pour la qualité et l'impair, lequel ne peut se définir sans le nombre, pas plus que la femelle sans l'animal. »

2. Aristote, *Métaphysique*, *VII, 1*, 1028a18-20. Voir note 1, p. 59.

(4) Quamvis enim talis respectus non poneret in numerum cum essentia accidentis, si quam haberet secundum se et absolute, non tamen in huiusmodi respectu seu inclinatione consisteret essentia et quiditas accidentis. Quod patet in formis materialibus et materia prima et partibus totius, quae quidem habent per suas essentias tales inclinationes seu respectus; non tamen in hoc consistit quiditas eorum, nec ex talibus respectibus sunt id, quod sunt per essentiam secundum rationem suae quiditatis, sed potius eo, quod sunt talia per essentiam, habent tales inclinationes et respectus. Respectus enim non dant essentiam nec quiditatem suis fundamentis, sed potius e converso, ratione essentiae et quiditatis fundamenti insunt tales respectus.

17. *Confirmatio dictorum per deductionem ad inconveniens secundum Philosophum*

(1) Si igitur accidens secundum se ipsum haberet essentiam secundum rationem suae propriae quiditatis praeter attributionem et analogiam ad substantiam, secundum omnia ea, quae praemissa sunt, sequeretur, quod nulla differentia esset accidentis et substantiae, immo ipsum accidens vere et complete esset substantia. Habere enim talem essentiam, id est secundum se ipsum secundum rationem propriae et absolutae quiditatis, proprium est substantiae tantum secundum Philosophum in VII *Metaphysicae*[1].

(2) Sequeretur etiam, quod ens praedicatum de accidente vel non praedicaretur de accidente per essentiam, quod est contra Philosophum in principio IV *Metaphysicae*[2], vel non praedicaretur secundum analogiam eius ad substantiam, quia in essentia eius esset sufficiens, immo perfecta ratio, qua reciperet in se praedicationem entis. Et sic ulterius concluderetur, quod aeque primo ens praedicaretur de substantia et accidente.

1. Aristoteles Latinus, *Metaphysica, VII, 4*. Vide adnotationem 1, p. 88.

2. Aristoteles Latinus, *Metaphysica, IV, 1. Recensio Guillelmi*, ed. G. Vuillemin-Diem (AL XXV 3.2), p. 67 : *Quoniam autem principia et extremas querimus causas, palam quia nature cuiusdam ipsas secundum se esse est necesse. Si ergo et entium elementa querentes hec quesierunt principia, necesse et entis elementa esse non secundum accidens sed in quantum entia.*

(4) En effet, bien qu'une telle relation ne se présenterait pas comme une chose numériquement différente de l'essence de l'accident, si celui-ci avait une essence selon soi et absolument, l'essence et la quidité de l'accident ne sauraient pourtant consister en une telle relation ou inclination. Ceci est manifeste dans le cas des formes matérielles, de la matière première et des parties du tout, qui possèdent certes par essence de telles inclinations et relations : leurs quidités ne consistent pourtant pas en cela; ce n'est pas en vertu de ces relations-là qu'elles sont ce qu'elles sont par essence et en raison de leur quidité, mais c'est plutôt parce qu'elles sont telles par essence qu'elles possèdent ces inclinations et ces relations. En effet, les relations ne confèrent pas l'essence ou la quidité à leurs fondements, mais c'est plutôt l'inverse : de telles relations sont inhérentes à leur fondement en raison de l'essence et de la quidité de celui-ci.

17. *Confirmation de ce qui a été dit, au moyen d'une démonstration par l'absurde, selon le Philosophe*

(1) Si, de soi-même, l'accident avait donc une essence en raison de sa propre quidité et à part de son attribution et de son analogie à la substance, conformément à tout ce qui a été dit auparavant il s'ensuivrait ceci : il n'y aurait aucune différence entre l'accident et la substance; bien plus encore, l'accident lui-même serait une substance, de manière véritable et complète. En effet, selon le Philosophe au livre VII de la *Métaphysique*[1], il n'appartient en propre qu'à la substance d'avoir ainsi son essence, c'est-à-dire selon soi et en raison de sa quidité propre et absolue.

(2) Il s'ensuivrait encore ceci : lorsque 'étant' est prédiqué de l'accident, ou bien il ne serait pas prédiqué par essence – ce qui est contraire au Philosophe, selon le début du livre IV de la *Métaphysique*[2] –, ou bien il ne serait pas prédiqué selon l'analogie de l'accident à la substance, car l'essence de l'accident contiendrait la raison suffisante et même parfaite en vertu de laquelle serait reçue en lui la prédication de l'étant. On pourrait donc en tirer la conclusion suivante : 'étant' est prédiqué de la substance et de l'accident selon une égale priorité.

1. Aristote, *Métaphysique*, *VII*, *4*, 1030a3-6. Voir note 1, p. 89.

2. Aristote, *Métaphysique*, *IV*, *1*, 1003a26-32, trad. J. Tricot, 1991, p. 174-175 : « Et puisque nous recherchons les principes premiers et les causes les plus élevées, il est évident qu'il existe nécessairement quelque réalité à laquelle ces principes et ces causes appartiennent en vertu de sa nature propre. Si donc ceux qui cherchaient les éléments des êtres cherchaient, en fait, les principes absolument premiers, ces éléments qu'ils cherchaient étaient nécessairement aussi les éléments de l'être en tant qu'être, et non de l'être par accident. »

(3) Ulterius etiam ex necessitate concluderetur contrarium eius, quod dicit Philosophus, quod scilicet accidentia sunt entia in eo, quod sunt entis [1]. Esset enim secundum se ipsum ens per suam essentiam absolutae et propriae quiditatis, et sic perfecte et simpliciter haberent quiditatem; et per consequens secundum se et absolute, simpliciter et perfecte haberent propriam et simpliciter definitionem. Ex quo sequeretur non esse necessarium substantiam ingredi definitionem eorum, cuius contrarium determinat Philosophus in VII versus principium [2], ubi dicit, quod substantia est prima secundum definitionem; et subiungit immediate: Necesse est enim, ut definitio substantiae accipiatur in definitione cuiuslibet rei. Et propter hoc definitio accidentis est ex additione alterius naturae, quod est substantia, ut infra determinat [3].

(4) Nec potest dici, si quis [4] vellet fingere, scilicet quod propter inesse seu inhaerere substantiae accidens habet talem definitionem quod substantia necessario ingreditur definitionem eius.

(5) Istud, inquam, stare non potest. Si enim inesse seu inhaerere substantiae est essentia accidentis, habetur propositum, scilicet quod accidens nec essentiam absolutam circumscripta substantia nec secundum se propriam quiditatem nec absque substantia definitionem habet, sicut et ipsum dictum, scilicet inhaerere substantiae, evidenter importat.

1. Aristoteles Latinus, *Metaphysica, VII, 1*. Vide adnotationem 1, p. 58.

2. Aristoteles Latinus, *Metaphysica, VII, 1. Recensio Guillelmi*, ed. G. Vuillemin-Diem (AL XXV 3.2), p. 133: *Multipliciter quidem igitur dicitur quod primum; sed substantia omnium primum, ratione et notitia et tempore. Aliorum enim cathegoreumatum nullum est separabile, hec autem sola. Et ratione autem hoc primum; necesse enim in uniuscuiusque ratione substantie rationem inesse. Et scire autem tunc singula maxime putamus, quando qui est homo cognoscimus [...].*

3. Aristoteles Latinus, *Metaphysica, VII, 5*. Vide adnotationem 1, p. 84.

4. Exempli gratia, Thomas de Aquino, *Quodl. IX, q. 3, ad 2*, ed. leon., p. 99b: *Et ideo hec non est uera diffinitio substancie: 'Substancia est quod per se est', vel <accidens>: 'Accidens est quod est in alio', set est circumlocutio uere descriptionis, que talis intelligitur: 'Substancia est res cuius nature debetur esse non in alio'; 'Accidens uero est res cuius nature debetur esse in alio'. Unde patet quod, quamuis accidens miraculose sit non in alio, non tamen pertingit ad diffinitionem substancie: non enim fit ut eius nature sit debitum esse non in alio; nec egreditur rationem accidentis, quia adhuc natura eius remanet talis ut ei debeatur esse in alio.*

(3) De plus, on devrait nécessairement conclure le contraire de cette thèse du Philosophe qui pose que les accidents sont des étants dans la mesure où ils sont [quelque chose] de l'étant[1]. L'accident serait en effet étant par soi-même, par l'essence de sa quidité absolue et propre et, de fait, les accidents auraient une quidité parfaitement et absolument; par conséquent, ils auraient une définition propre et simplement, par soi et absolument, simplement et parfaitement. Il ne serait donc pas nécessaire que la substance entre dans leur définition. Le Philosophe prouve pourtant le contraire au livre VII [de la *Métaphysique*][2], vers le début, lorsqu'il dit que la substance est première selon la définition et qu'il ajoute immédiatement ceci : il est en effet nécessaire que la définition de la substance soit comprise dans la définition de toute chose. C'est pourquoi la définition de l'accident se fait par l'addition d'une autre nature, c'est-à-dire de la substance, comme il le démontre plus loin[3].

(4) À supposer que quelqu'un[4] veuille inventer une telle explication, on ne peut non plus dire que l'accident a une définition telle que la substance y entre nécessairement, en raison de l'être d'inhérence et de l'appartenance à la substance qui caractérisent l'accident.

(5) Je dis que cet argument ne ne peut pas tenir. En effet, si l'être d'inhérence ou l'appartenance à la substance constitue l'essence de l'accident, on tient alors notre thèse : l'accident n'a pas d'essence absolue à part de la substance, il n'a pas par soi une quidité propre, et il n'a pas de définition séparément de la substance. Telle est la conclusion qu'implique avec évidence cette thèse au sujet de l'appartenance à la substance.

1. Aristote, *Métaphysique*, *VII, 1*, 1028a18-19. Voir note 1, p. 59.

2. Aristote, *Métaphysique*, *VII, 1*, 1028a32-37, trad. J. Tricot, 1991, p. 348-349 : « Nous savons qu'il y a plusieurs acceptions du terme *premier*. Toutefois, c'est la substance qui est absolument première, à la fois logiquement, dans l'ordre de la connaissance et selon le temps. En effet, d'une part, aucune des autres catégories n'existe à l'état séparé, mais seulement la substance. D'autre part, elle est aussi première logiquement, car dans la définition de chaque être est nécessairement contenue celle de la substance. Enfin, nous croyons connaître le plus parfaitement chaque chose quand nous connaissons ce qu'elle est [...]. »

3. Aristote, *Métaphysique*, *VII, 5*, 1031a2-4. Voir note 1, p. 85.

4. Par exemple, Thomas d'Aquin, *Quodl. IX, q. 3, ad 2*, ed. leon., p. 99b : « Ainsi, telle n'est pas la véritable définition de la substance : "La substance est ce qui est par soi", ni celle-ci [de l'accident] : "L'accident est ce qui est dans un autre", mais c'est une circonlocution de la véritable détermination, que l'on conçoit ainsi : "La substance est la chose à la nature de laquelle il revient de ne pas être dans un autre" ; "L'accident est la chose à la nature de laquelle il revient d'être dans un autre". Il est donc clair que, même si l'accident n'est pas dans un autre en vertu d'un miracle, il ne recoupe pas la définition de la substance : en effet, il ne se produit pas qu'il revienne alors à sa nature de ne pas être dans un autre ; on ne sort pas de la raison de l'accident, car sa nature demeure telle qu'il lui revient d'être dans un autre. »

(6) Si autem dicatur, quod inesse seu inhaerere substantiae est accidens seu proprietas accidentis habentis nihilominus secundum se suam propriam et absolutam essentiam inquantum essentia non concernendo essentialiter substantiam, tunc, cum id, quod est accidens seu proprietas alicuius entis habentis secundum se absolutam essentiam et suae essentiae quiditatem, non imponat modum vel formam vel rationem definiendi talem essentiam, manifestum est, quod ex ipsa inhaerentia ad substantiam non esset necessarium ipsum accidens ex substantia definiri, cum definitio primo et per se respiciat essentiam rei secundum rationem suae quiditatis et non secundum accidentalia eius.

(7) Praeter ea etiam, quae supra inducta sunt, sequeretur necessario, si accidens habet talem essentiam et quiditatem absolutam secundum se, non secundum analogiam ad substantiam, ut quidam fingunt[1], quod quiditas eius aeque intima et eadem est ipsi accidenti sicut quiditas substantiae ipsi substantiae, cuius contrarium ostendit Philosophus in VII *Metaphysicae*[2], scilicet quod in substantiis quiditas eadem est ei, quod quid est, id est substantiae, in accidentibus autem differunt.

(8) Haec igitur ad propositum inducta sunt ex fundamentis et sententiis philosophorum, quibus in hac parte contradicere ostendit contradicentem naturas et proprias rationes substantiae et accidentis et eorum ad invicem differentias penitus ignorare.

(9) Concluditur ergo ex inductis, quod accidens non est nisi quidam modus seu dispositio substantiae, et hoc est essentia eius in eo, quod ipsum est ens, nec habet aliquam essentiam absolutae quiditatis secundum se ipsum.

18. *Confirmatio dictorum per rationes sumptas ex proprietate seu propria ratione quiditatis, quae est vere quiditas*

(1) Quod patet etiam ex eo, quoniam, sicut proprium est solius substantiae absolutam secundum se habere essentiam et quiditatem secundum Philosophum in VII[3], sic proprium est formae substantiali et universaliter cuicumque substantiae simplici per suam essentiam esse quiditatem

1. Exempli gratia, Thomas de Aquino, *In IV Sent., dist. 12, q. 1, art. 1*, ed. M.F. Moos, p. 503, n. 52 : *Ad quintum dicendum quod cum ista accidentia habeant esse et essentias proprias, et eorum essentia non sit eorum esse, constat quod aliud est in eis esse et quod est.*

2. Aristoteles Latinus, *Metaphysica, VII, 6.* Vide adnotationem 3, p. 84.

3. Aristoteles Latinus, *Metaphysica, VII, 4.* Vide adnotationes 4, p. 86 et 1, p. 88.

(6) [Quelque défenseur de cette thèse] pourrait encore dire que l'être d'inhérence ou le fait d'inhérer à la substance est un accident ou une propriété de l'accident, mais que celui-ci a pourtant par soi une essence propre et absolue, en tant qu'il est essence, et ceci sans se rapporter à la substance essentiellement; dans ce cas, puisque l'accident ou la propriété d'un étant possédant par soi une essence absolue et la quidité de son essence n'introduit pas de mode, de forme ou de raison en vue de définir une telle essence, il est clair que, de cette inhérence de l'accident à la substance, il ne découlerait pas nécessairement que l'accident fût défini à partir de la substance; premièrement et par soi, la définition concerne en effet l'essence de la chose en raison de sa quidité et non de ses [propriétés] accidentelles.

(7) En outre, nos précédents développements impliqueraient nécessairement la conclusion suivante: si l'accident a une telle essence et une quidité absolue selon soi et non par analogie à la substance – certains le présument en effet[1] –, la quidité de l'accident sera aussi intime et identique à l'accident que la quidité de la substance à la substance. Au livre VII de la *Métaphysique*[2], le Philosophe démontre pourtant le contraire: dans les substances, la quidité est identique au 'ce que c'est', c'est-à-dire à la substance; dans les accidents, elle en diffère.

(8) Ces arguments en faveur de notre thèse sont tirés des principes et des dires des philosophes; celui qui les contredit se révèle méconnaître complètement les natures et les raisons propres de la substance et de l'accident, ainsi que leurs différences réciproques.

(9) Sur ces bases, on conclut donc [cette partie] ainsi: l'accident n'est rien d'autre qu'un mode ou une disposition de la substance, telle est son essence, en cela même qu'il est un étant; de fait, l'accident ne possède pas par soi-même l'essence d'une quidité absolue.

18. *Confirmation de ce qui a été dit au moyen d'arguments tirés de la propriété ou de la raison propre de la quidité qui est véritablement quidité*

(1) [Cette conclusion] est encore manifeste pour cette raison: selon le Philosophe au livre VII [de la *Métaphysique*][3], c'est le propre de la seule substance que d'avoir par soi une essence et une quidité absolues;

1. Par exemple, Thomas d'Aquin, *Sent. IV, dist. 12, q. 1, art. 1*, ed. M.F. Moos, p. 503, n. 52 : « Au cinquième argument, il faut répondre que, puisque ces accidents ont un être et une essence propre, et que leur essence n'est pas leur être, il est clair que, en eux, l'être est différent de ce qui est. »

2. Aristote, *Métaphysique*, *VII, 6*. Voir note 3, p. 85.

3. Aristote, *Métaphysique*, *VII, 4,* 1030a3-6. Voir notes 4, p. 87 et 1, p. 89.

aliquam absolute et essentialiter secundum se ipsam. Si igitur accidentia sint quaedam formae secundum actum substantiarum, quarum sunt accidentia, et sunt formae simplices habentes secundum se absolute suas quiditates vel sunt ipsae suae quiditates, cum sint quaedam formae, non erit differentia inter ipsa et formas substantiales, immo erunt vere formae substantiales. Nulla enim alia ratio est, quare aliquid sit forma substantialis vel substantia simplex secundum actum in sua essentia, nisi quia ipsum est essentialiter aliqua quiditas secundum actum.

(2) Ulterius autem ex hoc ipso, quod forma substantialis est essentialiter aliqua quiditas secundum actum, ipsa est formaliter constitutiva substantiae et transmutata ipsa forma est transmutativa substantiae secundum esse et definitionem. Ergo eadem ratione, cum accidens sit quaedam quiditas secundum se et absolute secundum eos, adveniens substantiae vel recedens constituit ipsam vel transmutat secundum esse et definitionem : quod patet esse falsum.

(3) Nec obstat huic deductioni, si quis diceret [1], quod differt de essentia formae substantialis et de essentia accidentis, quoniam essentia formae substantialis essentialitatem quandam sibi propriam importat, qua substantia capit suam essentiam et qua vere et simpliciter est ens; essentia autem accidentis solum quandam accidentalitatem importat, qua substantia solum aliqualiter est et secundum quid.

(4) Hoc, inquam, non obstat. Quaero enim, unde sit ista accidentalitas in essentia accidentis, quam habet secundum se secundum rationem suae absolutae quiditatis, ut dicunt. Si enim in ordine ad subiectum, cui

1. Exempli gratia, Thomas de Aquino, *Summa theologiae, I*[a]*, q. 77, art. 6,* ed. leon., p. 245-246 : *Respondeo dicendum quod forma substantialis et accidentalis partim conveniunt, et partim differunt. Conveniunt quidem in hoc, quod utraque est actus, et secundum utramque est aliquid quodammodo in actu. Differunt autem in duobus. Primo quidem, quia forma substantialis facit esse simpliciter, et eius subiectum est ens in potentia tantum. Forma autem accidentalis non facit esse simpliciter; sed esse tale, aut tantum, aut aliquo modo sa habens : subiectum enim eius est ens in actu. Unde patet quod actualitas per prius invenitur in forma substantiali quam in eius subiecto : et quia primum est causa in quolibet genere, forma substantialis causat esse in actu in subiecto.*

pareillement, il revient en propre à la forme substantielle et, en général, à toute substance simple d'être par sa propre essence une quidité absolument, essentiellement et par soi-même. Si les accidents étaient en acte des formes des substances dont ils sont les accidents, et s'ils étaient à la fois des formes simples possédant par soi et absolument leurs quidités ou s'ils étaient leurs quidités mêmes, puisqu'ils sont des formes, il n'y aurait alors plus de différence entre eux et les formes substantielles; bien plus, ils seraient véritablement des formes substantielles. Être essentiellement une quidité en acte, telle est en effet l'unique raison pour laquelle une réalité est une forme substantielle ou une substance simple en vertu d'un acte appartenant à son essence.

(2) Et bien plus encore, du fait que la forme substantielle est essentiellement une quidité selon l'acte, elle est formellement constitutive de la substance; un changement de cette forme implique donc un changement de la substance, selon l'être et la définition. Pour la même raison, si l'accident était par soi et absolument une quidité – selon ce que [ces auteurs] affirment –, en advenant à la substance ou en la quittant, il la constituerait ou la changerait selon l'être et la définition: ce qui est manifestement faux.

(3) Cette argumentation ne serait pas réfutée, si quelqu'un[1] lui objectait ceci: il y a une différence entre l'essence de la forme substantielle et l'essence de l'accident dans la mesure où l'essence de la forme substantielle suppose une essentialité qui lui est propre, en vertu de laquelle la substance possède son essence et est véritablement et absolument un étant, alors que l'essence de l'accident suppose seulement une certaine accidentalité, en vertu de laquelle la substance est seulement de quelque manière et relativement.

(4) J'affirme que cette objection n'est pas probante. Je demande en effet d'où vient cette accidentalité qui est dans l'essence de l'accident et qu'il possède par soi et en raison de sa quidité absolue – comme ils disent. Si elle réside dans l'ordre [qui lie l'accident] au sujet auquel il appartient, cette

1. Par exemple, Thomas d'Aquin, *Somme de théologie, I*[a]*, q. 77, art. 6,* ed. leon., p. 245-246 : « Je réponds : il faut affirmer que la forme substantielle et la forme accidentelle sont en partie semblables, en partie différentes. Elles se ressemblent dans la mesure où l'une et l'autre sont en acte et, selon l'une et l'autre, quelque chose est d'une certaine manière en acte. Elles diffèrent en deux points. D'abord, car la forme substantielle fait être absolument, et son sujet est l'étant seulement en puissance. Quant à la forme accidentelle, elle ne fait pas être absolument, mais être tel, ou de telle quantité, et se comporter de quelque manière; son sujet est en effet l'étant en acte. Ainsi, il est manifeste que l'actualité se trouve dans la forme substantielle avant de se trouver dans son sujet : et, comme ce qui est premier est cause dans chaque genre, la forme substantielle cause l'être en acte dans le sujet. »

inhaeret, ergo similiter talis accidentalitas inerit essentiae formae substantialis, quae inhaeret. Si autem dicatur inesse talis accidentalitas essentiae accidentis secundum se, non in ordine ad subiectum, primo apparet hoc esse falsum, quoniam secundum hoc nulla esset differentia inter substantiam et accidens. Habere enim sic essentiam absolutae quiditatis secundum se solius substantiae est, ut dicit Philosophus in VII *Metaphysicae*[1], cuius ratio est, quia in tali essentia absolutae quiditatis secundum se nulla potest cadere accidentalitas, cum totum, quidquid est in ea, sit unum et ens per se et essentialiter et per consequens vere ens per se, quod convenit substantiae.

(5) Si igitur eorum positioni adiungatur, quod ipsum accidens est actus quidam et forma et secundum veram rationem et proprietatem substantiae, quod sequitur secundum Philosophum ex eorum positione, necessario sequitur, quod adveniens alicui constituit ipsum substantialiter et transmutatum transmutat secundum esse et definitionem.

(6) Praeterea eorum positione retenta aut advenit alicui substantialiter aut accidentaliter. Si substantialiter, ergo constituit unum et ens substantialiter ratione iam dicta. Si autem accidentaliter, ergo ipsum non intimatur essentiae eius, cui advenit, nec essentia talis intimatur essentiae eius. Sequitur ergo, quod secundum rationem suae essentiae sit quid separatum, et cum sit ipsum forma simplex carens partibus in sua essentia, ipsum totum sibi ipsi toti praesens est et se toto se totum penetrat essentialiter : ergo ipsum per essentiam est intellectus in actu. Omne enim, quod totum se toto ad se ipsum se habet, ut dictum est, est per essentiam intellectus, quia per hoc distinctum et separatum est ab omni alia natura et est omnino simplex ea simplicitate, quae constituit essentiam intellectus.

(7) Praeterea secundum eorum positionem cum accidens sit forma simplex et actus absolutae quiditatis in se et secundum se ipsum per suam essentiam, non est nisi quaedam quiditas simpliciter; omne autem tale adveniens alicui formaliter facit ipsum vere quid et ens simpliciter :

1. Aristoteles Latinus, *Metaphysica*, *VII, 4.* Vide adnotationes 4, p. 86 et 1, p. 88.

accidentalité sera aussi et de la même manière inhérente à l'essence de la forme substantielle qui appartient [à ce sujet]. [Ces auteurs] pourraient encore répondre que cette accidentalité est inhérente à l'essence de l'accident par soi et non dans son ordre au sujet. Or ceci est faux, d'abord pour la raison suivante : selon cet argument, il n'y aurait plus de différence entre substance et accident. En effet, il appartient à la seule substance de posséder ainsi l'essence d'une quidité absolue par soi, comme le dit le Philosophe au livre VII de la *Métaphysique*[1]. En voici la raison : aucune accidentalité ne peut échoir à une telle essence de quidité absolue par soi, car le tout qui la constitue est un et étant par soi et essentiellement, et, par conséquent, étant véritable et par soi qui revient à la substance.

(5) Si l'on ajoutait donc à leur thèse que l'accident lui-même est un certain acte et une certaine forme, selon la raison et la propriété véritables de substance, – ce qui découle de leur thèse suivant [la doctrine] du Philosophe –, il s'ensuit nécessairement que, lorsqu'il échoit à quelque chose, l'accident la constitue substantiellement et que, lorsqu'il est changé, il la change selon l'être et la définition.

(6) En outre, si l'on retient leur thèse, quelque chose peut échoir à une autre ou bien substantiellement ou bien accidentellement. Si elle lui échoit substantiellement, elle constitue substantiellement une unité et un étant, pour la raison que nous avons déjà dite. Si elle lui échoit accidentellement, elle n'entre pas dans la constitution intime de l'essence de la chose à laquelle elle échoit, et cette essence n'entre pas dans la constitution intime de l'essence [de cette chose accidentelle]. Il s'ensuivrait donc que celle-ci serait quelque chose de séparé en raison de son essence et, comme elle serait une forme simple, sans partition de son essence, elle serait, tout entière, présente à soi-même comme tout et, tout entière, elle se confondrait essentiellement avec soi-même comme tout ; elle serait donc par essence un intellect en acte. En effet – nous l'avons dit –, ce qui, tout entier, se rapporte à soi-même comme un tout à un tout est un intellect par essence, car, de ce fait, il est distinct et séparé de toute autre nature, et il est tout à fait simple, de cette simplicité qui constitue l'essence de l'intellect.

(7) En outre, puisque, selon leur thèse, l'accident est une forme simple et l'acte d'une quidité absolue en soi, selon soi et en vertu de sa propre essence, il n'est rien d'autre qu'une quidité absolument. Or, lorsqu'elle échoit à quelque chose, une quidité de cette sorte la constitue formellement en un véritable quelque chose et en un étant absolument ; la substance serait

1. Aristote, *Métaphysique*, *VII, 4*, 1030a3-6. Voir notes 4, p. 87 et 1, p. 89.

ergo substantia per informationem accidentis esset vere et simpliciter quid et ens : quod patet esse falsum.

(8) Praeterea nullum ens absolutae essentiae et quiditatis secundum se invenitur in natura absque aliqua propria sibi operatione : omne enim ens est propter suam operationem, alias esset frustra in natura secundum Philosophum[1]. Omne autem ens absolutae essentiae et quiditatis non operatur nec agit nisi effective eliciendo ipsam actionem secundum eum modum, quo substantiae proprium est agere vel pati. Quod contingit dupliciter : uno modo, ut sit substantia completa in esse stans per se sine fulcimento alicuius alterius, ut homo, lapis; alio modo, ut sit substantialiter principium substantiae agentis, ut forma substantialis, puta anima hominis, forma lapidis. Sed isti duo modi non ponunt in numerum : tota enim substantia dicto modo composita agit, in qua totalitate forma, quae est substantialiter principium talis substantiae, principalitatem tenet in eliciendo effective talem actionem. Et iste modus, videlicet effective elicere actionem, est proprius substantiae[2]; et sic assignatur proprium esse substantiae agere et pati, nec convenit substantiae, nisi inquantum est absolutae essentiae et quiditatis secundum se.

(9) Accidens autem non est sic elicitivum actionis, videlicet effective, sed est quoddam principium seu ratio agendi ei, quod simpliciter et vere effective elicit actionem, quod est substantia. Unde Philosophus in libro *De sensu et sensato* dicit[3], quod ignis et aqua et similia non agunt in eo, quod ignis et aqua, sed in eo, quod calidum vel frigidum. Quod pro tanto inductum est, quod appareat, quod Philosophus manifeste distinguit inter eum modum, quo substantia est principium actionis, scilicet effective eliciendo; accidens autem qualitative est ratio et principium extrinsecum qualitativum, quo agit substantia. Hoc autem nequaquam competeret accidenti, si ipsum haberet talem absolutam suae essentiae quiditatem, unde ageret

1. Aristoteles Latinus, *De caelo et mundo II, 3*. Vide adnotationem 1, p. 72.

2. Aristoteles Latinus, *De generatione et corruptione*, I, 6.

3. Aristoteles Latinus, *De sensu et sensato, 4, in* Thomas de Aquino, *Sentencia libri de sensu et sensato*, ed. leon., p. 52b : *Calidum enim augmentat, et struit nutrimentum, eo quod leue quidem attrahat, amarum autem et salsum relinquat propter grauedinem. Quod itaque facit in exterioribus corporibus exterior calor, hoc qui in natura animalium et plantarum [...].*

donc véritablement et absolument un 'ce que' et un étant par l'information de l'accident, ce qui est manifestement faux.

(8) En outre, dans la nature, on ne trouve aucun étant jouissant d'une essence absolue et d'une quidité selon soi sans avoir d'opération propre; en effet, tout étant existe en vue de son opération, sinon il serait en vain dans la nature, selon le Philosophe[1]. Or, tout étant jouissant d'une essence et d'une quidité absolues n'opère et n'agit qu'en produisant effectivement son action, à la manière dont il est le propre de la substance d'agir ou de pâtir. Cela se produit de deux manières : premièrement, de sorte que [cet étant] soit une substance complète dans son être, qui se maintient par soi sans fondement dans autre chose, comme l'homme, la pierre; deuxièmement, de sorte qu'il soit substantiellement principe de la substance agissante, en tant que forme substantielle, par exemple en tant qu'âme de l'homme, forme de la pierre. Ces deux modes n'introduisent pourtant pas de distinction numérique; en effet, c'est toute la substance composée de cette manière qui agit; au sein de cette totalité, la forme qui est substantiellement principe de la substance tient le rôle principal dans la production effective de l'action. Or ce mode qui consiste à produire effectivement une action est propre à la substance; ainsi, on considère l'agir et le pâtir comme les propres de la substance[2]; ils ne reviennent à la substance que dans la mesure où elle jouit d'une essence absolue et d'une quidité selon soi.

(9) Par contre, l'accident n'est pas producteur d'une action de cette manière-là, à savoir effectivement, mais il est un principe ou une raison d'agir qui appartient à ce qui produit effectivement l'action de manière absolue et véritable, c'est-à-dire la substance. Dans le traité *Du sens et du senti*[3], le Philosophe dit ainsi que le feu, l'eau et les [éléments] semblables n'agissent pas en tant que feu et eau, mais en tant que chaud et froid. Nous rapportons ce propos pour faire apparaître ceci : le Philosophe distingue manifestement entre la manière dont la substance est principe d'action, c'est-à-dire en produisant effectivement, et la manière dont l'accident est une raison qualitative et un principe qualitatif extrinsèque, par lequel agit la substance. Or ce second mode ne caractériserait aucunement l'accident si celui-ci avait une quidité absolue propre à son essence, en vertu de laquelle

1. Aristote, *Du ciel et du monde*, *II*, *3*, 286a8-9. Voir note 1, p. 73.

2. Aristote, *De la génération et de la corruption*, I, 6, 322b16-19.

3. Aristote, *Du sens et du senti*, *4*, 442a5-7, trad. P.-M. Morel, 2000, p. 81 : « Ainsi, le chaud provoque la croissance et travaille à la nutrition; il attire le léger et laisse de côté le salé et l'amer à cause de leur poids. Donc, l'effet que le chaud externe produit sur les corps externes, les animaux et les plantes le subissent à cause du chaud inhérent à leur nature. »

necessario modo substantiae, scilicet effective eliciendo actionem, vel ipsum esset frustra in natura, quia non competeret sibi aliqua propria operatio.

(10) De natura igitur et propria ratione substantiae et accidentium, quae sunt in aliquo genere praedicamentali, tanta dicta sint.

19. *Quaestio de accidentibus in generali et eius responsio, videlicet utrum accidens possit aliqua virtute hoc agente esse sine subiecto*

(1) Si autem iuxta praedicta quaeratur, utrum accidens quacumque virtute hoc agente possit esse sine subiecto et in sua essentia per se stare absque omni fulcimento alterius naturae, respondendum simpliciter absque omni distinctione, quod non.

(2) Solent autem communiter distinguere de existentia accidentis, utrum videlicet agatur de existentia eius secundum naturam; et tunc dicunt, quod accidens esse et existere sine subiecto est omnino impossibile[1]. Si autem quaeratur, utrum possit esse sine subiecto virtute supernaturali, divina scilicet hoc agente, concedunt simpliciter, quod possibile est ea esse sine subiecto et stare in se in sua propria essentia, et quod hoc aliquando contingit[2].

1. Exempli gratia, Thomas de Aquino, *In libros Aristotelis Physicorum, I, lect. 3, 21; I, lect. 12, 107; IV, lect. 3, 429.*

2. Exempli gratia, Thomas de Aquino, *Contra Gentiles IV, cap. 65*, n. 3 : *Nec est impossibile quod accidens virtute divina subsistere possit sine subiecto. Idem enim est iudicandum de productione rerum, et conservatione earum in esse. Divina autem virtus potest producere effectus quarumcumque causarum secundarum sine ipsis causis secundis [...].* Vide etiam : Thomas de Aquino, *Quodlibet IX, q. 5; Quodlibet I, q, 22; Quodlibet III, q. 1; ST III*ª*, q. 77, art. 1.* Aegidius Romanus, *Theoremata de corpore Christi, prop. 40,* Romae 1554/5 [réimpr. : Frankfurt, Minerva, *Opera exegetica Opuscula I*], 27vbB : *Non ergo formaliter verum est, quod accidentis esse est inesse, sed causaliter solum, quia accidens non conservatur in suo esse, nisi per subiectum, cui inest. Et quia in haerendo subiecto habet esse, et in esse conservatur, ideo dictum est accidentis esse est inesse. Est ergo ordo naturalis, ut accidens conservetur in esse per subiectum, et non sit, nisi insit. Solus ergo ille, in quo reservatur totus ordo secundorum agentium, et qui ordinem rebus naturaliter inditum immutare potest pro suo libertatis arbitrio, et potest facere sine causa secunda, quod potest facere cum causa secunda, poterit quantitatem sine subiecto conservare.*

il agirait nécessairement, à la manière de la substance, c'est-à-dire en produisant effectivement une action, à moins que l'accident ne soit en vain dans la nature, car aucune opération propre ne lui conviendrait.

(10) En voilà assez sur la nature et la raison propre de la substance et des accidents qui appartiennent à un genre catégoriel.

19. *La question des accidents en général et sa réponse : l'accident peut-il être sans sujet par l'action de quelque puissance ?*

(1) Compte tenu de ces considérations, à la question qui demande si, par l'action de quelque puissance, l'accident peut être sans sujet et demeurer par soi, en son essence, sans aucun fondement dans une autre nature, il faut répondre que non, absolument et sans distinction possible.

(2) Au sujet de l'existence de l'accident, [ces auteurs], parlant communément, distinguent d'habitude ainsi : s'il s'agit de son existence selon l'ordre naturel, ils affirment qu'il est tout à fait impossible que l'accident soit et existe sans sujet[1] ; lorsqu'on leur demande pourtant s'il peut être sans sujet en vertu d'une puissance surnaturelle, c'est-à-dire par l'action de Dieu, ils admettent parfaitement qu'il peut être sans sujet et demeurer en soi, en sa propre essence, et que ceci se produit parfois[2].

1. Par exemple, Thomas d'Aquin, *Commentaire de la Physique, I, leçon 3, 21 ; I, leçon 12, 107 ; IV, leçon 3, 429.*

2. Par exemple, Thomas d'Aquin, *Somme contre les Gentils IV, c. 65*, n. 3, trad. D. Moreau, 1999, p. 322 : « Il n'est pas impossible que, par le pouvoir divin, un accident puisse subsister sans sujet. En effet, il faut juger de la conservation des choses dans l'être comme de leur production. Or le pouvoir divin peut produire les effets de toutes les causes secondes sans ces causes secondes elles-mêmes […]. » Voir aussi : Thomas d'Aquin, *Quodlibet IX, q. 5 ; Quodlibet I, q, 22 ; Quodlibet III, q. 1 ; ST III*[a]*, q. 77, art. 1.* Gilles de Rome, *Théorèmes sur le corps du Christ, prop. 40,* Romae 1554/5 [réimpr. : Frankfurt, Minerva, *Opera exegetica Opuscula I*], 27vbB : « Il n'est donc pas formellement vrai que l'être de l'accident est l'être d'inhérence, mais cela n'est vrai que causalement ; en effet, l'accident n'est conservé dans son être que par le sujet auquel il inhère. Et, parce qu'il a l'être et qu'il est conservé dans l'être en inhérant au sujet, on dit que l'être de l'accident est l'être d'inhérence. Il entre donc dans l'ordre naturel que l'accident soit conservé dans l'être par le sujet, et qu'il ne soit pas sans être inhérent. Ainsi, ne pourra conserver la quantité sans sujet que celui de qui dépend tout l'ordre des agents seconds, celui qui peut changer par son libre arbitre l'ordre naturellement inscrit dans les choses, et qui peut faire sans la cause seconde ce qu'il peut faire avec elle. »

20. *Rudis quorundam responsio et eius destructio*

(1) Fuerunt etiam alii quidam moderni temporis, qui dixerunt accidens etiam per naturam seu naturaliter posse esse sine subiecto[1], ostentantes ruditatem positionis suae tali exemplo.

(2) Sint duo angeli beati aliquo spatio inter se distantes, spatio, inquam, intercepto inter A et B; et ponatur, quod angelus existens in A illuminet angelum existentem in B : non enim loci distantia impedit illuminationes angelorum. Illuminatio igitur activa, secundum quod est in angelo illuminante, est forma quaedam habens se per modum habitus et quietis; similiter illuminatio passiva, quae est in angelo illuminato, est aliqua forma quiescens in ipso. Illuminatio igitur, secundum quod est in transitu et in fluxu inter illuminantem et illuminatum, in neutro eorum est : ergo in spatio medio erit, quia non potest esse nusquam; sed corpus, quod est in illo spatio medio, non potest esse subiectum talis fluentis illuminationis : ergo talis illuminatio erit in illo spatio sine subiecto.

(3) Ad istud autem respondere sollicitum esse quemcumque intelligentem inconveniens est. Tamen ut et sapientibus et insipientibus morem geramus[2], dicendum, quod, sicut dicit Philosophus in III *Physicorum*[3], quod actio et passio sunt unus et idem motus in mobili, sic illuminatio actio

1. Exempli gratia Galfridus de Aspal, *Quaestiones super Physicam* [ms. Oxford, Merton College, 272, ff. 88ra-118vb], 91rb, *in* S. Donati, « *Utrum accidens possit existere sine subiecto.* Aristotelische Metaphysik und christliche Theologie in einigen ungedruckten Physikkomentaren des ausgehenden 13. Jahrhunderts », *in* J.A. Aertsen, K. Emery, A. Speer (éds), *Nach der Verurteilung von 1277. Philosophie und Theologie an der Universität von Paris im letzten Viertel des 13. Jahrhunderts,* Berlin-New York, W. de Gruyter ("Miscellanea Mediaevalia, 28"), 2001, p. 591-592 : *Sit A corpus celeste, B lux, C autem quod recipit lucem; sed corpus celeste communicat lucem cum ista re, nullam substantiam suam communicando; ergo lux est accidens. Quod autem sit sine subiecto patet, quia nullum accidens transmutatur; ergo lux non transmutabitur; ergo recedente una parte aeris, remanebit adhuc lux, et ita erit sine subiecto.*

2. *Rom. I, 14.*

3. Aristoteles Latinus, *Physica, III, 3. Translatio Vaticana*, ed. A. Mansion (AL VII. 2), p. 105 : *[...] et motivi autem actus non aliud est; oportet quidem enim inesse actum utriusque; mobile quidem enim inest in ipso posse, movens autem in ipso agere, sed activum est mobilis, quare similiter unus utrisque actus, sicut idem spatium est unum ad duo et ad duo unum, et ascendentes et descendentes; hec enim unum quidem sunt, ratio tamen non una; similiter autem est et in movente et moto.*

20. *Une solution grossière et sa destruction*

(1) Il y a eu encore d'autres auteurs en ces temps modernes, qui ont affirmé que l'accident peut être sans sujet aussi par nature ou naturellement[1] ; avec l'exemple suivant, ils ont bien manifesté la grossièreté de leur doctrine :

(2) Soit deux anges bienheureux que distancie un certain espace, disons l'espace qui s'interpose entre les points A et B. Supposons que l'ange existant au point A illumine l'ange existant au point B ; – la distance spatiale n'empêche en effet pas les illuminations angéliques. L'illumination active, dans la mesure où elle est dans l'ange illuminant, est donc une forme qui se comporte sur le mode de la disposition et du repos ; de même, l'illumination passive qui est dans l'ange illuminé est une forme reposant en lui. Dans la mesure où elle transite et flue entre l'illuminant et l'illuminé, l'illumination n'est donc dans aucun de ces deux-là; elle sera donc dans l'espace intermédiaire, car elle ne peut pas être nulle part. Or le corps qui occupe cet espace intermédiaire ne pourra être le sujet d'un tel flux lumineux. Cette illumination sera donc sans sujet dans cet espace.

(3) Il est malséant de demander à n'importe qui d'intelligent de répondre à cet argument. Pourtant, puisqu'il faut édifier les sots comme les sages[2], voici ce qu'il faut rétorquer : comme le dit le Philosophe au livre III de la *Physique*[3], l'action et la passion sont un seul et même mouvement dans le mobile; de même l'illumination comme action

1. Par exemple chez Geoffroy d'Aspall, *Questions sur la Physique* (avant 1265 selon S. Donati) [ms. Oxford, Merton College, 272, ff. 88ra-118vb], 91rb cité à partir de S. Donati, « *Utrum accidens possit existere sine subiecto.* Aristotelische Metaphysik und christliche Theologie in einigen ungedruckten Physikkomentaren des ausgehenden 13. Jahrhunderts », *in* J.A. Aertsen, K. Emery, A. Speer (éds), *Nach der Verurteilung von 1277. Philosophie und Theologie an der Universität von Paris im letzten Viertel des 13. Jahrhunderts,* Berlin-New York, W. de Gruyter ("Miscellanea Mediaevalia, 28"), 2001, p. 591-592 : « Soit A un corps céleste, B la lumière, C ce qui reçoit la lumière ; or le corps céleste communique la lumière à cette chose en ne communiquant aucunement sa substance ; la lumière est donc un accident. Or il est bien clair que celui-ci est sans sujet, car aucun accident n'est changé ; la lumière ne sera donc pas changée ; ainsi, une partie de l'air se retirant, la lumière demeurera et sera de fait sans sujet. »

2. *Rom. I, 14.*

3. Aristote, *Physique, III, 3,* 202a15-21, 202b19-21, trad. P. Pellegrin, 2000, p. 167-168 : « Et l'acte de ce qui meut n'est pas autre chose – car il faut bien qu'il y ait une entéléchie commune aux deux - ; en effet, il est ce qui peut mouvoir par sa capacité, et il est moteur par son acte, mais il peut actualiser le mobile, de sorte qu'il y a un seul acte pour les deux à la manière dont c'est le même intervalle qu'il y a entre un et deux et entre deux et un, et à la manière de la montée et de la descente. Car toutes ces choses sont une, bien que leurs définitions ne soient pas une. Et il en est de même en ce qui concerne le moteur et le mû. »

et illuminatio passio sunt una transmutatio in illuminato, quae, cum sit instantanea, idem est in ea fieri et factum esse. Nec etiam est inter angelos distantia localis, ut supponebat, et sic non oportet ibi distinguere inter illuminationem, quae sit in fieri et in fluxu per medium, et eam, quae est in facto esse, cum tota realitas et entitas eius sit in illuminato in facto esse, ut dictum est.

(4) Convenit etiam accidenti in eo, quod accidens, per se inesse subiecto : contra quod peccat dicta positio. De hoc autem quantum ad generalem rationem inessendi accidens subiecto infra dicetur.

21. *Vera responsio in speciali determinans, quod accidentia nullo modo possunt esse sine subiecto, sive pertineant ad primum sive ad secundum modum per se*

(1) Ad intentionem autem propositae investigationis, utrum videlicet accidens quacumque virtute agente seu conservante possit esse sine subiecto, considerandum primo, quod ea, quae sunt per se primo et secundo modo per se, quos enumerat Philosophus in libro *Posteriorum*[1], simpliciter et omnibus modis est impossibile non inesse his, quibus conveniunt per se. Radicatur autem et fundatur haec impossibilitas in primo impossibili, quod importatur in primo omnium principio naturae, videlicet quod impossibile est aliquid simul esse et non esse[2], et in primo principio artis, scilicet quod de quolibet affirmatio vel negatio vera et non simul ambo[3].

1. Aristoteles Latinus, *Analytica Posteriora, I, 4. Recensio Guillelmi*, ed. L. Minio-Paluello, B.G. Dod (AL IV 1-4), p. 289 : *Per se autem sunt quecumque insunt in ipso quod quid est, ut triangulo linea et linee punctus (substantia enim eorum est ex hiis), et insunt in ratione dicente quid est, et quibuscumque eorum que insunt ipsis ipsa insunt in ratione quid est demonstranti, ut rectum inest linee et circulare, et par et inpar numero, et primum et compositum et equilaterum, et altera parte longius, et omnibus hiis insunt in ratione quid est dicente hic quidem linea, ibi vero numerus.*
2. Aristoteles Latinus, *Metaphysica, IV, 3.*
3. Aristoteles Latinus, *Topica, VI, 6 ; Analytica Posteriora, I, 1.*

et l'illumination comme passion sont un seul changement dans l'illuminé; étant instantané, ce changement constitue à la fois un devenir et un être devenu. De plus, il n'y a pas de distance spatiale entre les anges, contrairement à ce que supposait l'argument évoqué; il ne convient donc pas de distinguer entre l'illumination qui consiste en un devenir dans le flux intermédiaire, et l'illumination qui réside dans ce qui a été produit; en effet, toute la réalité et toute l'entité propre à cette illumination réside dans l'illuminé, dans ce qui a été produit, comme il a été dit.

(4) Il revient aussi à l'accident en tant qu'accident d'être par soi inhérent à un sujet – thèse contre laquelle pèche la position évoquée. Nous parlerons plus tard de ceci, en traitant de la raison générale de l'inhérence de l'accident au sujet.

21. *Vraie réponse. Que les accidents ne peuvent en aucune manière être sans sujet, qu'ils appartiennent au premier ou au second mode du par soi*

(1) Pour le bon déroulement de cette enquête, qui porte sur la possibilité pour l'accident d'être sans sujet par l'action ou la conservation de quelque puissance, il faut d'abord voir ceci : les [propriétés] par soi, selon le premier et le second mode du 'par soi' que mentionne le Philosophe dans le livre des *Analytiques postérieurs*[1], ne peuvent absolument et de toutes les manières pas ne pas être inhérentes aux [étants] auxquels elles reviennent par soi. Cette impossibilité est enracinée et fondée dans le premier type d'impossibilité, qui est impliqué par le premier de tous les principes de la nature : il est impossible que quelque chose soit et ne soit pas en même temps[2]; cette impossibilité est aussi impliquée par le premier principe de l'art : pour toute [proposition], soit l'affirmation, soit la négation est vraie, et non les deux à la fois[3].

1. Aristote, *Analytiques postérieurs, I, 4,* 73a35-b4, trad. P. Pellegrin, 2005, p. 83 : « Est dit appartenir "par soi" à une chose tout ce qui lui appartient comme élément de son "ce que c'est", par exemple la ligne appartient par soi au triangle, et le point à la ligne (en effet l'essence des seconds est constituée des premiers, et les premiers sont contenus dans l'énoncé qui dit ce que sont les seconds). On parle aussi d'inhérence "par soi" dans tous les cas où des choses appartiennent à d'autres, lesquelles sont contenues dans la formule qui montre ce que sont les premières, par exemple le rectiligne et le courbe appartiennent par soi à la ligne, et l'impair et le pair, le premier et le divisible, le carré et l'oblong appartiennent par soi au nombre. Et toutes ces choses contiennent dans la formule qui dit ce qu'elles sont, les unes "ligne", les autres "nombre". »

2. Aristote, *Métaphysique, IV, 3,* 1005b19-20.

3. Aristote, *Topiques, VI, 6,* 143b15-16 ; *Analytiques postérieurs, I, 1,* 71a13-14.

(2) Tale autem impossibile accideret, si ponatur aliquid eorum, quae sunt per se primo vel secundo modo per se, non inesse ei, cuius est per se. Quantum enim ad primum istorum modorum per se, ut si ponatur homo esse et ponatur, quod non sit animal vel rationale, vel removeatur tota definitio, scilicet animal rationale, sequeretur necessario, quod homo sit et non sit. Nihil est enim homo per essentiam nisi animal rationale : ergo posito uno eorum in esse et remoto alio sequitur idem esse et non esse et importabitur contradictio, quod est primum omnium impossibilium et in quod omnia impossibilia reducuntur. Unde nulla virtute sive naturali sive supernaturali possunt talia non inesse his, quorum sunt per se.

(3) Convenit autem hoc universaliter definitioni et definito, ut ab invicem separari non possint, cum in utroque istorum importetur unum et idem per essentiam. Igitur et in his, quae sunt secundi modi per se, eodem modo se habet. In his enim subiectum cadit in definitione passionis secundum eum modum, quod eadem est definitio subiecti et passionis dicens quid est subiectum et propter quid passionis. In huiusmodi igitur posito subiecto in esse necessario ponitur eius definitio; posita autem hac definitione, cum ipsa eadem sit passionis, passione posita non inesse sequitur idem esse et non esse et contradictio circa idem, quod simpliciter et omnibus modis est impossibile, ut si poneretur definitio dicens propter quid par vel impar in numero et cum hoc par vel impar a numero removeretur.

(4) Similiter autem se habet quantum ad alia accidentia positiva in natura, quae per se sunt in aliquo genere praedicamentorum, ut quantitas, qualitas et cetera genera et species eorum. In his enim ea, quae cadunt in definitione eorum, pertinent ad primum modum dicendi per se, inquantum ea, quae cadunt in definitione eorum, et ipsa definitio dicitur de ipsis et convenit eis per se. Cadit autem secundum hoc substantia in definitione eorum, sine qua impossibile est aliquid ipsorum definiri, sicut dicit Philosophus in VII [1], cuius ratio est, quia tota essentia cuiuslibet eorum est

1. Aristoteles Latinus, *Metaphysica, VII, 1*; *VII, 5*. Vide adnotationes 1, p. 84 et 2, p. 106.

(2) Or une telle impossibilité se produirait si l'on posait que l'une de ces [propriétés] par soi selon le premier ou le second mode du 'par soi' n'est pas inhérente à ce dont elle est [une propriété] par soi. En ce qui concerne le premier de ces modes du 'par soi', si l'on posait par exemple que l'homme est et, à la fois, que l'animal ou le doué de raison ne sont pas, ou si l'on supprimait la définition entière – 'animal doué de raison'–, il s'ensuivrait nécessairement que l'homme est et n'est pas. En effet, par essence l'homme n'est rien d'autre qu'animal doué de raison. Si l'on posait donc l'une de ces [parties] dans l'être et que l'on écartait l'autre, il s'ensuivrait que la même chose est et n'est pas, et une contradiction serait impliquée : il s'agirait du premier type d'impossibilité auquel sont reconduites toutes les autres impossibilités. C'est pourquoi aucune puissance, naturelle ou surnaturelle, ne peut faire que de telles [propriétés] ne soient pas inhérentes à ce à quoi elles appartiennent par soi.

(3) Ceci vaut universellement pour la définition et le défini : ils ne peuvent être séparés l'un de l'autre, car dans chacun d'eux est supposée une seule et même [chose] par essence. En ce qui concerne les propriétés appartenant au second mode du 'par soi', il en va donc de même. Dans leur cas, le sujet tombe dans la définition de la passion, comme suit : la définition du sujet et celle de la passion, celle qui dit ce qu'est le sujet et celle qui dit le 'en raison de quoi' de sa passion, sont une même définition. Dans ce cas, lorsque le sujet est posé dans l'être, sa définition est nécessairement posée ; or si l'on pose cette définition et si l'on pose que la passion n'est pas inhérente [au sujet], puisque cette définition est aussi la définition de la passion, il s'ensuivrait que la même chose est et n'est pas, et il y aurait une contradiction au sujet de la même chose ; en effet, il est impossible, absolument et de toutes les manières, de poser, par exemple, la définition qui dit pour quelle raison le pair ou l'impair est dans le nombre et, en même temps, d'écarter le pair et l'impair du nombre.

(4) Il en va de même pour les autres accidents, qui sont par mode de position dans la nature et qui appartiennent par soi à un genre de catégories, comme la quantité, la qualité, et tous leurs genres et leurs espèces. Ce qui tombe dans leur définition appartient au premier mode de la prédication 'par soi', dans la mesure où ce qui tombe dans leur définition et leur définition elle-même sont dits à leur sujet et leur reviennent par soi. Or, la substance tombe en ce sens dans leur définition ; sans elle, il serait impossible de définir aucun d'eux, comme le dit le Philosophe au livre VII [de la *Métaphysique*][1]. En voici la raison : l'essence entière de chacun d'eux est

1. Aristote, *Métaphysique*, *VII*, *1*, 1028a35-36 ; *5*, 1031a2-4. Cf. notes 1, p. 85 et 2, p. 107.

esse dispositionem substantiae, ut supra ostensum est, et sunt entia, quia sunt entis veri, quod est substantia, ut ibi dicit in principio VII[1]. Posito igitur aliquo istorum accidentium in esse, puta quantitate, qualitate vel quolibet alio, et remota definitione cuiuslibet eorum indicante, quod ipsum est per essentiam dispositio substantiae, et concesso, quod ipsum non sit aliqua dispositio substantiae, cum tamen ipsum tale accidens ponatur esse in actu, implicat contradictionem. Igitur nulla virtute vel naturali vel supernaturali potest hoc fieri, ut tale accidens sit actu sine subiecto.

22. *Remotio quarundam cavillationum obnitentium determinatae veritati*

(1) Nec obstat hoc, quo aliqui suam positionem nituntur defendere[2] dicentes, quod inesse subiecto est accidentale accidenti, scilicet quantitati, qualitati et aliis; potest autem supernaturali virtute separari res et poni in esse sine suo accidente; igitur supernaturali saltem virtute potest esse quantitas vel qualitas ita, quod non insint alicui subiecto.

(2) Sed dicendum ad istud, quod concesso, quod inesse subiecto sit accidentale quantitati vel qualitati, est tamen accidentale, sicut proprium et per se passio dicitur accidens vel accidentale, ut par et impar numero. In quibus attenditur hoc, videlicet quod eadem est definitio dicens quid est subiecti et propter quid passionis, et sunt secundi modi dicendi per se: essentia enim accidentis cuiuscumque est esse dispositionem

1. Aristoteles Latinus, *Metaphysica, VII, 1.* Vide adnotationem 1, p. 58.

2. Exempli gratia : Aegidius Romanus, *Theoremata de corpore Christi, prop. 40,* Romae 1554/5 [réimpr. : Frankfurt, Minerva, *Opera exegetica Opuscula I*], 27vbB. Vide adnotationem 2, p. 116. Vide etiam : Simon de Faversham, *Quaestiones super Physicam* [ms. Erfurt, Wiss. Bilb. der Stadt, Ampl. F. 348, ff. 1ra-69rb], 8rb *in* S. Donati, « *Utrum accidens possit existere sine subiecto...* », 2001 (vide supra adnotationem 1, p. 118), p. 613 : *Unde illi qui ponunt quod inhaerentia accidentis sit de eius essentia ponunt contra fidem; oportet enim ponere accidens esse sine subiecto in consecratione corporis Christi.* Vide etiam : Henricus de Gandavo, *Quodlibet X, q. 8,* ed. R. Macken, p. 205 : *Et similiter in composito per accidens ex substantia et accidente, quotquot sunt in eo essentiae diversae substantiae et accidentis, tot sunt in eo esse utroque modo. Si enim accidens non haberet esse proprium in subiecto, sed solum esse subiecti, nullo modo compositum esset unum ens per accidens.*

d'être une disposition de la substance, comme il a été montré auparavant; et ils sont des étants, parce qu'ils sont [quelque chose] de l'étant véritable, c'est-à-dire de la substance, comme il le dit au début de ce même livre VII[1]. Il est donc contradictoire de poser l'un de ces accidents dans l'être – par exemple une quantité, une qualité ou n'importe quel autre accident – et d'écarter la définition de chacun d'eux, qui signifie qu'il est par essence une disposition de la substance, de concéder qu'un tel accident n'est pas une disposition de la substance alors même qu'il est supposé être en acte. Ainsi, aucune puissance, naturelle ou surnaturelle, ne peut faire qu'un tel accident soit en acte sans sujet.

22. *Réfutation des raisonnements captieux qui s'opposent à la vérité déterminée*

(1) Cette thèse n'est pas invalidée par [l'argument suivant], au moyen duquel certains s'efforcent de défendre leur position[2] : d'être inhérent à un sujet est accidentel à l'accident, c'est-à-dire à la quantité, à la qualité et aux autres accidents; or [selon eux] une chose peut être séparée de son accident par une puissance surnaturelle et maintenue dans l'être; la quantité ou la qualité peuvent donc être sans être inhérentes à un sujet, du moins en vertu d'une puissance surnaturelle.

(2) Voici comment il faut répondre. Je concède que l'inhérence à un sujet revienne accidentellement à la quantité ou à la qualité, elle est pourtant accidentelle comme le propre et la passion par soi sont dits 'accidents' ou 'accidentels', comme le pair et l'impair [reviennent 'accidentellement'] au nombre. Dans ce cas, voici ce qui est digne d'attention : c'est la même définition qui dit ce qui appartient au sujet et le 'en raison de quoi' de la passion, et ces [définitions] appartiennent au second mode de la prédication par soi. En effet, l'essence de tout accident est d'être une disposition

1. Aristote, *Métaphysique*, *VII, 1*, 1028a18-19. Cf. *supra*, note 1, p. 58.

2. Par exemple : Gilles de Rome, *Théorèmes sur le corps du Christ, prop. 40,* Romae 1554/5 [réimpr. : Frankfurt, Minerva, *Opera exegetica Opuscula I*], 27vbB, Cf. note 2, p. 117. Cf. aussi : Simon de Faversham, *Questions sur la Physique* [ms. Erfurt, Wiss. Bilb. der Stadt, Ampl. F. 348, ff. 1ra-69rb], 8rb cité à partir de S. Donati, « *Utrum accidens possit existere sine subiecto...* », 2001 (cf. *supra*, note 1, p. 119), p. 613 : « C'est pourquoi ceux qui posent que l'inhérence appartient à l'essence de l'accident, établissent cela contre la foi ; en effet, il faut poser que l'accident est sans sujet lors de la consécration du corps du Christ. » Et Henri de Gand, *Quodlibet X*, *q. 8*, ed. R. Macken, p. 205 : « Pareillement, dans le composé par accident de substance et d'accident, autant il y a d'essences différentes de substance et d'accident, autant il y a d'êtres des deux modes. En effet, si l'accident n'avait pas d'être propre dans le sujet, mais seulement l'être du sujet, le composé ne serait pas du tout un étant un par accident. »

substantiae; et haec est ratio dicens propter quid accidens inest substantiae, ut per se patet. Unde nullo modo in huiusmodi accidentibus seu passionibus cadit separatio inter subiectum et passionem, ut videlicet unum inveniatur vel inveniri possit sine alio, ac si poneretur numerum esse nec parem nec imparem.

(3) Nec potest dici[1], quod accidentia dicantur esse dispositiones substantiae aptitudinaliter; non tamen oportet, quod semper in actu, et sic non necessarium est semper inesse, sed possunt virtute saltem supernaturali non inesse.

(4) Sed haec cavillatoria instantia, ruditatis et ignorantiae filia, eradicat fundamenta et naturae et scientiae : destruit enim propriam rationem substantiarum et accidentium et eorum ad invicem differentias, sicut supra latius ostensum est. Huiusmodi autem, scilicet substantiae et accidentia, secundum suas generales rationes continent totam materiam omnium scientiarum tam humanarum quam divinarum. Tamen quia sapientibus et insipientibus debitores sumus, dicendum[2], quod definitiones entium in eo, quod sunt entia, sunt definitiones eorum, inquantum sunt entia secundum actum secundum rationem suae essentiae. Ratio enim, quam significat nomen, est definitio secundum Philosophum in IV *Metaphysicae*[3]; nomina autem imposita sunt rebus, secundum quod sunt in actu, sicut dicit Commentator Super VII *Metaphysicae*[4]; non enim homo est res existens homo in potentia. Igitur ea, quae per se ponuntur in ratione, quam significat nomen et est definitio, sumuntur non secundum aptitudinem seu secundum potentiam. Sequeretur enim ex necessitate, quod ens tale, cuius est talis definitio, esset ens secundum aptitudinem et non secundum actum; quod enim esset aptitudinaliter animatum, non esset animal in actu, et quod esset aptitudinaliter animal, non esset homo in actu et sic de aliis.

1. Exempli gratia : Bonaventura de Bagnoreggio, *In IV Sent., dist. 12, pars 1, art. 1, q. 1;* Thomas de Aquino, *ST III*[a], *q. 77, art. 1;* Aegidius Romanus, *Theoremata de corpore Christi, 41.* Vide adnotationem 1, p. 64.

2. *Rom. I, 14.*

3. Aristoteles Latinus, *Metaphysica, IV, 7. Recensio Guillelmi*, ed. G. Vuillemin-Diem (AL XXV 3.2), p. 90 : *Diffinitio uero fit ex ipsos significare aliquid necessarium esse; ratio namque cuius nomen est signum diffinitio fit.*

4. Averroes, *Aristotelis opera cum Averrois commentariis, Metaphysicorum liber VIII, comm. 7,* Venetiis apud Junctas, 1562-1574, vol. 8 [réimpr. Frankfurt, Minerva, 1962], 215vK : *Nomen enim non significat rem, nisi secundum quod est in actu : et causa actus in composito est forma.*

de la substance, et cet énoncé dit la raison pour laquelle l'accident est inhérent à la substance, comme il est manifeste par soi. D'aucune manière, une séparation entre le sujet et la passion ne saurait donc échoir dans le cas de ces accidents ou de ces passions, comme si l'un se trouvait ou pouvait se trouver sans l'autre, comme si l'on posait que le nombre n'est ni pair ni impair.

(3) On ne peut pas non plus affirmer ceci[1] : les accidents sont dits être des dispositions de la substance selon l'aptitude; or [selon eux] il n'est pas obligatoire qu'ils soient toujours en acte et il n'est donc pas nécessaire qu'ils soient toujours inhérents [à un sujet]; au contraire, ils peuvent ne pas être inhérents [à un sujet], du moins en vertu d'une puissance surnaturelle.

(4) Fils de grossièreté et d'ignorance, cet argument captieux renverse les fondements de la nature et de la science : il détruit en effet les raisons propres des substances et des accidents, et leurs différences réciproques, comme nous l'avons montré plus abondamment auparavant. Or, du point de vue de leurs raisons générales, les substances et les accidents englobent la matière totale de toutes les sciences, humaines comme divines. Mais, puisque nous avons des devoirs envers les sages et envers les sots, voici ce qu'il faut répondre[2] : les définitions des étants en tant qu'ils sont des étants les définissent dans la mesure où ils sont des étants selon l'acte en raison de leurs essences. En effet, la raison signifiée par le nom est la définition, selon le Philosophe au livre IV de la *Métaphysique*[3]. Or les noms sont imposés aux choses dans la mesure où celles-ci sont en acte, comme le dit le Commentateur au sujet du livre VII de la *Métaphysique*[4]*;* de fait, l'homme n'est pas une chose existante [en tant qu']homme en puissance. Les [parties] qui entrent par soi dans la raison que signifie le nom et qui est la définition, ne sont donc pas envisagées selon l'aptitude ou la puissance. Dans le cas contraire, il s'ensuivrait nécessairement qu'un tel étant, défini de la sorte, ne serait étant que selon l'aptitude et non selon l'acte; en effet, ce qui serait animé selon l'aptitude, ne serait pas animal en acte; et ce qui serait animal selon l'aptitude, ne serait pas homme en acte, et ainsi de suite.

1. Par exemple : Bonaventure, *Sent. IV, dist. 12, partie 1, art. 1, q. 1 ;* Thomas d'Aquin, *ST III*[a]*, q. 77, art. 1 ;* Gilles de Rome, *Théorèmes sur le corps du Christ, 41*. Voir note 1, p. 65.

2. *Rom. I, 14.*

3. Aristote, *Métaphysique, IV, 7,* 1012a23-24, trad. J. Tricot, 1991, p. 239 : « [...] définition qui vient de la nécessité où on les met de donner à chaque terme une signification déterminée : la notion, en effet, signifiée par le nom, est la définition même de la chose. »

4. Averroès, *Commentaire de la Métaphysique, livre VIII, comm. 7,* Venetiis apud Junctas, 1562-1574, vol. 8 [réimpr. Frankfurt, Minerva, 1962], 215vK : « En effet, le nom ne signifie la chose que selon qu'elle est en acte, et la cause de l'acte dans le composé est la forme. »

(5) Habitudines enim definitionum et partium definitionum ad definita sic sunt per se et essentiales, quod pertinent ad regulas incommutabiles aeternae veritatis, quia in talibus habitudinibus definitionum et partium definitionum ad definita fundantur considerationes scientiarum quoad incommutabiles earum veritates. Unde Augustinus libro *De immortalitate animae*: « Quid enim tam aeternum ut circuli ratio vel si quid aliud in huiusmodi artibus nec non fuisse aliquando nec non fore comprehenditur ? »[1] Sunt autem huiusmodi veritates incommutabiles eo, quod fundantur in aeterna incommutabili veritate, quae Deus est, inquantum incommutabilis veritas secundum se et per se, non secundum eum modum, quo Deus incommutabiliter aliqua contingentia futura disponit vel praecognoscit. Huiusmodi enim vel dependent ab extrinseco ut mala, quae praecognoscit, vel, si sunt bona, ipse ea praeordinat et disponit secundum suae voluntatis propositum imponens eis entitatem et ordinem. Non autem huiusmodi sunt talia, vel entia vel vera per se ex incommutabili veritate inquantum huiusmodi; essent enim absolute necessaria et per se secundum propriam sui rationem. Habitudines igitur definitionum ad definita sunt per se secundum incommutabilem veritatem, quae est in Deo, et hoc per se, et pertinent ad primum modum dicendi per se.

(6) Cum igitur accidentia, quae definiuntur ex substantia, sint entia secundum actum, ergo definiuntur et sunt entia secundum actum, inquantum in actu sunt entis veri, quod est substantia : Eo autem sunt entis, quod sunt veri entis dispositiones, secundum quod dicit Commentator Super IV *Metaphysicae*[2]. Ergo quodcumque accidens invenitur in actu in numero entium, necessarium est ipsum esse in actu dispositionem substantiae; non ergo accidentia sunt dispositiones substantiae aptitudinaliter, sed semper secundum actum positis ipsis in esse. Ad hoc autem sequitur id, quod secundum hoc convenit eis per se quantum ad secundum modum dicendi per se, scilicet inesse substantiae, ut supra ostensum est.

1. Augustinus Hipponensis, *De immortalitate animae*, 4, n. 6; PL 32, 1024; BA V. II, p. 182 : *Nam aeterna saepe invenit; quid enim tam aeternum quam circuli ratio, vel si quid aliud in hujuscemodi artibus ? Nec non fuisse aliquando, nec non fore comprehenditur.*

2. Averroes, *Aristotelis opera cum Averrois commentariis*, *Metaphysicorum liber IV, comm. 2,* Venetiis apud Junctas, 1562-1574, vol. 8 [réimpr. Frankfurt, Minerva, 1962], 65vI. Vide adnotationem 3, p. 80.

(5) Les rapports des définitions et des parties des définitions à leurs définis sont en effet par soi et essentiels, car ils touchent aux règles immuables de la vérité éternelle ; en effet, dans la mesure où elles renferment des vérités immuables, les procédures des sciences sont fondées dans ces rapports des définitions et des parties des définitions à leurs définis. C'est pourquoi, dans le livre *De l'immortalité de l'âme*, Augustin dit ceci : « Y a-t-il quelque chose d'aussi éternel que la raison du cercle ou qu'une vérité qui appartient à ce type de science et que l'on ne peut pas concevoir n'avoir pas été un jour ni ne plus être dans le futur ? » [1] Ces vérités sont immuables, car elles sont fondées dans la vérité éternelle immuable qui est Dieu ; vérité qui est immuable selon soi et par soi, et non à la manière dont Dieu dispose ou connaît par avance certains futurs contingents de manière immuable. À l'instar des maux que Dieu connaît par avance, ces futurs dépendent de facteurs extrinsèques, ou alors, s'ils sont des biens, Dieu les a ordonnés et disposés par avance, suivant un décret de sa volonté qui leur confère entité et ordonnance. De telles choses ne sont pas des étants ou des vérités par soi qui procèdent de la vérité immuable en tant que tels ; sinon, elles seraient absolument nécessaires et par soi selon leurs raisons propres. Les rapports des définitions aux définis sont donc par soi selon la vérité immuable qui est en Dieu, et cela par soi ; ils appartiennent au premier mode de prédication par soi.

(6) Puisque les accidents, qui sont définis à partir de la substance, sont des étants en acte, ils sont donc définis et sont des étants en acte dans la mesure où ils sont en acte [quelque chose] de l'étant véritable, c'est-à-dire de la substance. Or ils sont [quelque chose] de l'étant du fait qu'ils sont des dispositions de l'étant véritable, selon les dires du Commentateur au sujet du livre IV de la *Métaphysique* [2]. Ainsi, tout accident qui se trouve être en acte parmi les étants, il est nécessaire qu'il soit en acte la disposition d'une substance ; les accidents ne sont donc pas des dispositions de la substance selon l'aptitude, mais, une fois établis dans l'être, ils le sont toujours selon l'acte. Il découle de cela que l'inhérence à la substance leur revient 'par soi' selon le second mode de prédication par soi, comme il a été montré

1. Augustin d'Hippone, *L'immortalité de l'âme*, 4, n. 6 ; PL 32, 1024 ; BA V. II, trad. P. de Labriolle, 1939, p. 182-183 : « Il arrive souvent en effet qu'elle "trouve" des vérités éternelles : qu'y a-t-il de si éternel que les rapports du cercle, et autres questions de ce genre ? Le moyen de comprendre qu'ils n'aient pas toujours existé et ne doivent pas exister toujours ? »

2. Averroès, *Commentaire de la Métaphysique, livre IV, comm. 2,* Venetiis apud Junctas, 1562-1574, vol. 8 [réimpr. Frankfurt, Minerva, 1962], 65vI. Voir note 3, p. 81.

Nulla igitur virtute vel naturali vel supernaturali potest hoc fieri, ut accidens sit sine omni subiecto.

23. *Responsiones ad rationes, quae adducuntur in contrarium determinatae veritati*

(1) Ea autem, quae obiciuntur in contrarium, non est difficile dissolvere, quoniam in rationibus eorum multiplex invenitur defectus.

(2) Quandoque enim procedunt ex suppositione falsi, ut cum dicunt accidentia habere propriam suam essentiam secundum se et absolute non concernendo substantiam, quam accidentis essentiam Deus potest facere non inesse subiecto alicui. Hoc autem quantum ad utramque partem huiusmodi dicti supra latius improbatum est.

(3) Inducunt etiam ad assertionem suae intentionis[1], scilicet quod accidens possit esse sine subiecto, hoc, quod in principio *Libri de causis*[2] habetur, quod causa primaria plus influit in effectum seu causatum causae secundae quam ipsa causa secunda. Unde quando a causato causae secundae removetur causalitas ipsius causae secundae, adhuc remanet causalitas causae primae; unde cum accidentis causa secunda sit subiectum, Deus autem sit talis accidentis causa prima, remoto subiecto adhuc Deus potest tenere accidens in suo esse.

(4) Haec ratio nimis deficit in proposito. Primo, quia non est assumpta ab auctoritate secundum intentionem auctoris; loquitur enim auctor *Libri de causis* in dicta auctoritate in eodem genere causae, puta efficientis vel formalis vel materialis, unde ipse exemplificat in causis formalibus, scilicet in ente, vivo, rationali[3]. Quantum autem pertinet ad propositum, non sic se

1. Exempli gratia, Thomas de Aquino, *In IV Sent., dist. 12, q. 1, art. 1; Contra Gentiles IV, cap. 65*, n. 3; *Quodlibet IX, q. 5; Quodlibet I, q, 22; Quodlibet III, q. 1; ST III*[a], *q. 77, art. 1.* Aegidius Romanus, *Theoremata de corpore Christi, prop. 40,* Romae 1554/5 [réimpr.: Frankfurt, Minerva, *Opera exegetica Opuscula I*], 27vbB. Vide adnotationem 2, p. 116.

2. Anonymus, *Liber de causis*, *prop. 1*, ed. A. Pattin, trad. P. Magnard, O. Boulnois, B. Pinchard, J.-L. Solère, 1990, p. 38 : *Omnis causa primaria plus est influens super causatum suum quam causa universalis secunda. Cum ergo removet causa universalis secunda virtutem suam a re, causa universalis prima non aufert virtutem suam.*

3. Anonymus, *Liber de causis*, *prop. 1*, *comm.*, ed. A. Pattin, trad. P. Magnard, O. Boulnois, B. Pinchard, J.-L. Solère, 1990, p. 38 : *Et nos quidem exemplificamus illud per*

auparavant. Aucune puissance, naturelle ou surnaturelle, ne peut donc faire que l'accident soit sans aucun sujet.

23. *Réponses aux objections qui sont avancées contre la vérité déterminée ici*

(1) Les objections avancées dans le sens contraire ne sont pas difficiles à résoudre, car on y trouve des défauts d'argumentation multiples.

(2) Parfois, [ces argumentations] procèdent en effet d'une prémisse erronée; par exemple, lorsqu'ils affirment que l'accident a une essence propre selon soi et absolument, abstraction faite de la substance, et que Dieu peut faire que cette essence de l'accident ne soit pas inhérente à un sujet. Cette objection a été plus largement invalidée ci-dessus, en chacune de ses deux parties.

(3) Or, pour rendre compte de leur intention, ils ajoutent ceci[1]: L'accident pourrait être sans sujet, du fait que, comme on l'apprend au début du *Livre des causes*[2], la cause première influe sur l'effet ou le causé de la cause seconde plus que la cause seconde elle-même. Ainsi, lorsque la causalité de la cause seconde est soustraite à son causé, il reste encore la causalité de la cause première. Or le sujet est la cause seconde de l'accident, alors que Dieu en est la cause première. Lorsque le sujet est soustrait, Dieu peut donc maintenir l'accident dans son être.

(4) Concernant notre problème, cet argument est fort défectueux. D'abord, il est tiré d'une autorité sans être conforme à l'intention de l'auteur. En effet, dans le passage cité, le propos de l'auteur du *Livre des causes* concerne un même genre de cause, par exemple la cause efficiente, la cause formelle, ou encore la cause matérielle; c'est pourquoi il prend pour exemple les causes formelles, à savoir l'étant, le vivant, le doué de raison[3]. En ce qui concerne notre problème, il n'en va pas de même:

1. Par exemple, Thomas d'Aquin, *Sent. IV, dist. 12, q. 1, art. 1; Somme contre les Gentils IV, c. 65*, n. 3; *Quodlibet IX, q. 5; Quodlibet I, q, 22; Quodlibet III, q. 1; ST III*[a], *q. 77, art. 1.* Gilles de Rome, *Théorèmes sur le corps du Christ, prop. 40,* Romae 1554/5 [réimpr.: Frankfurt, Minerva, *Opera exegetica Opuscula I*], 27vbB. Voir note 2, p. 117.

2. Anonyme, *Livre des causes, prop. 1,* ed. A. Pattin, trad. P. Magnard, O. Boulnois, B. Pinchard, J.-L. Solère, 1990, p. 38: « Toute cause première influe plus sur son effet que la cause universelle seconde. Lorsque donc la cause universelle seconde ôte sa puissance à une chose, la cause universelle première ne la retire pas à celle-ci. »

3. Anonyme, *Livre des causes, prop. 1, comm.*, ed. A. Pattin, trad. P. Magnard, O. Boulnois, B. Pinchard, J.-L. Solère, 1990, p. 38: « Nous illustrons cela par l'exemple de

habet, quoniam Deus est causa efficiens accidentis, subiectum autem est causa subiectiva seu materialis.

(5) Item deficit ratio inducta quantum ad hoc, quod intentio auctoris in auctoritate allegata non est, quod remota causa secunda a suo effectu maneat effectus idem numero vel specie, sicut patet in exemplo, quod inducit, scilicet quod remoto rationali non remaneat homo idem numero vel specie[1]. Sed in proposito dicunt quantitatem vel qualitatem eandem non solum specie, sed numero remanere[2].

(6) Item ratio inducta non est ad propositum. Si enim sit aliquid, quod secundum rationem suae quiditatis per suam essentiam intrinsece dependeat ab aliquo, hoc principio intrinseco remoto impossibile est ipsum sic principiatum remanere; alioquin sequeretur rem separari a sua essentia et essentiam rei separari a re, cuius est essentia. Et hoc contingeret in proposito, quoniam, sicut supra multipliciter ostensum est, essentia accidentis non est, nisi quod ipsum est dispositio substantiae; remota igitur substantia non manet aliqua causalitas causae primae in tenendo accidens in esse.

(7) Exponenda est igitur inducta auctoritas *Libri de causis* et sumenda secundum verum intellectum eius, qui non habet locum in proposito, sicut patet.

esse et vivum et hominem. Quod est quia oportet ut sit res esse in primis, deinde vivum, postea homo. Vivum ergo est causa hominis propinqua; et esse, causa eius longinqua. Esse ergo vehementius est causa homini quam vivum, quoniam est causa vivo quod est causa homini.

1. Anonymus, *Liber de causis, prop. 1, comm.*, ed. A. Pattin, trad. P. Magnard, O. Boulnois, B. Pinchard, J.-L. Solère, 1990, p. 40 : *Et illius quidem signum est quod quando tu removes virtutem rationalem ab homine, non remanet homo et remanet vivum spirans sensibile. Et quando removes ab eo vivum, non remanet vivum sed remanet esse, quoniam esse non removetur ab eo, sed removetur vivum, quoniam causa non removetur per remotionem causati sui, remanet ergo homo esse. Cum ergo individuum non est homo, est animal et, si non est animal, est esse tantum.*

2. Exempli gratia, Thomas de Aquino, *Summa theologiae, III*[a]*, q. 77, art. 1*, ed. leon., p. 194b : *Ad tertium dicendum quod huiusmodi accidentia acquisierunt esse individuum in substantia panis et vini : qua conversa in corpus et sanguinem Christi, remanent virtute divina accidentia in illo esse individuato quod prius habebant. Unde sunt singularia et sensibilia.* Vide etiam Thomas de Aquino, *In IV Sent., dist. 12, q. 1, art. 2.*

Dieu est en effet la cause efficiente de l'accident, alors que le sujet en est la cause comme substrat ou la cause matérielle.

(5) De plus, l'argument avancé est déficient pour la raison suivante : dans l'autorité alléguée, l'intention de l'auteur n'est pas de dire que, lorsque la cause seconde est soustraite à son effet, celui-ci demeure identique selon le nombre ou selon l'espèce. Cela est manifeste dans l'exemple qu'il donne : [l'âme] rationnelle ôtée, l'homme ne demeure pas identique selon le nombre et selon l'espèce[1]. Mais, concernant le présent problème, [ces auteurs] affirment pourtant que la quantité ou la qualité demeurent identiques non seulement spécifiquement, mais aussi numériquement[2].

(6) De plus, l'argument avancé n'est pas pertinent. En effet, s'il y a quelque chose qui dépend intrinsèquement d'un autre, en raison de sa quidité et par son essence, il est impossible que, ce principe intrinsèque ôté, la chose ainsi principiée demeure, sinon il s'ensuivrait que la chose serait séparée de son essence et que l'essence de la chose serait séparée de la chose dont elle est l'essence. Tel est bien ce qui se produirait dans notre cas ; en effet, comme il a été montré à de nombreuses reprises, l'essence de l'accident n'est rien d'autre que le fait, pour l'accident, d'être une disposition de la substance; la substance ôtée, il ne demeure donc aucune causalité de la cause première pour maintenir l'accident dans l'être.

(7) Il convient donc d'interpréter l'autorité tirée du *Livre des causes* et de l'envisager selon sa véritable signification, qui n'a manifestement pas de rapport avec notre propos.

l'être, du vivant et de l'homme. Car il convient que la chose soit d'abord être, vivant ensuite, homme enfin. Le vivant est donc la cause prochaine de l'homme, l'être sa cause lointaine. L'être est donc plus fortement cause pour l'homme que le vivant, parce qu'il est cause pour le vivant qui est cause pour l'homme. »

1. Anonyme, *Livre des causes*, *prop. 1, comm.*, ed. A. Pattin, trad. P. Magnard, O. Boulnois, B. Pinchard, J.-L. Solère, 1990, p. 40 : « Et en vérité la preuve en est que, lorsqu'on ôte à l'homme la puissance rationnelle, il n'y a plus d'homme mais un vivant doué de souffle et de sensibilité. Et lorsqu'on lui ôte le vivant, le vivant ne demeure pas mais l'être reste, car l'être ne lui est pas soustrait mais seulement le vivant, puisque la cause n'est pas supprimée par le retrait de son effet; l'homme demeure donc être. Quand donc un individu n'est pas un homme, il est un animal, et s'il n'est pas un animal, il est un être seulement. »

2. Par exemple, Thomas d'Aquin, *Somme de théologie, IIIª, q. 77, art. 1*, ed. leon., p. 194b; trad. A.-M. Roguet, 1960, p. 189 : « De tels accidents ont acquis leur être individuel dans la substance du pain et du vin. Lorsque celle-ci est convertie au corps et au sang du Christ, ils subsistent par la vertu divine comme accidents doués de l'être individuel qu'ils possédaient précédemment. Ils ne cessent donc pas d'être singuliers et sensibles. » Voir aussi Thomas d'Aquin, *Sent. IV, dist. 12, q. 1, art. 2.*

(8) Praeterea illud, quod inducitur in contrarium determinatae veritatis, scilicet quod non est impossibile apud Deum omne verbum, Luc. 2[1], ergo Deus potest facere accidens sine subiecto[2], nihil valet.

(9) Si enim per omne verbum intelligatur omne, quod per verbum vel vocem significatur, falsum est, nec est haec intentio evangelistae. Potest enim verbo seu voce significari contradictoria simul esse vera.

(10) Si vero per verbum intelligatur conceptus mentis, sicut plerumque Augustinus sumit verbum, si intelligatur conceptus intellectualis, qui semper verus est, quoniam intellectus semper verorum est secundum Philosophum[3] et Augustinum *Super Genesim*[4], verum est, quod non est impossibile apud Deum omne verbum : Quidquid enim vere concipi potest per intellectum, totum Deo est possibile. Sed tunc auctoritas inducta non habet locum in proposito, quoniam accidens esse sine subiecto non potest capi per intellectum vere, quia importat contradictionem, ut supra ostensum est.

(11) Si autem nomine verbi importatur conceptus quicumque phantasticus, in talibus non habet universaliter veritatem dicta auctoritas, puta sicut illi, qui dicebant non esse motum, et illi, qui dicebant dimensiones esse separatas. Ex quorum positione etiam arguitur contra determinatam veritatem, scilicet quia Deus potest facere plus quam possumus intelligere; philosophi autem quidam intellexerunt et posuerunt dimensiones esse separatas[5]. Ad quod dicendum, quod philosophi conceperunt quidem sic, sed non intellexerunt, quia, sicut dictum est, intellectus semper verorum est.

1. *Luc, I, 37.*

2. Thomas de Aquino, *In IV Sent., dist. 12, q. 1, art. 1,* ed. M.F. Moos, p. 496, n. 14.

3. Aristoteles Latinus, *De anima, III, 6,* in Thomas de Aquino, *Sentencia libri de anima,* ed. leon., p. 224b : *Est autem dictio quidem aliquid de aliquo, sicut affirmatio, uera aut falsa omnis ; intellectus autem non omnis set qui est ipsius quid est secundum hoc quod aliquid erat esse uerus est, et non aliquid de aliquo [...].*

4. Augustinus Hipponensis, *De Genesi ad litteram, XII, 14,* n. 29 ; PL 34, 465 ; *ibid., XII, 25,* n. 52 ; PL 34, 476 ; BA 49, p. 374-377 : *Intellectualis autem uisio non fallitur ; aut enim non intelligit, qui aliud opinatur quam est, aut, si intellegit, continuo uerum est.*

5. Exempli gratia Thomas de Aquino, *In IV Sent., dist. 12, q. 1, art. 1*, ed. M.F. Moos, p. 496-497, n. 15 : *Praeterea. Potest Deus plura facere quam homo possit intelligere vel imaginari. Sed aliqui Philosophi posuerunt dimensiones esse sine subjecto, sicut qui posuerunt mathematica separata. Ergo Deus potest hoc facere.*

(8) En outre, l'argument suivant, qui est opposé à la vérité ici déterminée, ne vaut rien: Aucun mot n'est impossible à Dieu (*Luc, 2*)[1], Dieu peut donc produire un accident sans sujet[2].

(9) En effet, il est erroné et non-conforme à l'intention de l'évangéliste de comprendre par 'aucun mot' tout ce qui est signifié par un mot ou un mot proféré. Par un mot ou un mot proféré, on peut en effet signifier que des contradictoires sont vrais en même temps.

(10) Mais si, par 'mot' on comprend le concept mental, à la manière dont Augustin prend 'mot' la plupart du temps, si l'on comprend le concept de l'intellect qui est toujours vrai, car il n'y a d'intellection que des vérités selon le Philosophe[3] et Augustin dans son livre *Sur la Genèse*[4], il est alors vrai qu'aucun mot n'est impossible à Dieu. En effet, tout ce qui peut véritablement être conçu par l'intellect est, tout entier, possible pour Dieu. L'autorité alléguée n'a toutefois aucune pertinence dans notre cas, car l'intellect ne peut véritablement saisir l'être de l'accident sans sujet; en effet, il a été montré que cela implique une contradiction.

(11) De plus, l'autorité mentionnée n'est pas universellement vraie, si par le nom 'mot' on suppose n'importe quelle représentation imaginaire, à l'instar de celles défendues par ceux qui affirmaient qu'il n'y a pas de mouvement et par ceux qui affirmaient que les dimensions sont séparées [des corps]. Dans cette perspective, on s'est d'ailleurs opposé à la vérité ici déterminée, en alléguant que Dieu peut faire plus que nous ne pouvons penser; or certains philosophes ont pensé et ont posé que les dimensions sont séparées [des corps][5]. Il faut répondre que ces philosophes ont certes envisagé cela, mais qu'ils ne l'ont pas pensé, car, comme il a été dit, il n'y a d'intellection que des vérités.

1. *Luc, I, 37.*

2. Thomas d'Aquin, *Sent. IV, dist. 12, q. 1, art. 1,* ed. M.F. Moos, p. 496, n. 14.

3. Aristote, *De l'âme, III, 6,* 430b26-30, trad. R. Bodéüs, 1993, p. 233-234 : « De son côté, l'énonciation consiste à dire quelque chose d'un sujet, comme l'affirmation, et elle est toujours vraie ou fausse. Mais ce n'est pas toujours le cas de l'intelligence. Au contraire, lorsqu'elle saisit ce qu'est une chose conformément à son essence, elle est vraie, sans dire quoi que ce soit d'un sujet. »

4. Augustin d'Hippone, *La Genèse au sens littéral, XII, 14,* n. 29; PL 34, 465; *ibid., XII, 25,* n. 52; PL 34, 476; BA 49, trad. P. Agaësse, A. Solignac, 1972, p. 374-377 : « La vision intellectuelle par contre ne trompe pas. Car ou bien on ne la comprend pas, si on l'interprète autrement qu'elle n'est, ou bien, si on la comprend, on est aussitôt dans le vrai. »

5. Par exemple Thomas d'Aquin, *Sent. IV, dist. 12, q. 1, art. 1,* ed. M.F. Moos, p. 496-497, n. 15 : « En outre, Dieu peut faire plus que l'homme ne peut concevoir ou imaginer. Or certains philosophes ont affirmé que les dimensions existent sans sujet, à la manière de ceux qui ont posés les [objets] mathématiques séparés. Dieu peut donc faire cela. »

(12) Praeterea arguunt sic : Differentium per essentiam potest fieri separatio, saltem virtute supernaturali; accidentia autem habent suas proprias essentias differentes ab essentiis substantiarum : ergo unaquaeque talis essentia, sive substantiae sive accidentis, potest per se existere separatim una ab alia[1].

(13) Ad quod dicendum, quod fundamentum huius rationis diffusius supra improbatum est et ostensum, quod accidentia non habent per se proprias essentias, videlicet non concernendo essentialiter substantiam, sed quod ipsorum propria essentia est esse dispositionem substantiae; et secundum hoc sunt entia, quia sunt entis per ipsorum essentias, et secundum hoc analogiam habent ad substantiam per suam essentiam, non inquantum insunt substantiae, quod est accidentale accidenti, quamvis per se quantum ad secundum modum dicendi per se. Accidentale autem non confert rei suam quiditatem nec essentiam nec definitionem; et sic differentium per essentiam, quorum unum quidificatur et essentiatur ex alio et unum est alteri formaliter principium secundum esse et definitionem, ut substantia accidenti, et ex hoc necessario cadit in eius definitione, nequaquam potest esse ab invicem separatio, ut inveniatur posterius sine priore, id est accidens sine subiecto.

(14) Quod autem dicunt, quod id, quod convenit alicui secundum rationem suae quiditatis, potest Deus facere, quod ei non conveniat, et sic potest convenire accidenti virtute divina, quod non insit, quod tamen convenit ei secundum rationem suae quiditatis[2]; sed istud dicere multum dignum est admiratione, si ab aliquo sapiente dicatur.

(15) Quod enim secundum rationem intrinsecae quiditatis inest, secundum principia speciei inest ita, ut ex eisdem principiis constet definitio talis rei secundum suam speciem dicens quid est subiectum et dicens propter quid eius, quod secundum rationem quiditatis inest, ut definitio trianguli

1. Exempli gratia, Bonaventura de Bagnoreggio, *In IV Sent., dist. 12, pars 1, art. 1, q. 1*, Quaracchi, t. 4, p. 270b : *Respondeo. Dicendum quod per miraculum potest fieri quod accidentia sint sine subiecto sive substantia. Cum enim differant per essentiam, potest Deus sine omni inconvenientia per virtutem suam illa separare.*

2. Exempli gratia Thomas de Aquino, *In IV Sent., dist. 12, q. 1, art. 1*, ed. M.F. Moos, p. 499, n. 26 : *Sed potest esse quod illud quod debetur alicui secundum rationem suae quidditatis, ei virtute divina agente non conveniat.*

(12) En outre, ils argumentent ainsi : il est possible de séparer ce qui diffère par essence, du moins en vertu d'une puissance surnaturelle ; or les accidents possèdent des essences propres différentes des essences des substances ; chacune de ces essences peut donc exister par soi et séparément des autres, qu'elle soit essence de la substance ou essence de l'accident[1].

(13) Il faut répondre que le fondement de cet argument a été plus largement invalidé ci-dessus ; il a été montré que les accidents n'ont pas par soi d'essences propres, c'est-à-dire abstraction faite de leur rapport essentiel à la substance, mais que leur essence propre est d'être une disposition de la substance. Ainsi, ils sont des étants, dans la mesure où ils sont [quelque chose] de l'étant par leurs essences. En ce sens, ils sont dans un rapport d'analogie à la substance : ils le sont par leur propre essence et pas seulement dans la mesure où ils sont inhérents à la substance ; en effet, [cette inhérence] est accidentelle pour l'accident, bien qu'[elle] le soit par soi selon le second mode de la prédication par soi. Or l'accidentel ne confère pas à la chose sa quidité, son essence et sa définition. Ainsi, il est tout à fait impossible que soient jamais séparées deux réalités différentes par essence dont l'une est quidifiée et essentiée par l'autre, et dont l'autre est le principe formel de celle-là, selon l'être et la définition, et, à ce titre, tombe nécessairement dans sa définition, comme c'est le cas pour la substance et l'accident ; ce serait comme si l'on rencontrait le postérieur sans l'antérieur, c'est-à-dire l'accident sans le sujet.

(14) Pourtant, ils avancent cet argument : Dieu peut faire que ne revienne pas à une réalité ce qui lui revient en raison de sa quidité ; ainsi, par la puissance de Dieu, il peut arriver à l'accident qu'il ne soit pas inhérent [à la substance], alors que cela lui revient en raison de sa quidité[2]. Il serait toutefois extraordinaire qu'une telle thèse soit énoncée par un homme savant.

(15) En effet, ce qui est inhérent en raison de sa quidité intrinsèque, est inhérent selon les principes de l'espèce, de sorte que, de ces mêmes principes, procède la définition de la chose selon son espèce, et cette définition dit ce qu'est le sujet et pour quelle raison il possède ce qui lui est inhérent en raison de sa quidité ; par exemple, la définition du triangle

1. Par exemple, Saint Bonaventure, *Sent. IV, dist. 12, partie 1, art. 1, q. 1*, Quaracchi, t. 4, p. 270b. « Je réponds. Il faut dire que, par miracle, il peut se produire que les accidents soient sans sujet ou substance. Puisqu'ils diffèrent en effet par essence, rien ne s'oppose à ce que Dieu puisse les séparer par sa puissance. »

2. Par exemple Thomas d'Aquin, *Sent. IV, dist. 12, q. 1, art. 1*, ed. M.F. Moos, p. 499, n. 26 : « Or il peut se produire que, par l'action de la puissance divine, ce qui revient à quelque chose en raison de sa quidité, ne lui échoie pas. »

dicens quid est triangulus et dicens propter quid passionis, quae est habere tres aequales duobus rectis. Ergo Deus posset facere, quod triangulus esset et non haberet tres aequales duobus rectis; et sic separaretur definitio a definito. Triangulus enim habet suam definitionem secundum rationem suae quiditatis; eadem autem est definitio dictae passionis: ergo posito triangulo in esse et eius definitione, quae eadem est definitio passionis, si non insit passio, stabit definitio sine definito, et sequetur contradictio in tali positione, ad quod non potest virtus supernaturalis.

(16) Quod autem dicunt de ordine accidentium ad substantiam et de ordine ipsorum inter se, scilicet quod alia accidentia, puta qualitas et alia, insunt substantiae mediante quantitate, ut color, qui est in superficie[1], ut dicunt, et quod quantitas separata a subiecto virtute supernaturali subiectum est aliorum accidentium, quae secundum se non sunt separata, nisi inquantum sunt in quantitate, quae separata est virtute supernaturali, non minus praedictis admirandum est.

(17) Primo propter communem rationem accidentium in ordine ad substantiam, ex quo capiunt suas essentias, in quo, ut ridendo loquamur, non plus privilegiata est quantitas quam alia aliorum generum accidentia. Competit enim communiter omnibus accidentibus unus modus habendi essentias suas ex eo ordine ad substantiam, quod sunt dispositiones substantiae; et hoc est eorum essentia. Et propter hoc non plus separabilis est quantitas a substantia quam aliquid aliorum; et secundum hoc loquitur Philosophus in VII[2], quod nullum aliorum a substantia separabile est.

(18) Quod autem dicunt, quod in quantitate nondum separata a substantia insint alia tamquam in subiecto, ut color in superficie, et

1. Exempli gratia, Thomas de Aquino, *Summa theologiae, III*ª*, q. 77, art. 2,* ed. leon., p. 196b: *Necesse est dicere accidentia alia quae remanent in hoc sacramento esse sicut in subiecto in quantitate dimensiva panis vel vini remanente.* Vide etiam: *In IV Sent., dist. 12, q. 1, art. 1; Contra Gentiles IV, cap. 65.* Aegidius Romanus, *Theoremata de corpore Christi, prop. 36; prop. 39,* Romae 1554/5 [réimpr.: Frankfurt, Minerva, *Opera exegetica Opuscula I*], 24r; 26v.

2. Aristoteles Latinus, *Metaphysica, VII, 1.* Vide adnotationes 1, p. 58 et 1, p. 84.

dit ce qu'est le triangle et elle dit le 'en raison de quoi' de la passion suivante : avoir trois angles égaux à deux angles droits. Ainsi, à supposer que Dieu puisse faire que le triangle soit et qu'il n'ait pas trois angles égaux à deux angles droits, la définition serait séparée du défini. En effet, le triangle a sa définition en raison de sa quidité et la dite passion du triangle partage la même définition; si l'on pose dans l'être le triangle et sa définition – qui est aussi la définition de sa passion –, et si cette passion n'est pas inhérente [au triangle], alors la définition demeurera sans son défini. Dans ce cas, il découle une contradiction, et cela est impossible à la puissance surnaturelle.

(16) En outre, ils affirment ceci au sujet de l'ordonnance des accidents à la substance et de leur ordonnance mutuelle : les accidents autres [que la quantité], par exemple la qualité etc., sont inhérents à la substance par le truchement de la quantité, comme la couleur est dans la surface[1] – comme ils disent. [Ils affirment] que la quantité séparée du sujet par la puissance surnaturelle est le sujet des autres accidents; ceux-ci ne sont pas séparés selon eux-mêmes, sinon dans la mesure où ils sont dans la quantité qui est séparée par la puissance surnaturelle. Cette thèse n'est pas moins extraordinaire que celles mentionnées auparavant.

(17) D'abord, pour parler de manière ridicule, la quantité n'est pas plus privilégiée que les accidents des autres genres, compte tenu de la raison commune aux accidents en vertu de leur ordonnance à la substance, – ordonnance de laquelle ils tirent leurs essences. Un unique mode de posséder leurs essences par l'ordonnance à la substance revient en effet à tous les accidents pris communément, car les accidents sont des dispositions de la substance et telle est leur essence. Ainsi, la quantité n'est pas plus séparable de la substance que ne l'est un autre accident; en ce sens, le Philosophie dit, au livre VII [de la *Métaphysique*][2], qu'aucun autre d'entre eux n'est séparable de la substance.

(18) Ils affirment aussi que les autres [accidents] sont inhérents à la quantité qui n'est pas encore séparée de la substance, qu'ils y sont comme dans un sujet; à la manière dont la couleur est dans la surface,

1. Par exemple, Thomas d'Aquin, *Somme de théologie, III*[a]*, q. 77, art. 2,* ed. leon., p. 196b : « Il est nécessaire d'affirmer ceci : les accidents autres [que la quantité] qui subsistent lors de ce sacrement, sont dans la quantité dimensive subsistante du pain et du vin, comme dans un sujet. » Aussi : *Sent. IV, dist. 12, q. 1, art. 1; Somme contre les Gentils IV, c. 65.* Gilles de Rome, *Théorèmes sur le corps du Christ, prop. 36; prop. 39,* Romae 1554/5 [réimpr. : Frankfurt, Minerva, *Opera exegetica Opuscula I*], 24r; 26v.

2. Aristote, *Métaphysique, VII, 1,* 1028a22-24, 33-34. Cf. *supra*, notes 1, p. 59 et 1, p. 85.

mediante ea insunt substantiae[1], intolerabilem falsitatem continet. Sequetur enim, quod qualitas et huiusmodi talia accidentia essent entia, non quia sunt entis veri, quod est substantia, sed primo quia sunt dispositiones quantitatis et deinde substantiae : quod est absurdum.

(19) Idem sequitur, si ponatur qualitas et alia accidentia inesse quantitati separatae a substantia, quia sic esset accidens accidentis et formae forma et dispositionis dispositio, et sequeretur quantitatem esse calidam vel frigidam et albam et nigram : quod non est intelligibile. Caderent enim omnia, quae secundum dictum modum inessent quantitati, a suis per se propriis definitionibus. Iam enim color non esset extremitas perspicui in corpore terminato, inquantum color per essentiam est dispositio corporis habentis in se naturam multae vel paucae diaphaneitatis et multae vel paucae luminositatis[2], ut dicit Commentator in tractatu suo *De sensu et sensato*[3] : quam dispositionem corporis colorati impossibile est attribuere quantitati separatae; quamvis etiam non abhorreat dicere quantitatem esse calidam vel frigidam vel sic vel sic sapidam vel raram vel densam, cum huiusmodi qualitates per suam essentiam sint dispositiones substantiae habentis aliquas partes qualitativas sic vel ad invicem dispositas : quae partes in quantitate non inveniuntur.

(20) Quid etiam dicemus de respectibus naturae, qui non ponunt in numerum cum suis fundamentis quantum ad indifferentiam essentiae, ut respectus ad calefaciendum in igne, qui non differt per essentiam a calore,

1. Aegidius Romanus, *Theoremata de corpore Christi, prop. 39,* Romae 1554/5 [réimpr. : Frankfurt, Minerva, *Opera exegetica Opuscula I*], 26vb : *Si ergo ostendere poterimus quod ipsa qualitas in quantitate fundatur, manifestum erit caetera accidentia in quantitate fundari. Hoc autem, scilicet quod quantitas sit illud in quo fundatur qualitas, et per consequens omnia alia accidentia, patet ex eo quod primo praesupponebatur, ut quia quantitas magis se tenet ex parte materiae, qualitas autem magis ex parte formae.*

2. Aristoteles Latinus, *De sensu et sensato, 3.* Vide adnotationem 1, p. 92.

3. Averroes, *Aristotelis opera cum Averrois commentariis, In Aristotelis de sensu et sensato,* Venetiis apud Junctas, 1562-1574, vol. VI. 2 [réimpr. Frankfurt, Minerva, 1962], 14rB-C : *Et, cum diaphanum receperit lucem, fiunt ex hoc colores diuersi secundum fortitudinem et debilitatem lucis, et paucitatem et multitudinem diaphaneitatis. [...] Necesse est igitur ut color fiat ex admixtione corporis lucidi cum diaphano.*

ils sont inhérents à la substance par le truchement de la quantité[1]. Cette affirmation renferme une erreur intolérable. Il s'ensuivrait en effet que la qualité et les autres accidents de cette sorte seraient des étants non parce qu'ils seraient [quelque chose] de l'étant véritable, c'est-à-dire de la substance, mais parce qu'ils seraient d'abord des dispositions de la quantité et ensuite des dispositions de la substance – ce qui est absurde.

(19) La même [conséquence] découle de la thèse qui affirme l'inhérence de la qualité et des autres accidents à la quantité séparée de la substance : dans ce cas, il y aurait un accident d'accident, une forme de forme et une disposition de disposition ; il s'ensuivrait donc que la quantité serait chaude ou froide, blanche et noire, – ce qui n'est pas pensable. Tous les accidents qui seraient ainsi inhérents à la quantité seraient en effet privés de leurs définitions propres et par soi : la couleur ne serait plus la surface visible d'un corps délimité, alors que, par essence, elle est une disposition de ce corps possédant en soi une nature plus ou moins diaphane et plus ou moins lumineuse[2], comme le dit le Commentateur dans le traité *Du sens et du senti*[3]. Cette disposition du corps coloré, il est impossible de l'attribuer à une quantité séparée. N'aurait-on pas quelque répugnance à dire que la quantité est chaude ou froide, qu'elle a tel ou tel goût, qu'elle est raréfiée ou dense, alors même que ces qualités sont par essence des dispositions de la substance qui possède des parties qualitatives disposées les unes par rapport aux autres, – parties qui ne se trouvent pas dans la quantité ?

(20) Et que dire des relations de la nature qui ne composent pas numériquement avec leurs fondements, et ceci en raison de la non-distinction de leur essence [et de celle de leur fondement] ? Par exemple, dans le feu, la relation à l'échauffement, qui ne diffère pas par essence de la chaleur ;

1. Gilles de Rome, *Théorèmes sur le corps du Christ, prop. 39,* Romae 1554/5 [réimpr. : Frankfurt, Minerva, *Opera exegetica Opuscula I*], 26vb : « Si nous parvenons donc à montrer que la qualité elle-même est fondée dans la quantité, il sera évident que tous les autres accidents sont fondés dans la quantité. Or, que la quantité soit le fondement de la qualité et, par conséquent, de tous les autres accidents, cela se révèle ainsi : elle est présupposée en premier lieu, car la quantité se tient plutôt du côté de la matière, et la qualité plutôt du côté de la forme. »

2. Aristote, *Du sens et du senti*, *3*, 439b11-12. Voir note 1, p. 93.

3. Averroès, *Commentaire du traité Du sens et du senti,* Venetiis apud Junctas, 1562-1574, vol. VI. 2 [réimpr. Frankfurt, Minerva, 1962], 14rB-C : « Et, lorsque le diaphane a reçu la lumière, les diverses couleurs sont produites à partir de lui, en fonction de la puissance ou de la faiblesse de la lumière et en fonction de la rareté ou de la densité de la diaphanité. [...] Il est donc nécessaire que la couleur soit produite par le mélange du corps lumineux avec le diaphane. »

et inclinatio gravium et levium ad sua loca, quae non differt a suo principio inclinativo, quod est forma substantialis vel accidentalis gravis et levis, quae non inveniuntur et impossibile est inveniri in quantitate separata a substantia ratione iam dicta?

(21) Patet igitur impossibilitas et absurditas positionis, qua dicitur quantitatem posse separari a substantia et alia inesse quantitati sicut immediato subiecto

(22) Invenitur etiam alius defectus quantum ad inconvenientem processum in inquirendo disputative ea, quae pertinent ad praesens negotium. Ad unam enim partem muniunt suam intentionem per rationes a natura et proprietatibus rerum sumptas; si autem pro alia parte etiam efficacius arguatur, recurrunt ad miraculum, scilicet dicentes, quod miraculose, virtute supernaturali, fiat hoc, quod in sua positione defendunt.

(23) De accidentibus igitur quantum ad eorum essentias et quiditates et modum se habendi ad substantias, item de modis definitionum suarum et de esse seu inesse eorum, tantum dictum sit. Deo gratias.

l'inclination des [corps] lourds et des [corps] légers vers leurs lieux, qui ne diffère pas du principe d'inclination, c'est-à-dire de la forme substantielle ou accidentelle lourde ou légère ; cette forme ne se trouve pas dans la qualité séparée de la substance, et il est impossible de l'y trouver, pour la raison déjà invoquée.

(21) Apparaissent donc l'impossibilité et l'absurdité de la thèse selon laquelle la quantité peut être séparée de la substance et les autres accidents être inhérents à la quantité comme à un sujet immédiat.

(22) Il existe encore un autre défaut dans la méthode indue au moyen de laquelle ils discutent les points qui concernent l'affaire présente. D'une part, ils renforcent leur opinion au moyen d'arguments tirés de la nature et des propriétés des choses ; mais si quelqu'un argumente plus efficacement dans le sens contraire, ils recourent au miracle, disant que ce qu'ils affirment dans leur thèse se produit miraculeusement, par l'effet de la puissance surnaturelle.

(23) C'est dire assez sur les accidents, sur leurs essences et leurs quidités, sur leur manière d'être en rapport aux substances, sur la façon de les définir, et sur leur être ou sur leur être d'inhérence. Grâce à Dieu.

MAGISTRI THEODORICI
Ordinis Fratrum Praedicatorum

TRACTATUS DE QUIDITATIBUS ENTIUM

MAÎTRE DIETRICH

de l'ordre des frères prêcheurs

TRAITÉ DES QUIDITÉS DES ÉTANTS

TRACTATUS DE QUIDITATIBUS ENTIUM

Tabula capitulorum

TRAITÉ DES QUIDITÉS DES ÉTANTS

Table des chapitres

1. *Differentia entis et eius, quod est quid, secundum suas proprias rationes*

(1) De quiditatibus entium, cuiusmodi sint et quae propria ratio quiditatis in eo, quod quiditas, et in quibus entibus et quomodo inveniantur secundum communem vel propriam quiditatis rationem, ad praesens intendendum.

(2) Ubi primo considerationi occurrit, quod ens et quid, quamvis secundum utriusque eorum latitudinem et continentiam secundum supposita convertantur ad invicem – nihil enim est ens, quod non sit aliquid, et nihil est aliquid, quod non sit ens –, differunt tamen secundum suas proprias rationes, secundum quod etiam Philosophus distinguit in demonstrativis in libro *Posteriorum*[1] quaestionem 'si est' a quaestione 'quid est'.

(3) Ens enim in eo, quod ens, prima et simplicissima omnium formalium intentionum est, qua res primo per essentiam, secundum quod essentia, distat a nihilo. Dico autem 'essentia in eo, quod essentia', quia, sicut dicit Augustinus libro *De immortalitate animae*[2], essentia non dicitur, nisi quia est; idem in VII *De Trinitate* c. 10 : « Quod enim est sapientiae sapere, et potentiae posse et aeternitati aeternam esse, et iustitiae iustam esse, et magnitudini magnam esse, hoc est essentiae ipsum esse.[3] » Essentia igitur in eo, quod essentia, et non per aliquid extraneum essentiae

1. Aristoteles Latinus, *Analytica Posteriora, II, 1. Recensio Guillelmi*, ed. L. Minio-Paluello, B.G. Dod (AL IV 1-4), p. 321 : *Questiones sunt equales numero quecumque quidem scimus. Querimus autem quatuor, quia, propter quid, si est, quid est.*

2. Augustinus Hipponensis, *De immortalitate animae*, 12, n. 19; PL 32, 1031; BA V. II, p. 206 : *Omnis enim essentia non ob aliud essentia est, nisi quia est. Esse autem non habet contrarium, nisi non esse : unde nihil est essentiae contrarium.*

3. Augustinus Hipponensis, *De Trinitate*, *VII, 1*, n. 2; PL 42, 936; BA XV.I, p. 515 : *[…] ergo et una essentia, quia hoc est ibi esse quod sapere. Quod enim est sapientiae sapere, et*

1. *Différence entre l'étant et le 'ce que c'est', en fonction de leurs raisons propres*

(1) Le présent propos concerne les quidités des étants : de quel type elles sont; quelle est la raison propre de la quidité en tant que quidité; dans quels étants se trouvent-elles et comment, selon la raison commune ou selon la raison propre de quidité.

(2) À ce sujet, voici ce qui ressort d'une première considération : bien que l'étant et le 'ce que' soient convertibles en extension et en étendue relativement à ce pour quoi ils supposent – en effet, il n'existe pas d'étant qui ne soit pas un quelque et il n'y a rien qui soit un quelque sans être un étant –, l'étant et le 'ce que' diffèrent toutefois selon leurs raisons propres. De fait, lorsque le Philosophe traite des démonstrations dans les *Analytiques postérieurs* [1], il distingue la question 'est-ce que c'est?' de la question 'qu'est-ce que c'est?'.

(3) L'étant en tant qu'étant est la première et la plus simple de toutes les intentions formelles; en vertu d'elle, la chose est d'emblée à distance du néant, par son essence en tant qu'essence. Je parle d'essence en tant qu'essence, car, comme le dit Augustin dans son livre *Sur l'immortalité de l'âme* [2], l'essence n'est dite [essence] que dans la mesure où elle est; de même, au chapitre 10 du livre VII du *De la Trinité*, Augustin dit : « L'être même est à l'essence comme le savoir à la science, le pouvoir à la puissance, l'être éternel à l'éternité, l'être juste à la justice, et l'être grand à la grandeur. [3] » L'essence est donc à distance du néant en tant qu'essence,

1. Aristote, *Analytiques postérieurs, II, 1,* 89b24-25, trad. P. Pellegrin, 2005, p. 241 : « Les choses que l'on cherche sont en nombre égal à celles dont on a un savoir scientifique. Or on cherche quatre choses : le fait, le pourquoi, si c'est et ce que c'est. »

2. Augustin d'Hippone, *L'immortalité de l'âme*, 12, n. 19; BA V. II, trad. P. de Labriolle, 1939, p. 207 : « Toute essence n'est essence que parce qu'elle est. Or l'être n'a de contraire que le non-être; l'essence n'a donc pas de contraire. »

3. Augustin d'Hippone, *La Trinité, VII, 1*, n. 2; PL 42, 936; BA XV.I, trad. M. Mellet, T. Camelot, 1955, p. 515 : « Donc aussi ne sont-ils qu'une seule essence, puisque ici être c'est

vel accidentale distat a nihilo. Haec est igitur propria ratio essentiae et entis inquantum huiusmodi.

(4) Ipsum autem quid in eo, quod quid, seu quiditas in eo, quod quiditas, super rationem entis importat quandam rei informationem, saltem quoad modum intelligendi, qua res seu ens determinatur ad talem vel talem essentiam vel naturam, ut res talis non solum sit ens per distantiam eius a nihilo, sed etiam sit hoc vel hoc secundum aliquam informationem, sicut de primo causato, quod est intelligentia secundum philosophos, dicitur in *Libro de causis*[1], quod ipsa est hyliatim, id est ens et forma, saltem quantum ad modum intelligendi. Et caelum et terra, homo et equus non solum sunt entia per distantiam a nihilo, sed per aliquam informationem sui determinantur ad hoc vel hoc ens secundum uniuscuiusque propriam naturam et essentiam.

2. *De quiditate secundum suam generalem rationem, secundum quod communiter in omnibus entibus quocumque modo existentibus invenitur*

(1) His visis sumendum ex dictis generalem quiditatis rationem. Dico autem 'generalem', quia magis in speciali considerando diversa in diversis generibus entium invenitur ratio et modus diversus quiditatis, ut infra dicetur.

(2) Quiditas igitur entis cuiuscumque secundum praedicta vult esse aliquod principium intrinsecum rei secundum actum, a quo sumitur ratio rei et secundum rationem essendi et secundum rationem notificandi seu

potentiae posse, et aeternitati aeternam esse, justitiae justam esse, magnitudini magnam esse, hoc est essentiae ipsum esse. Et quia in illa simplicitate non est aliud sapere quam esse, eadem ibi sapientia est quae essentia.

1. Anonymus, *Liber de causis*, *prop. 90*, ed. A. Pattin, trad. P. Magnard, O. Boulnois, B. Pinchard, J.-L. Solère, 1990, p. 54 : *Et intelligentia est habens helyatin, quoniam est esse et forma et similiter anima est habens helyatin. Et natura est habens helyatin. Et causae quidem primae non est helyatin, quoniam ipsa est esse tantum.*

et non par quelque chose d'extérieur à l'essence et accidentel. Telle est la raison propre de l'essence et de l'étant, en tant que tels.

(4) Or le 'ce que' en tant que 'ce que', ou la quidité en tant que quidité, réfère à une certaine information de la chose en sus de la raison d'étant, au moins sur le mode intellectuel; par cette [information], la chose ou l'étant est circonscrit dans telle ou telle essence ou nature: de cette manière, la chose n'est pas seulement un étant par le fait d'être à distance du néant, mais elle est aussi ceci ou cela, en fonction d'une information. C'est de cette manière que le *Livre des causes*[1] parle du premier causé, qui, selon les philosophes, est l'intelligence: elle est *hyliatim*[a], c'est-à-dire étant et forme, au moins sur le mode intellectuel. De même, le ciel et la terre, ou l'homme et le cheval ne sont pas seulement des étants par le fait d'être à distance du néant, mais par une information qui les circonscrit en cet étant-ci ou en cet étant-là, selon la nature et l'essence propre à chacun d'entre eux.

2. *De la quidité selon la raison générale en vertu de laquelle la quidité est découverte communément dans tous les étants existant de quelque manière que ce soit*

(1) Ces choses vues, il faut en tirer la raison générale de quidité. Je précise 'générale', car une raison et un mode différents de quidité sont découverts par une enquête plus spéciale relative à ce qui est divers dans les divers genres d'étants, comme nous le verrons plus loin.

(2) Selon ce qui a été dit, la quidité de tout étant doit donc être un principe intrinsèque de la chose en acte. La raison de la chose dérive de ce principe selon la raison d'être et selon la raison du connaître et de l'être

être sage; car, ce que être sage est à la sagesse, pouvoir à la puissance, être éternel à l'éternité, juste à la justice, grand à la grandeur, l'être même l'est à l'essence. Et puisque en cette simplicité être sage n'est pas autre chose qu'être, ici la sagesse est la même chose que l'essence. »

1. *Livre des causes, prop. 90*, ed. A. Pattin, trad. P. Magnard, O. Boulnois, B. Pinchard, J.-L. Solère, 1990, p. 54 : « Et l'intelligence possède une *helyatin* puisqu'elle est être et forme, et, de même, l'âme possède une *helyatin*, et la nature aussi. Et ainsi il n'y a pas d'*helyatin* de la cause première, parce qu'elle est seulement être. »

a. Ce terme apparaît (sous la forme *helyatin* également) dans la traduction arabo-latine du *Livre du bien pur* (le *Livre des causes* des Latins), due à Gérard de Crémone. Il est dérivé de l'arabe *hilya*, qui traduit le grec *morphé* (« forme »), et signifie « détermination formelle ». Voir H. Hugonnard-Roche, « La traduction syro-arabe et la formation du vocabulaire philosophique latin », *in* J. Hamesse, *Aux origines du lexique philosophique européen. L'influence de la* latinitas, Louvain-la-Neuve, "Textes et études du Moyen Âge, 8", 1997, p. 59-80, en particulier, p. 69.

innotescendi. Dico autem rationem rei, quam significat nomen, et est definitio secundum Philosophum IV *Metaphysicae*[1]. Nomen enim semper imponitur rei quantum ad actum suum, ut dicit Commentator *Super* VII[2].

(3) Quod autem hic dicitur, quod quiditas est principium intrinsecum, excluduntur causae extrinsecae, scilicet efficiens et finis et materia, ex qua fit generatio in rebus, quae exeunt in esse per generationem ex determinato aliquo principio generationis materiali, cuiusmodi est menstruum in generatione aliquorum animalium ut hominis et equi. Huiusmodi enim principia seu causae, scilicet efficiens, finis et materia ex qua, non sunt quiditas rei. Quiditas enim vult esse aliquod principium intrinsecum rei secundum suam essentiam absolute secundum se, inquantum est ens, a quo circumscribuntur omnes causae extrinsecae, quibus constituitur res non inquantum ens, sed inquantum ens naturae.

(4) Quod autem assumitur, quod quiditas est principium secundum actum, removetur materia, quae est altera pars compositi, vel quod modum materiae habet in composito. Ex hoc enim, quod huiusmodi materiale principium est principium secundum potentiam quantum ad proprietatem suae naturae, nec quidificativum nec notificativum est eius rei, cuius est principium. Quiditas igitur est aliquid formale intrinsecum rei quantum ad actum rei. Et ideo additur, quod ab ipso sumitur ratio rei et quantum ad rationem essendi et quantum ad rationem notificandi seu innotescendi ipsam talem rem.

(5) Attendendo igitur dictam generalem rationem quiditatis possumus dicere, quod in omni eo, quod est aliquod ens secundum actum, est quiditas, qua est id, quod est secundum actum. Unde et in simplicibus etiam habet locum ratio quiditatis extenso nomine quiditatis secundum dictam

1. Aristoteles Latinus, *Metaphysica, IV, 7. Recensio Guillelmi*, ed. G. Vuillemin-Diem (AL XXV 3.2), p. 90 : *Diffinitio uero fit ex ipsos significare aliquid necessarium esse ; ratio namque cuius nomen est signum diffinitio fit.*

2. Averroes, *Aristotelis opera cum Averrois commentariis*, *Metaphysicorum liber VIII, comm. 7,* Venetiis apud Junctas, 1562-1574, vol. 8 [réimpr. Frankfurt, Minerva, 1962], 215vK : *Nomen enim non significat rem, nisi secundum quod est in actu : et causa actus in composito est forma.*

connu. Je parle de 'raison de la chose' en ce sens que le nom signifie cette raison qui est la définition, comme le dit le Philosophe au livre IV de la *Métaphysique*[1]. En effet, le nom est toujours institué pour [signifier] une chose en acte, comme le dit le Commentateur [en exposant le] livre VII de la *Métaphysique*[2].

(3) Lorsque l'on dit que la quidité est un principe intrinsèque, sont exclues les causes extrinsèques, à savoir l'efficient, la fin, et la matière à partir de laquelle sont engendrées les choses qui adviennent dans l'être par génération, à partir d'un principe matériel déterminé présidant à la génération; pour certains animaux comme l'homme ou le cheval, ce principe de génération est la menstruation. Des principes ou causes de ce type, à savoir l'efficient, la fin et la matière à partir de laquelle [procède la génération], ne constituent pas la quidité de la chose. La quidité doit en effet être un principe intrinsèque de la chose envisagée absolument selon son essence et en soi, en tant qu'elle est un étant duquel sont exclues toutes les causes extrinsèques; celles-ci ne constituent pas la chose en tant qu'étant, mais en tant qu'étant naturel.

(4) Du fait que l'on admette que la quidité est un principe en acte, on en exclut la matière, qui est la seconde partie du composé, ou ce qui joue le rôle de matière dans le composé. En effet, la matière ne quidifie pas et ne fait pas connaître la chose dont elle est principe, car le principe matériel est principe en puissance, conformément à sa propriété naturelle. La quidité est donc quelque chose de formel et d'intrinsèque à la chose en tant que celle-ci est en acte. C'est pourquoi on ajoute que la raison de chose dérive de la quidité selon la raison d'être et selon la raison du connaître ou de l'être connu d'une telle chose.

(5) Compte tenu de cette raison générale de quidité, nous pouvons dire que, dans tout ce qui est un étant en acte, il y a une quidité par laquelle est ce qui est en acte. Ainsi, dans les étants simples, la raison de quidité a aussi sa place, pour autant que le nom de quidité ait une extension conforme à celle

1. Aristote, *Métaphysique, IV, 7,* 1012a23-24, trad. J. Tricot, 1991, p. 239 : « [...] définition qui vient de la nécessité où on les met de donner à chaque terme une signification déterminée : la notion, en effet, signifiée par le nom, est la définition même de la chose. »

2. Averroès, *Commentaire de la Métaphysique, livre VIII, comm. 7,* Venetiis apud Junctas, 1562-1574, vol. 8 [réimpr. Frankfurt, Minerva, 1962], 215vK : « En effet, le nom ne signifie la chose que selon qu'elle est en acte, et la cause de l'acte dans le composé est la forme. »

generalem rationem quiditatis. Secundum hoc enim dicit Avicenna, quod quiditas simplicis est ipsum simplex[1]. Distinguimus enim et ponimus in ipso simplici saltem quantum ad modum intelligendi et significandi essentiam suam, qua est ens, et actum, quo formaliter est tale vel tale ens determinatum, ut de intelligentia supra dictum est.

(6) Eadem autem ratione secundum generalem supra positam quiditatis descriptionem dicere possumus, quod non solum in substantiis, sed etiam in accidentibus est quiditas et habent quiditatem. Sunt enim non solum substantiae, sed etiam accidentia suo modo aliquid secundum actum, quamvis differant a modo substantiarum, ut infra dicetur.

(7) Posset etiam iuxta dictam quiditatis rationem rationabiliter concedi, quod etiam id, quod est ens in potentia ut materia et similia, habeat quiditatem, tamen secundum proportionem et modum suae essentiae, videlicet ut, sicut per suam essentiam proprietate naturae suae est ens potentiale, sic et quiditatem habeat et sit quid modo potentiali.

(8) Sed haec hactenus de quiditate secundum generalem sui rationem, qua extenso nomine quiditatis invenitur quiditas in omnibus entibus, quocumque modo habeat res rationem entis.

3. *De quiditate secundum suam rationem magis specificam, secundum quam magis proprie et vere invenitur, et solum in rebus compositis*

(1) Si autem descendamus magis in speciali ad veritatem et proprietatem rei, considerandum, quod in omni, quod habet quiditatem et est quid, necessarium est inveniri aliquam realem multitudinem, secundum Philosophum versus finem VII[2], in qua aliquid substernitur quasi subiective et

1. Avicenna, *Liber de philosophia prima (Metaphysica), V, 5*, ed. S. Van Riet, p. 274 : *Quidditas autem omnis simplicis est ipsummet simplex : nihil enim est ibi receptibile suae quidditatis.*

2. Aristoteles Latinus, *Metaphysica, VII, 17. Recensio Guillelmi*, ed. G. Vuillemin-Diem (AL XXV 3.2), p. 166-167 : *Quare causa queritur materie, hoc autem est species qua aliquid est; hoc autem substantia. Palam igitur quod in simplicibus non est questio nec doctrina, sed alter modus questionis talium.*

de la raison générale de quidité dont nous venons de parler. En ce sens, Avicenne affirme en effet que la quidité du simple est le simple lui-même[1]. Du point de vue du mode du concevoir et du signifier, nous distinguons et nous posons néanmoins, dans le simple, l'essence par laquelle le simple est un étant, et l'acte par lequel il est tel ou tel étant déterminé, comme nous l'avons expliqué plus haut au sujet de l'intelligence.

(6) Pour la même raison et selon la description générale que nous avons faite de la quidité, nous pouvons dire que la quidité n'est pas seulement dans les substances, mais aussi dans les accidents et que ceux-ci ont une quidité. En effet, si les substances sont en acte, les accidents constituent eux aussi quelque chose en acte, bien que ce mode diffère de celui des substances, comme nous le verrons.

(7) À côté de cette raison de quidité, il est encore possible d'admettre raisonnablement que les étants en puissance, comme la matière ou d'autres similaires, ont une quidité, mais en proportion et sur le mode de leurs essences : de même que, par essence et en vertu de sa propriété naturelle, cet étant est un étant potentiel, de même, il aura une quidité et sera un 'ce que' de manière potentielle.

(8) En voilà assez au sujet de la quidité envisagée sous la raison générale en fonction de laquelle, par extension du nom 'quidité', celle-ci se trouve dans tous les étants, quelle que soit la manière dont la chose a la raison d'étant.

3. *De la quidité en sa raison plus spécifique, selon laquelle elle se trouve plus proprement et véritablement, et seulement dans les choses composées*

(1) Si nous nous approchons plus spécialement de la vérité et de la propriété de la chose, il faut reconnaître ceci : dans tout ce qui a une quidité et qui est un 'ce que', il est nécessaire que se découvre une multiplicité réelle, selon le Philosophe vers la fin du livre VII [de la *Métaphysique*][2] ; au sein de cette multiplicité, quelque chose est sous-jacent, à la

1. Avicenne, *Livre de la philosophie première (Métaphysique), V, 5*, ed. S. Van Riet, p. 274 : « Or la quidité de tout simple est le simple lui-même : en effet, il n'y a là rien qui puisse revecoir sa quidité. »

2. Aristote, *Métaphysique, VII, 17,* 1041b8-10, trad. J. Tricot, 1991, p. 450-451 : « Par conséquent, la recherche du pourquoi, c'est la recherche de la cause, et cette cause est la forme, en vertu de quoi la matière est une chose déterminée, et c'est cela qui est la substance. On voit donc qu'à l'égard des natures simples, aucune recherche, ni aucun enseignement n'est possible; la méthode de recherche pour de tels objets est d'une autre nature. » Et, plus largement : Aristote, *Métaphysique*, *VII, 16-17,* 1040b5-1041b33.

materialiter, in quo originatur substantia rei. Perficitur autem et completur, ut sit ens in eo, quod quid, per aliquem actum formalem, qui ex hoc ipso quiditas est talis entis. Et istud iudicat quaestio per 'quare' seu 'propter quid' secundum Philosophum in VII[1]. In his enim quaestionibus, si proprie eis quis utatur, ex proprietate locutionis et significationis semper aliquid supponitur et quaeritur de alio. Omne enim quid importat secundum suam propriam rationem aliquid, quod aliqua quiditate est quid sicut album, quod designatur aliquid esse albedine album. Ipsa autem albedo non est alba, sed, ut dictum est, aliquid est album albedine. Cuius ulterius ex parte quiditatis ratio est, quia quiditas non solum quantum ad modum significandi, inquantum videlicet abstractive significatur, sed magis et verius dicit rem quandam qualitativam seu qualitatem, qua res in sua substantia est quid. Unde etiam secundum hoc quiditas non est quid, sed aliquid est quid ipsa quiditate.

(2) Et quiditas igitur et id, quod est quid per se, important mutuum respectum ad invicem tamquam distincta in eadem rei substantia, large ut nunc sumendo substantiam rei. Secundum hoc ergo in omni habente quiditatem et in eo, quod est quid, invenitur aliqua multitudo, ut praemissum est. Unde Philosophus versus finem VII[2] dicit : Secundum hanc enim dispositionem semper quaeritur aliud et est alterius. Et infra dicit[3], quod quaerere de una re, ut quaerere 'quare homo est homo', nihil est quaerere. Et infra[4] : Manifestum est igitur, quod in simplicibus non quaeritur neque

1. *Ibid.*

2. Aristoteles Latinus, *Metaphysica, VII, 17. Recensio Guillelmi*, ed. G. Vuillemin-Diem (AL XXV 3.2), p. 166 : *Hoc quidem igitur palam, quia non querit quare qui est homo homo est; aliquid ergo de aliquo querit propter quid existit. Quia uero existit, oportet manifestum esse ; nam si non ita, nichil querit. Ut propter quid tonat ? Quia sonitus fit in nubibus. Aliud enim ita de alio est quod queritur.*

3. *Ibid.* et Aristoteles Latinus, *Metaphysica, VII, 17. Recensio Guillelmi*, ed. G. Vuillemin-Diem (AL XXV 3.2), p. 165 : *Hoc quidem igitur propter quid ipsum est ipsum, nichil est querere.*

4. Aristoteles Latinus, *Metaphysica, VII, 17. Recensio Guillelmi*, ed. G. Vuillemin-Diem (AL XXV 3.2), p. 166-167 : *Quare causa queritur materie, hoc autem est species qua aliquid est; hoc autem substantia. Palam igitur quod in simplicibus non est questio nec doctrina, sed alter modus questionis talium.*

manière d'un sujet ou d'une matière, et la substance de la chose en tire son origine. Afin d'être un étant qui soit un 'ce que', [la substance] est cependant parfaite et achevée par quelque acte formel, qui, de ce fait, constitue la quidité de cet étant. Cela est visé par la question 'pourquoi ?' ou 'en raison de quoi ?', selon le Philosophe au livre VII [de la *Métaphysique*] [1]. Compte tenu de la propriété discursive et sémantique de ces questions – si on en fait un usage correct –, il y a toujours quelque chose qui est supposé et qui est demandé au sujet d'un autre. En effet, selon sa raison propre, tout 'ce que' implique que quelque chose soit un 'ce que' en vertu d'une certaine quidité, comme 'blanc' qui signifie que quelque chose est blanc par la blancheur. Or la blancheur n'est pas blanche, mais, comme il a été dit, quelque chose est blanc par la blancheur. La raison de cela est par ailleurs du côté de la quidité, car non seulement la quidité signifie abstraitement – si l'on considère son mode de signifier –, mais, bien plus et plus véritablement, elle désigne une chose qualitative ou une qualité, en vertu de laquelle la chose est un 'ce que' en sa substance. Il faut en conclure que la quidité n'est pas un 'ce que', mais que quelque chose est un 'ce que' par sa quidité.

(2) Ainsi, la quidité et ce qui est un 'ce que' par soi supposent-ils un rapport réciproque, comme deux éléments distincts dans une même substance de chose, pour autant que l'on parle de substance de chose au sens large. En ce sens, il y a donc une multiplicité dans tout ce qui a une quidité et dans ce qui est un 'ce que', comme nous l'avons dit auparavant. Ainsi, vers la fin du livre VII [de la *Métaphysique*] [2], le Philosophe dit ceci : Selon cette disposition, on recherche toujours quelque chose d'autre et ce quelque chose appartient à un autre. Plus loin [3], il ajoute que questionner au sujet d'une unique chose, comme demander 'Pourquoi l'homme est homme ?', c'est ne rien demander. Plus bas encore [4] : Il est donc manifeste que l'on ne

1. *Ibid.*

2. Aristote, *Métaphysique*, *VII, 17,* 1041a22-26, trad. J. Tricot, 1991, p. 448-449 : « Dans ce cas alors, évidemment, on ne cherche pas pourquoi ce qui est un homme est un homme, on cherche pourquoi une chose appartient à telle autre chose. Il faut toutefois qu'il soit bien clair que la dite chose appartient au sujet; s'il n'en est pas ainsi, la recherche n'a pas d'objet. Par exemple, pourquoi tonne-t-il? Cela revient à dire : pourquoi un bruit se produit-il dans les nuages ? car ce qu'on cherche de cette façon, c'est pourquoi telle chose s'attribue à une autre [...]. »

3. *Ibid.* et : Aristote, *Métaphysique*, *VII, 17,* 1041a14, trad. J. Tricot, 1991, p. 447-448 : « Or chercher pourquoi une chose est elle-même, c'est ne rien chercher du tout. »

4. Aristote, *Métaphysique*, *VII, 17,* 1041b8-10, trad. J. Tricot, 1991, p. 450-451 : « Par conséquent, la recherche du pourquoi, c'est la recherche de la cause, et cette cause est la forme, en vertu de quoi la matière est une chose déterminée, et c'est cela qui est la substance. On voit donc qu'à l'égard des natures simples, aucune recherche, ni aucun enseignement n'est possible ; la méthode de recherche pour de tels objets est d'une autre nature. »

consideratur. Compositum igitur est aliquid, quod secundum hunc modum est. Haec autem omnia, quae hic dicta sunt, indicant etiam exempla Philosophi, quae ad dictorum evidentiam inducit Philosophus in VII[1] insinuans hoc, quod ponit in libro *Posteriorum*[2], scilicet quod quaestio 'propter quid' vel 'quare' reducitur ad quaestionem 'quid est', maxime secundum considerationem primi philosophi, qui proprie de quiditatibus et essentiis rerum inquantum huiusmodi considerare habet. Ponit igitur Philosophus exemplum in artificialibus et naturalibus[3]. In artificialibus quidem, ut quare lapides et lateres sunt domus, ubi quaeritur de forma, quae est quasi quiditas domus, scilicet coopertorium. In naturalibus autem, ut quare generatus ex hoc, scilicet ex rebus, ex quibus constituitur corpus proprium hominis, est homo. Et subdit[4] : Manifestum est igitur, quod quaeritur causa materiae, et ista est forma eius, quod habet aliquid, et est substantia. Commentator[5] : Manifestum est igitur, quod quaeritur causa, quae est materiae per quare, et est forma, propter quam est materia. Manifestum est igitur, quod in simplicibus non est quiditas. Et per consequens ipsorum non est definitio eo, quod in essentia simplicis non est distinctio alicuius multitudinis nec de eis habet locum quaestio per 'propter quid' vel per 'quare' secundum praedicta. Unde Commentator *Super* VII in fine penultimi capituli[6] dicit sic :

1. Aristoteles Latinus, *Metaphysica, VII, 17. Recensio Guillelmi*, ed. G. Vuillemin-Diem (AL XXV 3.2), p. 165-167.

2. Aristoteles Latinus, *Analytica Posteriora, II, 2. Recensio Guillelmi*, ed. L. Minio-Paluello, B.G. Dod (AL IV 1-4), p. 322 : *In omnibus enim hiis manifestum est quod idem sit quid est et propter quid est. […] Sicut igitur diximus, quod quid est scire idem est et propter quid est.*

3. Aristoteles Latinus, *Metaphysica, VII, 17. Recensio Guillelmi*, ed. G. Vuillemin-Diem (AL XXV 3.2), p. 165-167.

4. Aristoteles Latinus, *Metaphysica, VII, 17. Recensio Guillelmi*, ed. G. Vuillemin-Diem (AL XXV 3.2), p. 166-167 : *Quoniam uero oportet habereque et existere ipsum esse, palam itaque quia materiam querit propter quid est […]. Quare causa queritur materie, hoc autem est species qua aliquid est ; hoc autem substantia.*

5. Averroes, *Aristotelis opera cum Averrois commentariis, Metaphysicorum liber VII, comm. 60,* Venetiis apud Junctas, 1562-1574, vol. 8 [réimpr. Frankfurt, Minerva, 1962], 208rF-208vG : *[…] Deinde dicit igitur manifestum est, quod quaeritur causa, qua* [*quae* ed.] *est materia, etcaete. Idest, manifestum est igitur, quod quandoque quaeritur causa, qua* [*quae* ed.] *est materia per quare, et est forma, propter quam est materia, et est substantia rei.*

6. Averroes, *Aristotelis opera cum Averrois commentariis, Metaphysicorum liber VII, comm. 39,* Venetiis apud Junctas, 1562-1574, vol. 8 [réimpr. Frankfurt, Minerva, 1962], 207vI : *Et ideo illud, quod est simplex in rei veritate, non habet definitionem, neque quaeritur per quare.*

questionne et que l'on n'enquête pas au sujet des simples. C'est le composé qui est quelque chose de cette sorte. Toutes ces allégations sont encore confirmées par les exemples que le Philosophe propose au livre VII [de la *Métaphysique*] pour manifester l'évidence de ses dires [1] ; il y sous-entend ce qu'il a exposé dans le traité des *Analytiques postérieurs* [2] *:* les questions 'en raison de quoi ?' ou 'pourquoi ?' peuvent être reconduites à la question 'qu'est-ce que c'est ?', surtout du point de vue du métaphysicien qui doit considérer proprement les quidités et les essences des choses en tant que telles. Le Philosophe expose donc un exemple pour les artefacts et un exemple pour les êtres naturels [3]. Pour les artefacts, on demande pourquoi les pierres et les parois constituent une maison ; on questionne donc au sujet de la forme qui est comme la quidité de la maison, à savoir la forme d'abri. Pour les êtres naturels, on demande pourquoi est homme ce qui a été engendré à partir de ce dont le corps humain est proprement constitué. Et le Philosophe ajoute [4] : C'est manifestement la cause de la matière que l'on recherche, et cette cause est la forme de ce qui a quelque réalité et est la substance. Le Commentateur [dit] [5] : Il est donc manifeste que l'on recherche la cause de la matière par le 'pourquoi ?', et que c'est la forme en vertu de laquelle la matière existe. Il est donc manifeste que, dans les simples, il n'y a pas de quidité. Par conséquent, ils n'ont pas de définition, car, dans l'essence du simple, on ne distingue aucune multiplicité, et la question 'en raison de quoi ?' ou 'pourquoi ?' n'a pas lieu d'être à leur sujet, comme nous l'avons dit. Ainsi, à la fin de l'avant-dernier chapitre de son commentaire sur le livre VII [de la *Métaphysique*] [6], le Commentateur dit :

1. Aristote, *Métaphysique, VII, 17,* 1041a10-1041b11.

2. Aristote, *Analytiques postérieurs, II, 2,* 90a14-15 ; 90a31-32, trad. P. Pellegrin, 2005, p. 245 : « Dans tous ces cas, en effet, il est manifeste que le "ce que c'est" et le "du fait de quoi c'est" c'est la même chose. » [...] « Comme nous le disons, donc, connaître le "ce que c'est" est la même chose que de connaître le "du fait de quoi c'est" [...]. »

3. Aristote, *Métaphysique, VII, 17,* 1041a10-1041b11.

4. Aristote, *Métaphysique, VII, 17,* 1041b4-9, trad. J. Tricot, 1991, p. 450 : « Et puisqu'il faut que la chose soit donnée d'abord et qu'elle existe, il est évident que la recherche porte sur la matière : pourquoi telle matière est-elle telle chose ? [...] Par conséquent, la recherche du pourquoi, c'est la recherche de la cause, et cette cause est la forme, en vertu de quoi la matière est une chose déterminée, et c'est cela qui est la substance. »

5. Averroès, *Commentaire de la Métaphysique, livre VII, comm. 60,* Venetiis apud Junctas, 1562-1574, vol. 8 [réimpr. Frankfurt, Minerva, 1962], 208rF-208vG : « Enfin, il dit donc : il est manifeste que lorsque l'on recherche la cause de la matière, etc. C'est-à-dire qu'il est donc manifeste que, lorsque l'on recherche la cause de la matière par le "pourquoi", cela est la forme en raison de la laquelle la matière est, et cela est également la substance de la chose. »

6. Averroès, *Commentaire de la Métaphysique, livre VII, comm. 39,* Venetiis apud Junctas, 1562-1574, vol. 8 [réimpr. Frankfurt, Minerva, 1962], 207vI.

« Ideo id, quod est simplex in rei veritate non habet definitionem neque quaeritur per 'quare'. »

(3) Ex dictis etiam manifestum est, quod hi, qui dicunt quiditatem comprehendere totum compositum in rebus compositis ex materia et forma, quod etiam in abstracto significatur ut humanitas, ut dicunt[1], hi, inquam, sentiunt contra Philosophum et contra veritatem. Nulla enim secundum hoc esset differentia inter composita et simplicia. Sicut enim in rebus compositis totum significatur in abstracto, sic in simplicibus ; nec est aliqua ratio, quare in compositis quiditas rei importet totum compositum et non in simplicibus. Compositio enim in rebus compositis nihil facit ad propositum, in eo videlicet, quod potius ipsa composita dicantur habere quiditatem quam simplicia. Ex quo in utroque istorum tota essentia potest significari in abstracto et in concreto.

(4) Considerando igitur magis in speciali, ut praemissum est, proprietatem et modum et rationem quiditatis removetur quiditas et per consequens definitio a simplicibus, sed solum in compositis invenitur

1. Exempli gratia, Thomas de Aquino, *In libros Aristotelis Metaphysicorum, VII, lect. 9*, ed. M.-R. Cathala-R.M. Spiazzi, n. 1469 : *Unde est alia opinio, quam sequitur Avicenna ; et secundum hanc forma totius, quae est ipsa quidditas speciei, differt a forma partis, sicut totum a parte : nam quidditas speciei, est composita ex materia et forma, non tamen ex hac forma et ex hac materia individua.* Thomas de Aquino, *De ente et essentia, cap. 2*, ed. leon., p. 373b : *Et ideo humanitas significatur ut forma quaedam, et dicitur quod est forma totius ; non quidem quasi superaddita partibus essentialibus [...] : sed magis est forma quae est totum, scilicet formam complectens et materiam, tamen cum praecisione eorum per quae nata est materia designari.* Avicenna, *Liber de philosophia prima (Metaphysica), V, 5*, ed. S. Van Riet, p. 275 : *Definitio enim compositorum non est ex sola forma : definitio enim rei significat omne id ex quo constituitur eius essentia ; unde contingit ut contineat materiam aliquo modo, et per hoc cognoscitur differentia inter quidditatem et formam. [...] quidditas vero est id quod est quicquid est, forma existente coniuncta materiae, quod quidem amplius est quam intentio formae [...].*

« C'est pourquoi ce qui est vraiment simple dans la réalité n'a pas de définition et n'est pas recherché au moyen de la question 'pourquoi ?'. »

(3) Ce qui suit découle manifestement des propos précédents : ils sont en désaccord avec le Philosophe et avec la vérité ceux qui affirment que[a], dans les choses composées de matière et de forme, la quidité comprend tout le composé, qui est aussi signifié abstraitement, par exemple 'humanité', comme ils disent[1]. Selon cette thèse, il n'y aurait en effet aucune différence entre les composés et les simples. Le tout serait signifié abstraitement dans le cas des simples, comme il l'est dans le cas des composés : il n'y aurait aucune raison pour que la quidité de la chose ne se réfère pas au tout dans le cas des simples, alors qu'elle le fait pour les composés. Dans le cas des choses composées, le fait de la composition n'aurait donc rien à voir avec notre propos, selon laquelle ce sont plutôt les composés que les simples qui sont dits posséder une quidité. Dans cette optique, l'essence totale des simples comme des composés pourrait être signifiée sur le mode abstrait et sur le mode concret.

(4) Si l'on considère donc plus spécialement la propriété, le mode et la raison de quidité comme auparavant, il faut exclure des simples la quidité et, par conséquent, la définition. On ne les trouve que dans les composés,

1. Par exemple, Thomas d'Aquin, *Commentaire de la Métaphysique, VII, leçon 9,* ed. M.-R. Cathala-R.M. Spiazzi, n. 1469 : « C'est pourquoi il existe une autre position, celle qu'a adoptée Avicenne ; selon cette position, la forme du tout, qui est la quidité même de l'espèce, diffère de la forme de la partie, comme le tout de la partie : en effet, la quidité de l'espèce est composée de matière et de forme, bien qu'elle ne le soit pas de cette forme et de cette matière individuelle. » Thomas d'Aquin, *L'être et l'essence, c. 2,* trad. A. de Libera, C. Michon, 1996, p. 89 : « C'est pourquoi l'humanité est signifiée comme une certaine forme, et on dit qu'elle est la forme du tout ; non pas comme si elle était surajoutée aux parties essentielles [...] ; mais elle est davantage la forme qui est le tout, c'est-à-dire qui embrasse la forme et la matière, à l'exclusion cependant de ce par quoi la matière est capable d'être désignée. » Avicenne, *Livre de la philosophie première (Métaphysique), V, 5*, ed. S. Van Riet, p. 275 : « En effet, la définition des composés ne consiste pas dans la forme seule, car la définition de la chose signifie tout ce dont est constituée l'essence de la chose ; c'est pourquoi il se produit que [cette définition] contienne la matière d'une certaine façon, et, en vertu de cela, on saisit la différence qu'il y a entre la quidité et la forme. [...] la quidité est ce qu'est tout ce qui est lorsqu'une forme existe en conjonction avec une matière, et cela est davantage que l'intention de la forme [...]. »

a. Thierry reproduit les tournures et les propos de Thomas contre Averroès et ses sectateurs, notamment dans le *De unitate intellectus* ou dans le deuxième livre de la *Summa contra Gentiles.* Par exemple : « *Est igitur praedicta positio contra sententiam Aristotelis, et contra veritatem. Unde tanquam fictitia repudianda est* » ; « La thèse étudiée va donc contre l'enseignement d'Aristote, et contre la vérité. Aussi doit-elle être récusée comme pure invention. » *Contra Gentiles*, lib. 2 cap. 61, *in fine* ; traduction C. Michon, Paris, GF-Flammarion, 1999, t. II, p. 256.

non sic, quod quiditas in eis sit totum compositum, sed aliquid eius quasi intrinsecum principium secundum actum formalem.

4. *Quod in rebus secundae intentionis, quae sunt res rationis, invenitur et quiditas*

(1) Exclusis igitur simplicibus ab eo, quod est habere proprie quiditatem, agendum de compositis, in quibus et quomodo et cuiusmodi quiditas in eis inveniatur secundum diversa entium genera, quorum distinctio descendit ex divisione entis.

(2) Unde per consequens ea, quae conveniunt enti secundum communem entis rationem in eo, quod ens, conveniunt etiam partibus entis, in quas descendit ens per sui divisionem, quamvis secundum quandam analogiam, sicut et ipsum ens est analogum. Sunt autem huiusmodi ut unum et multa et eorum species, scilicet simile et dissimile, aequale, inaequale, idem, differens, diversum et similia. Item entis, inquantum est ens, sunt potentia et actus, supra quae in speciebus entis fundatur materia et forma et quiditas et id, quod est quid, quantum ad essentias eorum ; similiter activum et passivum, inquantum hoc quidem est actu, hoc vero potentia. Haec igitur in diversis generibus entium inveniuntur secundum quandam similitudinem proportionis secundum exigentiam uniuscuiusque generis entium.

(3) Dividitur autem ens prima divisione in ens secundum rem, secundum quod est res primae intentionis, cum suis proprietatibus distinctum in decem genera praedicamentorum et in ens, quod est res secundae intentionis et ens rationis, quod similiter praedictis in diversos modos distinguitur. Sunt enim in huiusmodi rerum manerie, quae sunt logicae considerationis, puta syllogismus, definitio, maior et minor extremitas, locales habitudines, genus, species et huiusmodi. Sunt etiam aliqua huius generis, quae cadunt sub consideratione facultatis grammaticae, scilicet modi significandi et consignificandi partium orationis et huiusmodi.

(4) In his igitur rebus secundae intentionis ea, quae descendunt ex ente per suam divisionem, puta unum et multa et eorum species, item potentiam et actum et quae in eis fundantur, scilicet materiam et formam et quiditatem et id, quod quid est, proportionaliter sumendum ad similitudinem entium realium primae intentionis.

et non pas comme si la quidité était tout le composé; au contraire, elle est quelque chose du composé, comme un principe intrinsèque qui a le statut d'acte formel.

4. *Que la quidité se trouve aussi dans les réalités de seconde intention, c'est-à-dire les réalités de raison*

(1) Après avoir exclu les simples du domaine de ce qui possède proprement une quidité, il faut traiter des composés. Il faut examiner comment et quel type de quidité se trouve en eux, en tenant compte des divers genres d'étants dont la distinction procède de la division de l'étant.

(2) En conséquence de cette division, ce qui revient à l'étant envisagé en sa raison commune d'étant en tant qu'étant, revient aussi aux parties de l'étant dans lesquelles l'étant descend par le fait de sa division, bien qu'il le fasse en fonction d'une certaine analogie, dans la mesure où l'étant lui-même est analogique. Or sont de cette sorte : l'un et le multiple ainsi que leurs espèces, c'est-à-dire le semblable et le dissemblable, l'égal, l'inégal, le même, le différent, le divers et les autres [choses] similaires. De même, la puissance et l'acte reviennent à l'étant en tant qu'étant; dans les espèces de l'étant, la matière et la forme, la quidité et le ce qui est un 'ce que' sont fondés sur eux, compte tenu de leurs essences respectives; il en va de même pour l'actif et le passif, dans la mesure où celui-là est en acte, celui-ci en puissance. On les trouve donc dans les divers genres d'étants, selon une certaine similitude proportionnelle qui tient compte des exigences propres à chaque genre d'étant.

(3) Or la première division de l'étant le divise en étant réel – réalité de première intention qui, avec ses propriétés, se distingue en les dix genres catégoriels –, et en étant qui est une réalité de seconde intention – étant de raison qui se distingue de la même manière en divers modes. À ce type de choses, appartiennent les objets de la logique, par exemple le syllogisme, la définition, le grand et le petit terme, les relations topiques, le genre, l'espèce, etc. À ce même genre appartiennent aussi quelques objets qui tombent sous la compétence de la faculté du grammairien, c'est-à-dire les modes de signifier et de co-signifier propres aux parties du discours, et les choses de ce type.

(4) Il faut considérer selon une similitude proportionnelle [rapportée] aux étants réels de première intention tout ce qui, dans ces réalités de seconde intention, descend de l'étant en vertu de sa division, par exemple l'un, le multiple et leurs espèces, ainsi que la puissance et l'acte, et ce qui se fonde sur eux : la matière et la forme, la quidité et ce qui est un 'ce que'.

5. *Ponitur quoddam praeambulum ad sumendum quiditatem in rebus secundae intentionis, quae sunt res rationis*

(1) Quamvis autem huiusmodi res secundae intentionis circueant omnia genera praedicamentorum, per prius tamen inveniuntur in genere substantiae et ex hoc proportionaliter descendunt in alia genera, sicut et ipsum ens derivatur a substantia ad alia genera vel entia, quae sunt in aliis generibus.

(2) Separetur igitur secundum considerationem in genere substantiae id, quod est substantia et res primae intentionis, ab eo, quod est genus substantiae secundum coordinationem in linea praedicamentali quantum ad genera et species et differentias et huiusmodi, quae inquantum talia sunt res secundae intentionis et res rationis et accipiuntur secundum praedicari in quid vel in quale vel de pluribus vel de uno solo ut particularia. Sic enim vel sic praedicari est res rationis et res secundae intentionis.

(3) Si ergo consideremus in genere substantiae quoad coordinationem in linea praedicamentali genera et species et differentias et particularia, inquantum sunt res secundae intentionis, secundum hoc cadit distinctio substantiae in primas et in secundas substantias secundum Philosophum in *Praedicamentis*[1]. Proprium autem est primae substantiae, ut ibidem dicit[2], significare hoc aliquid, inquantum est particulare. Secundae autem substantiae, scilicet genera et species, significant quale quid. In eo autem, quod significant quale quid, duo importantur in significato suo : unum videlicet, quod principaliter et qualitative et per modum formae significatur et in recto, et hoc est propria forma generis vel speciei in se inquantum genus vel species ; aliud, quod quasi materialiter et subiective in suo significato important, id videlicet, quod eis in linea praedicamentali supponitur ut species generi et speciei individuum sive particulare, sicut, si ageretur de

1. Aristoteles Latinus, *Categoriae vel Praedicamenta, V. Translatio Guillelmi*, ed. L. Minio-Paluello (AL I 1-5), p. 87 : *Substantia autem est que propriissime et primo et maxime dicitur, que neque de subiecto aliquo dicitur neque in subiecto aliquo est, veluti quidam homo et quidam equus. Secunde autem substantie dicuntur species, in quibus speciebus que dicuntur prime substantie existunt, eademque et genera specierum harum [...].*

2. *Ibid.*

5. *Exposition de quelques prolégomènes à l'étude de la quidité dans les réalités de seconde intention, qui sont des réalités de raison*

(1) Bien que ces réalités de seconde intention circulent à travers tous les genres catégoriels, elles se trouvent pourtant prioritairement dans le genre de la substance et, de là, elles descendent proportionnellement dans les autres genres; c'est aussi de cette manière que l'étant lui-même est dérivé : de la substance vers les autres genres ou les autres étants qui appartiennent aux autres genres.

(2) Dans le genre de la substance, on distingue donc, selon la raison, ce qui est substance et réalité de première intention, de ce qui est genre de la substance en vertu de la hiérarchie qui organise en série catégorielle les genres, les espèces, les différences et les choses de cette sorte; en tant que telles, celles-ci sont des réalités de seconde intention et des réalités de raison; elles sont envisagées selon qu'elles sont prédiquées essentiellement ou qualitativement et selon qu'elles sont prédiquées de plusieurs ou d'un seul, comme les particuliers. En effet, être prédiqué de telle ou telle manière est le propre des réalités de raison et des réalités de seconde intention.

(3) Si, dans le genre de la substance, nous considérons donc, en ce qui concerne la hiérarchie de la série catégorielle, les genres, les espèces, les différences et les particuliers en tant qu'ils sont des réalités de seconde intention, la substance se distingue en substances premières et substances secondes, selon le Philosophe, dans les *Catégories* [1]. Comme il le dit dans le même traité [2], le propre de la substance première est de signifier tel quelque chose, en tant qu'il est un particulier. Par contre, les substances secondes, genres et espèces, signifient un 'ce que' qualifié. Dans la mesure où elle signifie un 'ce que' qualifié, leur signification se réfère à un double [signifié]. Le premier est signifié directement, principalement, qualitativement et à la manière d'une forme; ce [signifié] est la forme propre du genre ou de l'espèce considérés en soi, en tant que genre ou espèce. En second lieu, leur signification inclut, pour ainsi dire matériellement et subjectivement, ce qui est posé sous chacune de ces [formes] dans la série catégorielle : de cette manière, l'espèce est posée sous le genre, l'individu ou le particulier sous l'espèce; par exemple, s'il s'agissait de la

1. Aristote, *Catégories*, 5, 2a11-16, trad. F. Ildefonse, J. Lallot, 2002, p. 63 : « Est essence, dite au sens le plus fondamental, premier et principal, ce qui ne se dit pas d'un sujet ni n'est dans un sujet, par exemple tel homme donné ou tel cheval donné. Sont dites essences secondes les espèces auxquelles appartiennent les essences dites au sens premier, ces espèces ainsi que les genres de ces espèces. »

2. *Ibid.*

significatione albi, diceretur, quod significat speciem vel formam albedinis et in intellectu suo importat subiectum. Particulare autem seu individuum quantum ad coordinationem in linea praedicamentali quasi materialiter et subiective significatur. Et ideo dicuntur significare hoc aliquid. Hinc est, quod superiora de inferioribus sibi subiectis praedicantur ut genus de specie et species de individuo. Sunt enim superiora formae quaedam inferiorum importantes in significatione sua quoddam aggregatum, naturam videlicet propriam sui ipsius generis et speciei subiectae. Similiter et ipsa species cum sua propria specifica forma concernit sibi subiectum individuum. Et sic, secundum quod dicit Philosophus[1], Plato aggregatum ex specie et individuo vocavit quoddam simul totum, in quo species formaliter se habet, individuum in eo, quod individuum, materialiter et subiective. Sed haec hactenus de significatione generum, specierum et individuorum.

(4) Differentia autem, quae etiam pertinet ad coordinationem lineae praedicamentalis, sed a latere et quasi indirecte inquantum differentia et res rationis, solam formam significat absolute. Et ideo secundum Philosophum in suis *Topicis*[2] genus non praedicatur de differentia, quia differentia

1. Aristoteles Latinus, *Metaphysica, III, 1; III, 4. Translatio Iacobi sive 'Vetustissima'*, ed. G. Vuillemin-Diem (AL XXV I-Iª), p. 42-43; p. 52: *[...] et utrum preter compositum (dico autem compositum, cum predicatur aliquid de materia) [...]; Simul autem et quomodo fit materia horum unumquodque et est compositum utraque hec?* Aristoteles Latinus, *Metaphysica, III, 1; III, 4. Translatio Anonyma sive 'Media'*, ed. G. Vuillemin-Diem (AL XXV 2), p. 42-43; 52: *[...] et utrum est aliquid preter simul totum (dico autem sinolon, quando predicatur aliquid de materia) [...]; Simul autem et quomodo fit materia horum singulum et est sinolon ea ambo?* [= *Recensio Guillelmi*, ed. G. Vuillemin-Diem (AL XXV 3.2), p. 50; p. 59] Albertus Magnus, *Metaphysica, Lib. III, tract. 1, c. 3; Lib. III, tract. 2, c. 7*, ed. B. Geyer, p. 109 (l. 17-19); p. 123 (l. 4-7): *Dico autem simul totum, quod Graeci synolon vocant, quando praedicatur aliquid de materia sive materiali compositione [...].; Quaestio autem haec est, utrum aliquid sit forma et universale praeter materiam et synolon sive simul totum, quod est particulare, sicut quidam Stoicorum dixerunt.* Thomas de Aquino, *In libros Aristotelis Metaphysicorum, III, lect. 3*, ed. M.-R. Cathala-R.M. Spiazzi, n. 360: *Quarta quaestio est, utrum aliquid sit praeter synolon, id est simul totum [...]. Exponit autem quid sit synolon vel simul totum, scilicet quando praedicatur aliquid de materia. Ad cuius intellectum considerandum est quod Plato posuit hominem et equum et ea quae sic praedicantur, esse formas separatas. Per hoc autem homo praedicatur de Socrate vel Platone, quod materia sensibilis participat formam separatam. Socrates ergo vel Plato dicitur synolon vel simul totum, quia constituitur per hoc quod materia participat formam separatam.*

2. Aristoteles Latinus, *Topica, VI, 6. Translatio Boethii*, ed. L. Minio-Paluello (AL V 1-3), p. 126-127: *Amplius si praedicatur de genere differentia vel species aut inferiorum aliquid specie, non erit diffiniens; nullum enim eorum quae dicta sunt contingit de genere praedicari, eo quod genus amplissime omnium dicitur. Rursum si praedicatur genus de*

signification du blanc, on dirait qu'il signifie l'espèce ou la forme 'blancheur' et que, dans son intellection, il réfère à un sujet. Or, par sa place dans la série catégorielle, le particulier ou l'individu est signifié presque matériellement et subjectivement. C'est pourquoi l'on dit qu'il signifie ce quelque chose. Ainsi, les supérieurs sont prédiqués des inférieurs qui leur sont sous-posés : le genre est prédiqué de l'espèce et l'espèce de l'individu. En effet, les supérieurs sont les formes des inférieurs, qui supposent dans leur signification un certain agrégat, c'est-à-dire une nature qui soit propre au genre même et à l'espèce qui lui est sous-posée. De même, avec sa propre forme spécifique, l'espèce comprend l'individu qui lui est sous-posé. C'est pourquoi, selon les dires du Philosophe [1], Platon a appelé cet agrégat de l'espèce et de l'individu 'un certain tout simultané' : en lui, l'espèce est présente sur le mode formel; en tant qu'il est individu, l'individu y est matériellement et subjectivement [contenu]. Mais en voilà assez sur la signification des genres, des espèces et des individus.

(4) Quant à la différence, qui entre aussi dans la hiérarchie de la série catégorielle mais de manière latérale et comme indirectement, en tant que différence et réalité de raison, elle signifie la seule forme, de manière absolue. C'est pourquoi, dans les *Topiques* [2], le Philosophe dit que le genre n'est pas prédiqué de la différence; en effet, la différence est hors de la

1. Aristote, *Métaphysique, III, 1*, 995b35; *III, 4*, 999b24, trad. J. Tricot, 1991, p. 123; p. 148 : « Y a-t-il quelque chose en dehors du composé concret (Je dis que le *composé*, c'est quand quelque chose est affirmé de la matière) [...] ? »; « Et en même temps, comment la matière devient-elle chaque chose individuelle, et comment le composé est-il à la fois ces deux composants ? » Albert le Grand, *Commentaire de la Métaphysique, III, traité 1, c. 3; III, traité 2, c. 7*, ed. B. Geyer, p. 109 (l. 17-19); p. 123 (l. 4-7) : « Or je parle de "tout simultané" – que les Grecs nomment "synolon" – lorsque quelque chose est prédiqué de la matière ou de la composition matérielle [...]. »; « Telle est la question : y a-t-il quelque chose qui soit forme et universel en sus de la matière et du synolon ou "tout simultané", c'est-à-dire du particulier, comme l'ont dit certains Stoïciens ? » Thomas d'Aquin, *Commentaire de la Métaphysique, III, leçon 3*, ed. M.-R. Cathala-R.M. Spiazzi, n. 360 : « La quatrième question demande : y a-t-il quelque chose en sus du synolon, c'est-à-dire du "tout simultané" [...] ? Or [Aristote] explique ce qu'est le synolon ou le "tout simultané", à savoir lorsque quelque chose est prédiqué de la matière. Pour saisir cela, il faut considérer que Platon a posé que homme, cheval et les choses qui se prédiquent ainsi sont des formes séparées. Homme se prédique de Socrate ou Platon, du fait que que la matière sensible participe à la forme séparée. De fait, Socrate, ou Platon, est dit synolon ou "tout simultané", car il est constitué par le fait que la matière participe à la forme séparée. »

2. Aristote, *Topiques, VI, 6*, 144a28-144b3, trad. J. Tricot, 1950, p. 250-251 : « En outre, si la différence, ou l'espèce, ou l'une des choses qui sont subordonnées à l'espèce, est un prédicat du genre, il ne saurait y avoir de définition. Aucun de ces termes, en effet, ne peut être affirmé du genre, puisque le genre est celui de tous qui a le plus d'extension. — Et encore, il faut voir si on a, en fait, affirmé le genre de la différence : car il semble bien que le genre est

est extra substantiam generis, inquantum sunt res rationis. Si enim praedicaretur animal inquantum genus de rationali inquantum differentia, ut dicit ibi Philosophus[1], homo esset duo animalia propter duo disparata ab invicem, scilicet genus et differentiam, quorum utrumque esset animal et unum esset aliud animal quam aliud

(5) Ei autem, quod dictum est, scilicet quod superiora sunt formae inferiorum sibi in linea praedicamentali suppositorum, puta genera specierum et species individuorum, videtur contrarium, quoniam inferiora magis formalia sunt superioribus et magis in actu. Superiora enim in linea praedicamentali determinantur per inferiora sicut potentialia per magis actualia.

(6) Ad quod dicendum, quod ea, quae ordinantur in linea praedicamentali, dupliciter accipi possunt : uno modo, ut sumantur res ipsae, quae sunt res talis generis, et sint res primae intentionis, puta substantia, corpus, animal, homo. In huiusmodi id, quod significatur nomine alicuius generis, et id, quod significatur nomine differentiae determinantis tale genus in speciem, sunt partes formae eius rei, quae subicitur generi, ut si dicatur, 'homo est animal rationale'. Huiusmodi enim definitio significat formam. Cuius formae partes explicantur per partes dictae definitionis.

(7) Alio modo possunt considerari ea, quae sunt in tali genere, secundum quod ordinantur in genere inquantum genera, species et huiusmodi, quae sunt res secundae intentionis, in quibus similiter superiora, id est genera cum adiunctis differentiis determinantibus ea in species, sunt partes formae eius quod subicitur superiori ut animal rationale, quae sunt partes formae eius, quae est humanitas, inquantum homo est species et species est res secundae intentionis.

differentia; non enim de differentia, sed de quibus differentia, genus videtur praedicari ut animal de homine et bove et de aliis gressibilibus animalibus, non de ea differentia quae de specie dicitur. Nam si secundum unamquamque differentiarum animal praedicaretur, multa animalia de specie praedicarentur; nam differentiae de specie praedicantur. Amplius differentiae omnes aut species aut individua erunt, si quidem sunt animalia; nam unumquodque animalium aut species est aut individuum.

1. *Ibid.*

substance du genre, en tant que la différence et le genre sont des réalités de raison. En effet, au même endroit [1], le Philosophe dit que, si animal, en tant que genre, était prédiqué de doué de raison, en tant que différence, l'homme serait deux animaux, car il y aurait deux [éléments] qui diffèrent l'un de l'autre, c'est-à-dire le genre et la différence : chacun d'eux serait animal, et l'un serait un animal différent de l'autre.

(5) Nous avons dit que les supérieurs sont les formes des inférieurs qui leur sont sous-posés dans la série catégorielle, que, par exemple, les genres sont les formes des espèces, et les espèces les formes des individus; il semble pourtant que ce soit le contraire qui est vrai, puisque les inférieurs sont plus formels et plus en acte que les supérieurs. En effet, dans la série catégorielle, les supérieurs sont déterminés par les inférieurs comme des [formes] potentielles sont déterminées par des [formes] plus actuelles.

(6) Il faut répondre que les choses qui sont ordonnés dans la série catégorielle peuvent être envisagés de deux manières. D'une première manière, on considère les choses mêmes qui appartiennent à un tel genre et qui sont des réalités de première intention, par exemple la substance, le corps, l'animal, l'homme. Dans ce cas, ce qui est signifié par le nom du genre et ce qui est signifié par le nom de la différence déterminant ce genre en espèce sont les parties formelles de la chose qui est le sujet de ce genre; par exemple, lorsque l'on dit 'l'homme est un animal doué de raison'. Une telle définition signifie en effet la forme, et les parties de cette forme sont déployées au moyen des parties de la définition.

(7) D'une seconde manière, on peut considérer les choses qui appartiennent au genre dans la mesure où elles sont ordonnées sous un tel genre en tant que genres, espèces et [catégories] de cette sorte, qui sont des réalités de seconde intention. Dans ce cas, les supérieurs, c'est-à-dire les genres avec les différences qui leur sont ajoutées pour les déterminer en espèces, sont également les parties de la forme de ce qui est soumis au supérieur; par exemple, animal et doué de raison sont les parties de la forme 'humanité', dans la mesure où homme est espèce et cette espèce est une réalité de seconde intention.

affirmé, non pas de la différence, mais de ce dont la différence est elle-même affirmée. L'animal, par exemple, est affirmé de l'homme, du bœuf et des autres animaux pédestres, et non de la différence elle-même qui est affirmée de l'espèce. En effet, si l'on veut que l'animal soit affirmé de chacune de ses différences, l'animal sera alors plusieurs fois affirmé de l'espèce, puisque les différences sont affirmées de l'espèce. J'ajoute que les différences seront toutes soit des espèces, soit des individus, si elles sont des animaux, car chaque animal est soit une espèce, soit un individu. »

1. *Ibid.*

(8) Utroque autem istorum modorum sumendi genera et differentias, quae significant partes formae, ipsa, inquam, simul iuncta sunt quid formalius quam id, cuius est talis forma, sicut et ipsa forma formalior est eo, cuius est forma. Et secundum hoc non obstat dicta obiectio.

6. *Quomodo sumitur quiditas in rebus secundae intentionis, quae sunt res rationis*

(1) Praehabitis igitur consideratis patet, quomodo sumenda vel intelligenda sit quiditas in rebus secundae intentionis, quae sunt res rationis.

(2) Et primo gratia maioris evidentiae in genere substantiae. Si enim accipiamus simul totum secundum Platonem, id est aggregatum ex specie et individuo, natura speciei in eo, quod species, in huiusmodi aggregato habet rationem formae, et individuum speciei suppositum stat in ratione materiae. Unde ipsa species, si formaliter sumatur, id est circumscripto individuo – et hoc designatur, si ipsa species significetur in abstracto ut humanitas –, species, inquam, sic sumpta est quiditas dicti aggregati, quod est homo et quoddam simul totum secundum Platonem, ut recitat Aristoteles[1]. Humanitas autem secundum hoc dicit totam naturam speciei, cuius formae, scilicet humanitatis, partes sunt animal et rationale, si dicta forma exponatur et explicetur per suas partes. Et secundum hoc animal rationale non est definitio humanitatis, sed partes eius. Est autem huiusmodi, scilicet animal rationale, definitio hominis secundum dictum modum solam formam significans, sed definiens hominem totum.

(3) Et hoc est, quod quidam[2] minus considerate loquentes et volentes agere de quiditatibus rerum naturalium, quae sunt res primae intentionis, dixerunt humanitatem, quae in abstracto importat totam naturam speciei, esse quiditatem hominis, inquantum utrumque istorum, scilicet et humanitas et homo, est res naturae et res primae intentionis. Aestimantes se agere de rebus naturae seu primae intentionis inciderunt in modum et proprietatem rerum secundae intentionis, quae sunt res rationis.

1. Vide adnotationem 1, p. 166.
2. Vide adnotationem 1, p. 160.

(8) Dans ces deux manières d'envisager les genres et les différences, ceux-ci signifient les parties de la forme : considérés dans leur union, le genre et la différence constituent quelque chose de plus formel que ce dont ils sont la forme; de même, la forme elle-même est plus formelle que ce dont elle est la forme. En ce sens, l'objection mentionnée n'invalide pas notre propos.

6. *Comment on envisage la quidité dans les réalités de seconde intention, qui sont des réalités de raison*

(1) Étant donné les considérations précédentes, la manière dont il faut comprendre ou concevoir la quidité dans les réalités de seconde intention – les réalités de raison – est clair.

(2) En premier lieu, cette évidence est plus grande dans le genre de la substance. En effet, si nous considérons le 'tout simultané' de Platon, c'est-à-dire l'agrégat de l'espèce et de l'individu, dans ce type d'agrégat, la nature de l'espèce en tant qu'elle est espèce a raison de forme, et l'individu qui est le suppôt de l'espèce, joue le rôle de matière. De fait, si cette espèce est considérée formellement, abstraction faite de l'individu, – et telle est la référence de l'espèce si elle est signifiée sur le mode abstrait, par exemple humanité –, l'espèce ainsi comprise, dis-je, est la quidité de l'agrégat que constitue homme, à savoir le 'tout simultané' de Platon, selon le témoignage d'Aristote[1]. En conséquence, humanité dit la nature totale de l'espèce; si l'on analyse cette forme et si on l'explicite au moyen de ses parties, ces parties, c'est-à-dire les parties d'humanité, seront animal et doué de raison. De fait, animal doué de raison n'est pas la définition d'humanité, mais ses parties. 'Animal doué de raison'est par contre la définition de homme; selon le mode susmentionné, elle ne signifie que la forme, bien qu'elle définisse homme tout entier.

(3) Mais, alors qu'ils se proposaient de traiter des quidités des réalités naturelles, c'est-à-dire de réalités de première intention, certains auteurs[2] ont affirmé ceci, s'exprimant de manière inadéquate : L'humanité, qui, sur le mode abstrait, réfère à la nature totale de l'espèce, est la quidité de l'homme, dans la mesure où ces deux choses – l'humanité et l'homme – sont des réalités naturelles et des réalités de première intention. Alors qu'ils se figuraient traiter de réalités naturelles ou de première intention, peu à peu ils en sont venus à parler du mode et de la propriété des réalités de seconde intention, qui sont des réalités de raison.

1. Voir note 1, p. 167.
2. Voir note 1, p. 161.

(4) Sicut autem dictum est gratia exempli de specie, quae est homo, et sua quiditate, quae est humanitas, inquantum utrumque est res rationis et res secundae intentionis, sic dicendum est de genere, verbi gratia de animali, quod secundum praemissum modum est etiam quoddam simul totum, id est aggregatum ex genere et supposita sibi specie, inquantum utrumque est res rationis. Cuius aggregati forma et per consequens quiditas est animalitas designans totalitatem generis inquantum tale genus. Partes autem huius formae sunt corpus, animatum, sensibile. Quae partes formae ad invicem aggregatae sunt definitio animalis. Secundum eundem modum negotiandum de aliis generibus et speciebus et quiditatibus eorum in genere substantiae.

(5) Sed et in aliis generibus praedicamentorum eodem modo procedendum est in sumendis quiditatibus generum et specierum uniuscuiusque praedicamenti, inquantum sunt res rationis et res primae intentionis. Similiter autem et in aliis, quae cadunt sub logica consideratione, si alicuius curiositati placuerit, poterit eorum quiditates investigare, puta syllogismi, in quo attenditur debitus modus et figura quantum ad formam eius. Sic de propositione, sic de termino agendum. Sed non est hic circa hoc immorandum.

(6) Similiter autem quantum ad considerationes grammaticales secundum modum et proportionem dictorum apparent quiditates ipsorum in suo genere. Quantum enim ad modum significandi patet in partibus. In nomine enim, quod significat substantiam cum qualitate[1], qualitas locum formae et per consequens quiditatis tenet. Pronomen etiam, quamvis significet meram substantiam[2], qualificatur tamen demonstratione et relatione; verbum etiam et participium, quae significant actum ut in verbo distantem vel ut in participio coniunctum substantiae. Secundum modum significandi patet, quomodo id, quod magis formale est in significato, locum quiditatis habet. De aliis autem partibus, puta adverbio, coniunctione, praepositione et interiectione, quae syncategorematicae sunt quoad sua significata,

1. Priscianus, *Institutiones grammaticae, II, 18*, ed. M. Hertz, I, p. 55 : *Proprium est nominis substantiam et qualitatem significare*.

2. Priscianus, *Institutiones grammaticae, XVII, 5; XVII, 11*, ed. M. Hertz, II, p. 131 ; p. 149 : *Sed pronomina et finita volunt esse et loco propriorum accipiuntur et substantiam solam sine qualitate significant [...].; Itaque cum scribuntur per se pronomina, nimium infinita sunt, scilicet cum sua materia excidunt – id est demonstratione qualitatis propriae.*

(4) Il faut leur répondre ainsi : dans l'exemple de l'espèce homme et de sa quidité humanité, il s'agissait de réalités de raison et de seconde intention, et il en va de même dans le cas du genre, par exemple de animal, qui, selon le mode évoqué tantôt, est aussi un 'tout simultané', c'est-à-dire un agrégat du genre et de l'espèce qui lui est sous-posée, dans la mesure où l'un et l'autre sont des réalités de raison. La forme de cet agrégat et, par conséquent, la quidité est animalité, qui se réfère à la totalité du genre en tant que tel. Or les parties de cette forme sont corps, animé, sensible, et ces parties de la forme, co-agrégées, constituent la définition de animal. Voici la manière dont il faut également traiter des autres genres, espèces et quidités de ce qui appartient au genre de la substance.

(5) Or, concernant les autres genres catégoriels, il faut procéder de la même manière lorsque l'on conçoit les quidités des genres et des espèces de chacune de ces catégories en tant que celles-ci sont des réalités de raison et des réalités de <première> [seconde] intention. Il en va encore de même pour les autres objets qui tombent sous la compétence logique. S'il fallait satisfaire quelque curiosité, on pourrait rechercher leurs quidités, par exemple celle du syllogisme ; dans cette quidité, on vise le mode adéquat et la figure [du syllogisme] quant à sa forme. Il faut faire de même pour la proposition, ou encore pour les termes [de la proposition]. Mais il n'y a pas lieu de s'attarder ici à ce sujet.

(6) De même, lorsqu'en grammaire on considère le mode et les rapports des choses dites, leurs quidités se révèlent appartenir à leur genre propre. Ceci est évident dans le cas des parties qui appartiennent aux modes de signifier. En effet, dans le cas du nom – qui signifie une substance avec une qualité[1] –, la qualité tient lieu de forme et, par conséquent, de quidité. Bien que le pronom signifie une pure substance[2], il est cependant qualifié par [sa fonction] de désignation et de relation. Le verbe et le participe signifient l'acte ; le verbe signifie l'acte séparément, le participe signifie l'acte conjoint à la substance. À considérer les modes de signifier, il est clair que ce qui est le plus formel dans le signifié tient lieu de quidité. Concernant les autres de ces parties, par exemple l'adverbe, la conjonction, la préposition et l'interjection – qui sont des syncatégorèmes quant à leur signifié –,

1. Priscien, *Institutions grammaticales, II, 18*, ed. M. Hertz, I, p. 55 : « Le propre du nom est de signifier une substance et une qualité. »

2. Priscien, *Institutions grammaticales, XVII, 5 ; XVII, 11*, ed. M. Hertz, II, p. 131 ; p. 149 : « Mais ils prétendent que les pronoms sont déterminés, qu'ils sont pris en lieu des [noms] propres, et qu'ils signifient la substance seule, sans la qualité [...]. » ; « C'est pourquoi, quand ils sont écrits pour eux-mêmes, les pronoms sont trop indéterminés, c'est-à-dire qu'ils sont scindés de leur matière – à savoir de la désignation de la qualité propre. »

non est necesse multum curiose agere et superfluum est immorari. Sed ista, quae dicta sunt ratione exempli, sufficiat tetigisse.

(7) In omnibus igitur, quae praemissa sunt ad sumendum quiditatem rerum secundae intentionis, manifestum est, quod salvatur ratio quiditatis et eius, quod quid est inquantum huiusmodi, non solum secundum communem rationem quiditatis positam in principio huius tractatus, sed etiam magis in speciali considerando rationem quiditatis, inquantum videlicet in eo, quod quid est, et, quod quiditatem habet, necessarium est inveniri aliquam multitudinem, qua distinguatur inter quiditatem et id, quod quiditate informatur tamquam aliquod subiectum per suam formam.

(8) Sed hic hactenus de quiditatibus rerum secundae intentionis, quae etiam sunt res rationis.

7. *De completa et perfecta ratione quiditatis, quae proprie est quiditas*

(1) De quiditatibus autem rerum naturalium quantum ad essentias suas nunc considerandum. Sunt autem res naturae substantiae et accidentia naturalia, scilicet qualitas, quantitas et cetera talia.

(2) Et primo agendum de quiditatibus substantiarum, quoniam de prioribus prior est speculatio. Substantia autem prior est aliis definitione et cognitione et tempore, ut dicit Philosophus VII *Metaphysicae*[1]. Ad sumendum autem quiditatem substantiae secundum differentiam ad accidentia considerandum, quod ea, quae dicta sunt de quiditate quantum ad generalem eius rationem positam in principio huius tractatus, item id, quod postea additum est, scilicet quod in omni eo, quod est quid, et, quod habet quiditatem, oportet inveniri quandam multitudinem, in qua aliquid tamquam forma sit alicuius tamquam materiae, ut supra ostensum est, haec, inquam, ad veram et perfectam rationem quiditatis non sufficiunt, quae solum invenitur in substantiis compositis. Necessarium est igitur dictam in principio generalem rationem quiditatis cum eo, quod additum fuit postea, salvam esse in quiditatibus substantiarum compositarum, sed oportet ipsam magis

1. Aristoteles Latinus, *Metaphysica, VII, 1. Recensio Guillelmi*, ed. G. Vuillemin-Diem (AL XXV 3.2), p. 133 : *Multipliciter quidem igitur dicitur quod primum; sed substantia omnium primum, ratione et notitia et tempore.*

il n'est pas nécessaire d'y investir beaucoup de curiosité et il est superflu de s'y attarder. Il suffit que nous ayons touché les quelques cas précédents en guise d'exemples.

(7) À partir de tous ces cas dans lesquels les quidités de réalités de seconde intention ont été conçues, il apparaît clairement que la raison de quidité et de ce qui est un 'ce que' en tant que tel a été établie ; et ceci, non seulement selon la raison commune de quidité définie au début de ce traité, mais aussi, et bien plus, sous la considération spéciale de la raison de quidité : en effet, dans ce qui est un 'ce que' et qui a une quidité, il est nécessaire de découvrir une multiplicité ; en vertu de cette multiplicité, on distingue la quidité de ce qui est informé par elle comme un sujet l'est par sa forme.

(8) Mais en voilà assez sur les quidités des réalités de seconde intention, qui sont également des réalités de raison.

7. *De la raison complète et parfaite de quidité, qui est proprement quidité*

(1) Il faut maintenant examiner les quidités des réalités naturelles, en considérant leurs essences. Or les réalités naturelles sont des substances et des accidents naturels, à savoir qualité, quantité et autres [accidents] de cette sorte.

(2) Il faut traiter des quidités des substances en premier, car le raisonnement sur ce qui est antérieur est antérieur. Or la substance est antérieure à toute autre réalité, par la définition, dans la connaissance et dans le temps, comme le dit le Philosophe au livre VII de la *Métaphysique*[1]. Pour appréhender la quidité de la substance dans sa différence par rapport aux accidents, il faut considérer ce qui a été énoncé au début de ce traité, lorsque nous traitions de la quidité selon sa raison universelle et, ensuite, lorsque nous ajoutions que, dans tout ce qui est un 'ce que' et qui a une quidité, il doit y avoir une multiplicité ; en celle-ci, quelque chose joue le rôle de forme, quelque chose d'autre joue le rôle de matière. Or, comme il a été démontré auparavant, ces choses-là ne suffisent pas à [constituer] la véritable et parfaite raison de quidité qui ne se trouve que dans les substances composées. En ce qui concerne les quidités des substances composées, il est donc nécessaire de conserver la raison universelle de quidité énoncée au début de ce traité, avec les ajouts faits ensuite, mais il faut la

1. Aristote, *Métaphysique*, *VII, 1,* 1028a32-33, trad. J. Tricot, 1991, p. 348 : « Nous savons qu'il y a plusieurs acceptions du terme *premier*. Toutefois, c'est la substance qui est absolument première, à la fois logiquement, dans l'ordre de la connaissance et selon le temps. »

specificare, ut inveniatur quiditas, quae proprie quiditas est, quae solum invenitur in substantiis secundum Philosophum[1]. Hoc autem, quod cum praedictis de ratione quiditatis complet rationem quiditatis, quae vere et proprie quiditas est, colligimus manifeste a Philosopho et a Commentatore VII *Metaphysicae*[2].

(3) Ad cuius intelligentiam considerandum, quod illud, quod est quid et habet quiditatem, habet se sic, id est quod est quid et habet quiditatem secundum eam rationem, qua est ens et habet entitatem. Quamvis ens et entitas abstractioris intentionis sint quam quid et quiditas, sunt tamen unius ordinis quantum ad hoc, quod modus et proprietas entis descendit in ipsum quid inquantum huiusmodi. Qui ordo est essentialis et per se. Sunt enim per se convertibilia ens et quid secundum supposita, quia quidquid est ens, est quid et e converso. Et ideo modus et proprietas essentialis et quae est per se in uno, salvatur in altero. Importat autem ens sive entitas perfectam quandam essentialitatem in se, quae inquantum est ens, omnem accidentalitatem excludit in sua essentia. Quae accidentalitas consistit in eo, vel quod aliquid accidat alteri et in eo seu ex hoc sit ens, vel quod aliquid sit ens ex aliquibus accidentaliter sibi invicem unitis. Talia enim non sunt vere et simpliciter entia, sed accidit, ut talia sint, et per consequens accidit, ut sint entia. Ens igitur in eo, quod ens, quod vere et per se est ens, habet in sua essentia talem essentialitatem, qua essentialiter et per se est ens et unum. Et quoniam ens et quid et verum et unum et similia sunt transcendentia, et circueunt omnia entia et secundum supposita convertuntur. Quamvis propriis rationibus differant, est tamen in eis aliquis ordo. Ens enim secundum suam propriam rationem omnium est primum, deinde quid est, deinde alia, ut patet ordine essentiali ad invicem disposita. In omni autem essentiali ordine rationem primi et ea, quae sunt primi per se, oportet salvari in secundis.

1. Aristoteles Latinus, *Metaphysica, VII, 4; VII, 5. Recensio Guillelmi*, ed. G. Vuillemin-Diem (AL XXV 3.2), p. 138; p. 140: *Illud autem palam quia que primo et simpliciter diffinitio et quod quid erat esse substantiarum est. […] Quod quidem igitur est diffinitio que ipsius quid erat esse ratio, et quid erat esse aut solum substantiarum est aut maxime et primum et simpliciter, palam.*

2. Aristoteles Latinus, *Metaphysica, VII, 4. Recensio Guillelmi*, ed. G. Vuillemin-Diem (AL XXV 3.2), p. 138; Averroes, *Aristotelis opera cum Averrois commentariis, Metaphysicorum liber VII, comm. 16,* Venetiis apud Junctas, 1562-1574, vol. 8 [réimpr. Frankfurt, Minerva, 1962], 165vM; *liber VII, comm. 19,* Venetiis apud Junctas, 1562-1574, vol. 8 [réimpr. Frankfurt, Minerva, 1962], 168rF.

spécifier plus, afin de découvrir la quidité qui est proprement quidité et qui ne se trouve que dans les substances, selon le Philosophe[1]. Or cette [doctrine] qui précise, avec ce que nous avons dit auparavant, la raison de quidité qui est véritablement et proprement quidité, nous la recueillons sans difficulté dans les enseignements du Philosophe et du Commentateur, au livre VII de la *Métaphysique*[2].

(3) Pour l'intelligence de cela, il faut considérer que ce qui est un 'ce que' et a une quidité se comporte de la sorte : il est un 'ce que' et a une quidité selon la raison qui en fait un étant et selon qu'il a une entité. Bien qu'étant et entité appartiennent à un type d'intentions plus abstraites que 'ce que' et quidité, ils appartiennent cependant tous à un même ordre, dans la mesure où le mode et la propriété d'étant descendent dans le 'ce que' en tant que tel. Cet ordre est essentiel et par soi. Étant et 'ce que' sont en effet convertibles par soi relativement à leurs sujets, car tout ce qui est un étant est un 'ce que', et inversement. Ainsi, le mode, la propriété essentielle, et ce qui est par soi dans l'un de ces deux-là, on le retrouve dans l'autre. Or l'étant ou l'entité suppose en soi une parfaite essentialité, qui, en tant qu'étant, exclue de son essence toute accidentalité. Cette accidentalité consiste en ceci : soit quelque chose arrive à une autre chose et elle est un étant de ce fait et à partir de cela, soit quelque chose est un étant constitué de parties accidentellement conjointes. De tels [étants] ne sont en effet pas véritablement et absolument des étants mais, d'être tels, cela leur arrive accidentellement et, par conséquent, d'être des étants, cela leur arrive accidentellement. Ainsi, l'étant en tant qu'étant, qui est véritablement et par soi étant, a dans son essence cette essentialité en vertu de laquelle il est essentiellement et par soi étant et un. Comme étant, 'ce que', vrai, un et les autres [notions] similaires sont des transcendantaux, ils circulent à travers tous les étants et sont convertibles relativement à leurs sujets. Bien qu'ils diffèrent par leur raisons propres, il y a un ordre entre eux. Selon sa raison propre, étant est en effet premier; ensuite vient 'ce que', puis les autres, comme le manifeste l'ordre essentiel qu'il y a entre eux. De fait, dans tout ordre essentiel, il faut que la raison du premier et ce qui appartient par soi au premier soient conservés dans ce qui

1. Aristote, *Métaphysique*, *VII, 4*, 1030b5-6; *VII, 5*, 1031a12-14, trad. J. Tricot, 1991, p. 366; p. 370 : « Ce qui est manifeste, c'est que la définition et la quiddité, au sens primordial et absolu, n'appartiennent qu'aux substances. » [...] « Par conséquent, en un sens, il n'y a de définition et de quiddité que pour les substances, mais, en un autre sens, il pourra y en avoir des autres choses. »

2. Aristote, *Métaphysique*, *VII, 4*, 1029b13-1030b13; Averroès, *Commentaire de la Métaphysique, livre VII, comm. 16*, Venetiis apud Junctas, 1562-1574, vol. 8 [réimpr. Frankfurt, Minerva, 1962], 165vM; *livre VII, comm. 19*, Venetiis apud Junctas, 1562-1574, vol. 8 [réimpr. Frankfurt, Minerva, 1962], 168rF.

Igitur necessarium est eam essentialitatem, quae est entis in eo, quod est vere et simpliciter ens, salvam esse in eo, quod est quid, ut videlicet in eo, quod est vere et simpliciter quid, omnis accidentalitas sit exclusa. Sicut igitur ens, quod vere et simpliciter est ens, essentialiter et per se est ens et unum, ita ipsum quid, quod vere et simpliciter est quid, omnem accidentalitatem et diversitatem excludit quantum ad id, quod est quid.

(4) Attenditur igitur in eo, quod vere et simpliciter et essentialiter est quid, quaedam per se et essentialis identitas seu unitas inter quiditatem et ipsum, quod quid est. Et hoc ostendit Philosophus versus principium VII *Metaphysicae*[1], scilicet quod quiditas substantiae est eadem cum substantia, cuius est quiditas. Non autem, ut ipse ibi pertractat[2], convenit hoc accidentibus, quia ipsorum quiditates non sunt eaedem cum ipsis accidentibus, ut infra patebit, cum sermo fuerit de accidentibus. Est autem haec quiditas substantiae, quam etiam significat definitio, forma substantialis, quae essentialiter et per se est unum et idem cum substantia, cuius est forma.

(5) Attenditur etiam alia unitas per se et essentialis in eo, quod quid est, videlicet quoad partes quiditatis in se ipsis ad invicem, quae sunt partes formae et sunt ante totum et propter hoc ingrediuntur definitionem substantiae, ut Philosophus ostendit in VII[3], puta animal, rationale quantum ad hominem. Sunt enim essentialiter unum et idem animal et rationale, ut dicitur *Super* VII[4], quamvis ratione seu intentione differant, ut id, quod

1. Aristoteles Latinus, *Metaphysica, VII, 4; VII, 6. Recensio Guillelmi*, ed. G. Vuillemin-Diem (AL XXV 3.2), p. 137; p. 140 : *Quod quidem enim quid erat esse est id quod aliquid erat esse. [...] Singulum enim non aliud uidetur esse a suimet substantia, et quod quid erat esse dicitur singuli substantia.*

2. Aristoteles Latinus, *Metaphysica, VII, 6. Recensio Guillelmi*, ed. G. Vuillemin-Diem (AL XXV 3.2), p. 140-142.

3. Aristoteles Latinus, *Metaphysica, VII, 10.* Exempli gratia : Aristoteles Latinus, *Metaphysica, VII, 10. Recensio Guillelmi*, ed. G. Vuillemin-Diem (AL XXV 3.2), p. 150 : *Quare quecumque sunt partes ut materia et in que dividitur ut in materiam, sunt posteriora ; quecumque uero ut rationis et substantie secundum rationem, priora aut omnia aut quedam.*

4. Averroes, *Aristotelis opera cum Averrois commentariis, Metaphysicorum liber VII, comm. 21,* Venetiis apud Junctas, 1562-1574, vol. 8 [réimpr. Frankfurt, Minerva, 1962], 171rA : *[...] apparet quod quid et sua quiditas sunt idem, et quod non sunt idem per accidens. Verbi gratia quoniam homo et sua quiditas, quae est animal rationale, sunt idem non separabiles, et similiter rationalitas et animalitas, quae sunt in eo, sunt idem in actu, et duo in potentia.*

suit. Il est donc nécessaire que cette essentialité qui appartient à l'étant en tant qu'il est véritablement et absolument étant, soit conservée dans le 'ce que' ; de la sorte, toute accidentalité est exclue de ce qui est véritablement et absolument 'ce que'. L'étant qui est véritablement et absolument étant est donc étant et un essentiellement et par soi; de même, le 'ce que' qui est véritablement et absolument 'ce que' exclut toute accidentalité et diversité de soi en tant que 'ce que'.

(4) Dans ce qui est véritablement, absolument et essentiellement un 'ce que', on remarque une identité ou unité par soi et essentielle entre la quidité et le 'ce que'. Et cela le Philosophe le montre vers le début du livre VII de la *Métaphysique*[1] *:* la quidité de la substance est identique à la substance dont elle est la quidité. Or ceci n'est pas vrai dans le cas des accidents, ainsi que l'expose le Philosophie au même endroit[2]; en effet, leurs quidités ne sont pas identiques aux accidents eux-mêmes, comme nous le montrerons lorsque nous discuterons des accidents. La quidité de la substance, que signifie par ailleurs la définition, est la forme substantielle; celle-ci est essentiellement et par soi une et elle est identique à la substance dont elle est la forme.

(5) On remarque aussi une autre unité par soi et essentielle dans le 'ce que' : elle concerne les parties de la quidité dans leurs rapports réciproques; ces parties sont les parties de la forme et elles sont antérieures au tout; ainsi, elles entrent dans la définition de la substance, comme le montre le Philosophe au livre VII[3], avec l'exemple de animal et doué de raison par rapport à homme. En effet, animal et doué de raison sont essentiellement un et ils sont identiques, comme il est dit à propos du livre VII [de la *Métaphysique*][4], bien que ces deux [termes] diffèrent par la raison ou

1. Aristote, *Métaphysique, VII, 4,* 1030a3-4; *VII, 6,* 1031a17 *et sq.*, trad. J. Tricot, 1991, p. 362; p. 371 : « En effet, la quiddité d'un être est son essence individuelle et déterminée [...]. » ; « Chaque être, en effet, ne diffère point, semble-t-il bien, de sa propre substance, et on appelle quiddité la substance de chaque chose. »

2. Aristote, *Métaphysique, VII, 6,* 1031a15-1032a11.

3. Aristote, *Métaphysique, VII, 10,* 1034b20-1036a25. Par exemple : Aristote, *Métaphysique, VII, 10,* 1035b12-14, trad. J. Tricot, 1991, p. 404-405 : « Par conséquent, les parties, prises au sens de parties matérielles, et en lesquelles, comme en sa matière, une chose se divise, sont postérieures au tout ; au contraire, les parties, au sens de parties de l'énonciation et de la substance formelle, sont antérieures, soit pour le tout, soit pour quelques-unes seulement. »

4. Averroès, *Commentaire de la Métaphysique, livre VII, comm. 21,* Venetiis apud Junctas, 1562-1574, vol. 8 [réimpr. Frankfurt, Minerva, 1962], 171rA : « [...] il est patent que le "ce que" et sa quidité sont la même chose, et qu'ils ne le sont pas par accident. Par exemple, l'homme et sa quidité, c'est-à-dire animal doué de raison, sont la même chose, inséparables ; et de même pour la rationalité et l'animalité qui sont en lui : elles sont la même chose en acte, et deux choses en puissances. »

nomine animalis importatur, significetur tamquam minus determinate, rationale autem significet idem illud magis determinate. Isti autem duo modi unitatis seu identitatis, qui sunt essentialiter et per se quiditatis, inquam, et eius, quod quid est, et partium quiditatis inter se et definitionis et definiti et partium definitionis inter se, pertinent ad primum modum per se eorum, quos enumerat Philosophus in libro *Posteriorum*[1].

(6) Tertius etiam modus unitatis attenditur in eo, quod vere et simpliciter quid est, videlicet ut non solum partes quiditatis sint unum sibi invicem essentialiter, quod pertinet ad secundum modum praemissum, nec solum ipsa quiditas sit essentialiter et per se unum cum eo, quod est quid, quod pertinet ad primum modum, sed necessarium est id, quod est vere et simpliciter quid, esse unum per se et essentialiter in sua substantia quantum ad omnes partes et principia substantiae intrinseca. Et iste modus pertinet ad tertium modum per se eorum, quos enumerat Philosophus in libro *Posteriorum*[2]. Essentia enim et essentialitas, qua res est per se secundum hunc tertium modum per se, excludit omnem accidentalitatem et accidentalem unionem seu unitatem eorum ad invicem, ex quibus constat substantia rei. Hunc modum unitatis ipsius, quod vere et simpliciter est quid, insinuat Philosophus in VII, ubi inquirens de definitionibus accidentium c. 12[3]

1. Aristoteles Latinus, *Analytica Posteriora, I, 4. Recensio Guillelmi*, ed. L. Minio-Paluello, B.G. Dod (AL IV 1-4), p. 289 : *Per se autem sunt quecumque insunt in ipso quod quid est, ut triangulo linea et linee punctus (substantia enim eorum est ex hiis), et insunt in ratione dicente quid est, [...].*

2. Aristoteles Latinus, *Analytica Posteriora, I, 4. Recensio Guillelmi*, ed. L. Minio-Paluello, B.G. Dod (AL IV 1-4), p. 289-290 : *Amplius quod non de subiecto dicitur alio quodam, ut ambulans, alterum aliquid ens ambulans est et album, substantia autem, et quecumque hoc aliquid significant, non alterum aliquid entia sunt quod sunt. Que quidem itaque non de subiecto per se dico, que vero de subiecto accidentia.*

3. Aristoteles Latinus, *Metaphysica, VII, 4. Recensio Guillelmi*, ed. G. Vuillemin-Diem (AL XXV 3.2), p. 137 : *Quod quidem enim quid erat esse est id quod aliquid erat esse. Quando uero aliud de alio dicitur, non est quod quidem hoc aliquid, ut albus homo non est quod uere hoc aliquid, siquidem le hoc substantiis inest solum. Quare quid erat esse est quorumcumque ratio est diffinitio. [...] sed si primi alicuius fuerit; talia uero sunt quecumque dicuntur non eo quod aliud de alio dicatur.*

l'intention, en ce sens que ce qui est désigné par le nom 'animal'est signifié de manière moins déterminée, alors que doué de raison signifie la même chose de manière plus déterminée. Ces deux types d'unité et d'identité qui appartiennent essentiellement et par soi à la quidité, au 'ce que' et aux parties de la quidité les unes par rapport aux autres, à la définition, au défini et aux parties de la définition les unes par rapport aux autres, je dis que ces deux types d'unité appartiennent au premier des modes du par soi énumérés par le Philosophe dans le traité des *Analytiques postérieurs*[1].

(6) Dans ce qui est véritablement et absolument un 'ce que', on distingue encore un troisième type d'unité. Non seulement les parties de la quidité sont essentiellement une dans leurs rapports réciproques – selon l'unité concernée par le deuxième type évoqué ci-dessus –, non seulement la quidité est essentiellement et par soi identique au 'ce que' – selon l'unité concernée par le premier type évoqué –, mais il est encore nécessaire que ce qui est véritablement et absolument un 'ce que' soit un par soi et essentiellement, en sa substance et relativement à toutes ses parties et principes substantiels intrinsèques. Cette unité est concernée par le troisième des modes du par soi que le Philosophe énumère dans le traité des *Analytiques postérieurs*[2]. En effet, l'essence et l'essentialité en vertu de laquelle une chose est par soi selon ce troisième mode du par soi, excluent toute accidentalité, toute union ou unité réciproque accidentelle des parties dont est constituée la substance de la chose. Au chapitre 12 du livre VII [de la *Métaphysique*][3], lorsqu'il recherche les définitions des accidents, le Philosophe suppose ce type d'unité propre à ce qui est véritablement

1. Aristote, *Analytiques postérieurs, I, 4,* 73a34-37, trad. P. Pellegrin, 2005, p. 83 : « Est dit appartenir "par soi" à une chose tout ce qui lui appartient comme élément de son "ce que c'est", par exemple la ligne appartient par soi au triangle, et le point à la ligne (en effet l'essence des seconds est constituée des premiers, et les premiers sont contenus dans l'énoncé qui dit ce que sont les seconds). »

2. Aristote, *Analytiques postérieurs, I, 4,* 73b5-10, trad. P. Pellegrin, 2005, p. 83 : « De plus j'appelle "par soi" ce qui n'est pas dit d'un autre substrat, par exemple "le marchant" est "marchant" en étant quelque chose d'autre, et de même pour le blanc, par contre la substance, c'est-à-dire tout ce qui signifie un ceci, n'est pas ce qu'elle est en vertu du fait d'être quelque chose d'autre. J'appelle donc "par soi" les choses qui ne sont pas dites d'un substrat, et accidents celles qui sont dites d'un substrat. »

3. Aristote, *Métaphysique, VII, 4,* 1030a3-7; 1030a9-12, trad. J. Tricot, 1991, p. 362-363 : « En effet, la quiddité d'un être est son essence individuelle et déterminée; or, quand une chose est attribuée à une autre chose à titre de prédicat, le composé ne constitue pas une essence individuelle déterminée : ainsi l'homme blanc n'est pas une essence individuelle déterminée, s'il est vrai que l'essence individuelle n'appartient qu'aux seules substances. Il en résulte qu'il y a seulement quiddité des choses dont l'énonciation est une définition. » [...] « En réalité, il n'y a définition que si l'énonciation est celle d'un objet premier, c'est-à-dire de tout ce qui n'est pas constitué par l'attribution d'une chose à une autre chose. »

dicit: Et definitio rei est illud, quod significat, quid est essentia rei. Et subdit[1], quod in accidentibus non est illa unitas essentialis, quae requiritur in eo, quod vere et simpliciter est quid, quia, quamvis in accidentibus unum praedicetur de alio, non tamen unum eorum, scilicet quod praedicatur, est illud, de quo praedicatur. Et exemplificat de homine albo et subdit[2], quod inveniri talem unitatem essentialem in substantia eius, quod vere est quid, non est nisi substantiarum tantum.

8. *Quod quiditas secundum completam et perfectam rationem quiditatis invenitur solum in substantiis compositis, et quae sit ipsa quiditas eorum*

(1) Ex his igitur, quae dicta sunt, colligimus id, quod complet et determinat et specificat superius positam generalem quiditatis rationem ad eam, quae vere et perfecte et simpliciter quiditas est. Et est, quod quantum ad id, quod vere et simpliciter et essentialiter est quid, attenditur per se et essentialis unitas quiditatis ad ipsum, quod est quid; item, quod partes quiditatis per se et essentialiter sint unum; item tertio, quod ipsum, quod est quid, in sua substantia per se et essentialiter sit unum.

(2) Congregando igitur ea, quae dicta sunt de ratione quiditatis secundum Philosophum, habemus, quod quiditas, quae vere et simpliciter quiditas est, est aliquod principium intrinsecum secundum actum, a quo sumitur ratio rei et secundum rationem essendi et secundum rationem notificandi, ratio inquam, rei importantis in sua substantia aliquam multitudinem cum unitate eorundem multorum ad invicem essentiali.

(3) Constat autem, quod hoc principium intrinsecum secundum actum cum iam dictis condicionibus non est nisi forma substantialis. Igitur quiditas, quae vere et simpliciter quiditas est, non est nisi in substantiis compositis et est forma substantialis, non ea, quam dicunt formam totius[3], quae complectitur totam rei substantiam quantum ad omnia

1. Aristoteles Latinus, *Metaphysica, VII, 4. Recensio Guillelmi*, ed. G. Vuillemin-Diem (AL XXV 3.2), p. 136-138.

2. Aristoteles Latinus, *Metaphysica, VII, 4. Recensio Guillelmi*, ed. G. Vuillemin-Diem (AL XXV 3.2), p. 136-138.

3. Vide adnotationem 1, p. 160.

et absolument un 'ce que'; il dit que la définition de la chose est ce qui signifie ce qu'est l'essence de la chose. Il ajoute que[1], dans les accidents, il n'y a pas cette unité essentielle requise dans ce qui est véritablement et absolument un 'ce que'; en effet, bien que, dans le cas des accidents, un [terme] soit prédiqué d'un autre, l'un – celui qui est prédiqué – n'est cependant pas identique [par la référence à] l'autre – celui duquel le premier est prédiqué. Le Philosophe l'illustre au moyen d'un exemple, celui de l'homme blanc[2], et il précise qu'une telle unité essentielle, qui se trouve dans la substance de ce qui est véritablement un 'ce que', n'appartient qu'aux seules substances.

8. *Que la quidité comprise selon la raison complète et parfaite de quidité ne se trouve que dans les substances composées, et quelle est cette quidité*

(1) À partir de ce qui a été dit, nous ajoutons une précision, détermination et spécification de la raison générale de quidité telle que posée auparavant, pour atteindre ce qui est véritablement, parfaitement et absolument quidité. Voici [quelle est cette spécification]: concernant ce qui est véritablement, absolument et essentiellement un 'ce que', la quidité entretient une unité par soi et essentielle avec ce qui est un 'ce que'; de plus, les parties de la quidité sont une, par soi et essentiellement; troisièmement, cela même qui est un 'ce que' est un dans sa substance, par soi et essentiellement.

(2) Concernant la raison de quidité, si nous rassemblons ce que nous en avons dit selon le Philosophe, nous savons ceci: la quidité qui est véritablement et absolument quidité est un principe intrinsèque en acte; dans l'ordre de l'être comme dans l'ordre du connaître, la raison de la chose est tirée de ce principe; et il s'agit de la raison d'une chose qui suppose dans sa substance une multiplicité dont les parties forment une unité essentielle et réciproque.

(3) Or, c'est un fait que ce principe intrinsèque en acte, envisagé sous les conditions que nous avons précisées, n'est rien d'autre que la forme substantielle. La quidité qui est véritablement et absolument quidité n'est donc que dans les substances composées et elle est la forme substantielle; elle n'est pourtant pas cette forme substantielle que certains nomment «forme du tout»[3] et qui embrasse toute la substance de la chose,

1. Aristote, *Métaphysique*, *VII, 4*, 1029b25-1030b13. Voir note 3, p. 181.
2. Aristote, *Métaphysique*, *VII, 4*, 1029b25-1030b13. Voir note 3, p. 181.
3. Voir note 1, p. 161.

principia sua essentialia, ut aiunt de humanitate [1], sed forma, quae est altera pars compositi ut anima in animatis, quae est quiditas animati, non totum animatum. Quiditas enim non importat totum, quod importat ipsum, quod est quid. Et ideo quiditas non est omnibus modis idem, quod ipsum quid. Et etiam in huiusmodi ipsa quiditas non est ipsum quid, quia forma non est tota essentia rei. Et hoc est, quod dicit Philosophus [2], quod, si animal esset ipsa anima, non differret in animali quid ab ipsa quiditate, quod est inconveniens apud ipsum in substantiis compositis.

(4) Hoc principium intrinsecum secundum actum, quod est forma rei et quiditas substantiae compositae, ex cuius formali actualitate et essentiali unitate tota entitas et unitas essentialis substantiae compositae dependet et secundum rationem essendi et secundum rationem notificandi, investigat Philosophus in VII [3] ex proprietate et modo definitionis et quaestionis per 'quid est' vel 'quare est' ostendens, quod quiditas, quae vere et simpliciter est quiditas, in solis substantiis invenitur et quod solum substantiae proprie et simpliciter habent definitionem, quae secundum Philosophum et Commentatorem [4] solam formam significat, quamvis definiat totum compositum. Sola enim substantia vere et simpliciter est ens et unum per suam essentiam. Et secundum hoc vere et simpliciter est quid, quod designatur per definitionem, quae est vere et simpliciter definitio sumpta solum ex essentialibus et essentialiter intrinsecis rei.

(5) Sed hic hactenus de quiditatibus substantiarum.

1. Vide adnotationem 1, p. 160.

2. Aristoteles Latinus, *Metaphysica, VII, 10. Recensio Guillelmi*, ed. G. Vuillemin-Diem (AL XXV 3.2), p. 152 : *Si quidem enim est et anima animal aut animatum, aut unumquodque que uniuscuiusque, et circulus quod circulo esse, et rectus quod recto esse et substantia recti : quid quidem et quo dicendum est posterius [...].*

3. Aristoteles Latinus, *Metaphysica, VII, 4-6; 10-12.*

4. Aristoteles Latinus, *Metaphysica, VII, 11. Recensio Guillelmi*, ed. G. Vuillemin-Diem (AL XXV 3.2), p. 155 : *Et quod in substantie quidem ratione que sic partes ut materia non inerunt. Neque enim sunt illius partes substantie sed totius; huius autem est aliqualiter ratio et non est. Nam cum materia non est, [...].* Averroes, *Aristotelis opera cum Averrois commentariis, Metaphysicorum liber VII, comm. 34,* Venetiis apud Junctas, 1562-1574, vol. 8 [réimpr. Frankfurt, Minerva, 1962], 184rD-F.

relativement à tous ses principes essentiels – comme ces auteurs le disent de humanité [1] –, mais elle est la forme qui constitue l'une des deux parties du composé; dans les êtres animés, l'âme est par exemple la quidité de l'être animé, mais pas la totalité de l'être animé. La quidité ne suppose donc pas cette totalité que suppose le 'ce que'. Ainsi, la quidité n'est pas identique au 'ce que' de toutes les manières. En ce sens, la quidité n'est pas le 'ce que', car la forme ne constitue pas l'essence totale de la chose. C'est ce que dit le Philosophe [2] : si l'animal était l'âme elle-même, dans l'animal le 'ce que' ne différerait pas de la quidité, ce qui est incongru dans le cas des substances composées.

(4) Dans le livre VII [de la *Métaphysique*] [3], le Philosophe étudie ce principe intrinsèque en acte qui est la forme de la chose et la quidité de la substance composée, et dont l'actualité formelle et l'unité essentielle conditionnent l'entité totale et l'unité essentielle de la substance composée, dans l'ordre de l'être comme dans l'ordre du connaître. Partant de la propriété et du mode de la définition et du questionnement par 'qu'est-ce que?' ou par 'pour quelle raison est-ce que?', le Philosophe montre que la quidité qui est véritablement et absolument quidité ne se trouve que dans les substances et que seules les substances ont proprement et absolument une définition; selon le Philosophe et le Commentateur [4], cette définition ne signifie que la forme, bien qu'elle définisse tout le composé. En effet, seule la substance est véritablement et absolument étant et une par son essence. En conséquence, elle est véritablement et absolument un 'ce que', qui est désigné par la définition; considérée véritablement et absolument, cette définition n'est composée que des [parties] essentielles de la chose, qui lui sont essentiellement intrinsèques.

(5) Mais en voici assez sur les quidités des substances.

1. Voir note 1, p. 161.

2. Aristote, *Métaphysique*, *VII, 10,* 1036a17-20, trad. J. Tricot, 1991, p. 409-410 : « En effet, si l'âme aussi est l'animal, ou, plus généralement, l'être animé, ou si l'âme de chaque individu est l'individu lui-même, si la quiddité du cercle est le cercle, et si la quiddité de l'angle droit, l'essence de l'angle droit, est l'angle droit, alors, le tout, en un sens, doit être dit postérieur à la partie [...]. »

3. Aristote, *Métaphysique*, *VII, 4-6,* 1029b13-1032a11 ; *10-12*, 1034b20-1038a35.

4. Aristote, *Métaphysique, VII, 11,* 1037a25-28, trad. J. Tricot, 1991, p. 417 : « Nous avons établi que, dans la définition de la substance n'entreront pas les parties prises au sens de parties matérielles, car ce ne sont pas là des parties de la substance, mais du composé. Et du composé il y a bien définition, mais en un sens seulement, et non en l'autre. On ne peut, en effet, définir le composé dans son union avec la matière [...]. » Averroès, *Commentaire de la Métaphysique, livre VII, comm. 34,* Venetiis apud Junctas, 1562-1574, vol. 8 [réimpr. Frankfurt, Minerva, 1962], 184rD-F.

9. *Falsa positio aliquorum circa quiditates accidentium*

(1) Ceterum, qualiter sit quiditas in accidentibus, sic videndum.

(2) Circa quod sunt, qui dicunt[1], quod accidentia quiditatem propriam habent secundum se secundum rationem suae essentiae absolute, id est non concernendo nec in sua quiditate nec in sua essentia substantiam. Secundum hoc et ipsorum accidentium definitio secundum eos ex propriis sui generis seu suae essentiae intrinsecis principiis constat[2]. Definio enim albedinem ex suo proprio genere, quod est color, aggregando tali generi aliquam propriam differentiam, qua species albedinis sub tali genere constituitur, sicut definio hominem ex animali et rationali. Secundum hoc ergo non est essentiale, sed accidit accidenti inesse subiecto, quod est substantia, et accidit in definiendo accidens, ut substantia ingrediatur definitionem accidentis. Secundum hoc etiam possibile est virtute saltem supernaturali accidens separari a subiecto et in se sic separatum permanere absque subiecto[3].

1. Exempli gratia, Thomas de Aquino, *In IV Sent., dist. 12, q. 1, art. 1*, ed. M.F. Moos, p. 503, n. 52 : *Ad quintum dicendum quod cum ista accidentia habeant esse et essentias proprias, et eorum essentia non sit eorum esse, constat quod aliud est in eis esse et quod est.*

2. Exempli gratia, Thomas de Aquino, *De ente et essentia, cap. 6*, ed. leon., p. 379b : *Nunc restat videre quomodo sit essentia in accidentibus; qualiter enim sit in omnibus substantiis dictum est. Et quia, ut dictum est, essentia est id quod per definitionem significatur, oportet ut eo modo habeant essentiam quo habent definitionem.*

3. Exempli gratia, Thomas de Aquino, *In IV Sent., dist. 12, q. 1, art. 1*, ed. M.F. Moos, p. 499, n. 25-26 : *Et similiter esse in subjecto non est definitio accidentis, sed e contrario res cui debetur esse in alio. Et hoc nunquam separatur ab aliquo accidente, nec separari potest; quia illi rei quae est accidens, secundum rationem suae quidditatis, semper debetur esse in alio. Sed potest esse quod illud quod debetur alicui secundum rationem suae quidditatis, ei virtute divina agente non conveniat. Et sic patet quod facere accidens esse sine substantia, non est separare definitionem a definito.* Thomas de Aquino, *Contra Gentiles IV, cap. 65*, n. 3 : *Nec est impossibile quod accidens virtute divina subsistere possit sine subiecto. Idem enim est iudicandum de productione rerum, et conservatione earum in esse. Divina autem virtus potest producere effectus quarumcumque causarum secundarum sine ipsis causis secundis [...].* Vide etiam : Thomas de Aquino, *Quodlibet IX, q. 5; Quodlibet I, q, 22; Quodlibet III, q. 1; Summa theologiae IIIa, q. 77, art. 1.* Aegidius Romanus, *Theoremata de corpore Christi, prop. 40*, Romae 1554/5 [réimpr. : Frankfurt, Minerva, *Opera exegetica Opuscula I*], 27vbB : *Non ergo formaliter verum est, quod accidentis esse est inesse, sed causaliter solum, quia accidens non conservatur in suo esse, nisi per subiectum, cui inest. Et*

9. *Une position erronée au sujet des quidités des accidents*

(1) Reste à examiner comment il y a quidité dans le cas des accidents.

(2) À ce sujet, certains[1] affirment que les accidents possèdent en soi et absolument une quidité propre, en raison de leur essence, c'est-à-dire sans que la substance ne soit considérée dans leur essence ou dans leur quidité. De fait, selon ces auteurs, la définition des accidents résulte des principes intrinsèques propres au genre de l'accident ou à son essence[2]. En effet, je définis blancheur à partir de son genre propre, couleur, en ajoutant à ce genre une différence spécifique propre en vertu de laquelle l'espèce de la blancheur est constituée sous le genre, exactement comme je définis homme à partir de animal et de doué de raison. Selon cette thèse, il n'est donc pas essentiel que l'accident soit inhérent à son sujet – à la substance –, mais cela lui advient accidentellement; de même, concernant la définition, il advient accidentellement que la substance entre dans la définition de l'accident. Toujours selon cette thèse, il est possible, du moins en vertu d'une puissance surnaturelle, que l'accident soit séparé de son sujet et qu'il subsiste ainsi, en soi et séparément de son sujet[3].

1. Par exemple, Thomas d'Aquin, *Sent. IV, dist. 12, q. 1, art. 1*, ed. M.F. Moos, p. 503, n. 52 : « Au cinquième argument, il faut répondre que, puisque ces accidents ont un être et une essence propre, et que leur essence n'est pas leur être, il est clair que, en eux, l'être est différent de ce qui est. »

2. Par exemple, Thomas d'Aquin, *L'être et l'essence, c. 6*, trad. A. de Libera, C. Michon, 1996, p. 115 : « Il nous reste maintenant à voir comment l'essence est dans les accidents, puisque l'on a dit comment elle était dans toutes les substances. Et comme l'essence est ce qui est signifié par la définition, ainsi qu'on l'a dit, ils doivent avoir une essence de la même manière qu'ils ont une définition. »

3. Par exemple, Thomas d'Aquin, *Sent. IV, dist. 12, q. 1, art. 1,* ed. M.F. Moos, p. 499, n. 25-26 : « Pareillement, être dans un sujet n'est pas la définition de l'accident, mais au contraire : chose à laquelle il revient d'être dans un autre. Et cela n'est jamais séparé de quelque accident, ni ne peut l'être; en effet, d'être dans un autre revient toujours à cette chose qu'est l'accident, selon la raison de sa quidité. Mais il peut se faire que ce qui revient à quelque chose selon la raison de sa quidité, ne lui appartienne pas, en vertu de l'action de la puissance divine. De la sorte, il est clair que faire exister un accident sans la substance n'équivaut pas à séparer la définition du défini. »; Thomas d'Aquin, *Somme contre les Gentils IV, c. 65*, n. 3, trad. D. Moreau, 1999, p. 322 : « Il n'est pas impossible que, par le pouvoir divin, un accident puisse subsister sans sujet. En effet, il faut juger de la conservation des choses dans l'être comme de leur production. Or le pouvoir divin peut produire les effets de toutes les causes secondes sans ces causes secondes elles-mêmes […]. » Voir aussi : Thomas d'Aquin, *Quodlibet IX, q. 5; Quodlibet I, q, 22; Quodlibet III, q. 1; Somme de théologie III*[a], *q. 77, art. 1*. Gilles de Rome, *Théorèmes sur le corps du Christ, prop. 40,* Romae 1554/5 [réimpr. : Frankfurt, Minerva, *Opera exegetica Opuscula I*], 27vbB : « Il n'est donc pas formellement vrai que l'être de l'accident est l'être d'inhérence, mais cela n'est vrai que causalement; en effet, l'accident n'est conservé dans son être que par le sujet auquel il inhère. Et, parce

10. *Destructio positionis falsae eo, quod est contra Philosophum*

(1) Sed ista positio cum hoc, quod intolerabilem falsitatem continet, destruit et annihilat totam doctrinam Philosophi, quam circa materiam istam tradit in VII *Metaphysicae*[1].

(2) Patet autem istius rudis positionis falsitas primo ex eo, quoniam nulla differentia esset inter esse accidens et esse substantiam. Et universaliter inter substantias et accidentia inquantum huiusmodi nulla esset diversitas secundum propriam rationem suarum essentiarum. Stare enim per se et non esse in alio, quod dicunt proprium esse substantiae[2], et esse in alio, quod per se convenit accidenti, sunt quaedam proprietates et modi accidentales, istud substantiae, illud accidenti. Proprietates autem rerum et accidentalia non constituunt rerum essentias et per consequens nec essentiales ipsarum differentias. Et ideo ad habendam diversitatem essentialem substantiarum et accidentium inquantum substantiae et accidentia attendendum est ad ea, quae pertinent ad essentias eorum.

(3) Pertinet autem ad generalem rationem substantiae inquantum substantia per se et secundum se esse secundum rationem suae essentiae, quod non est aliud nisi habere essentiam per se et secundum se sic absolutam, ut non concernat, nec secundum rationem suae quiditatis nec secundum rationem suae essentiae, aliquam extraneam naturam. Alias enim non esset in substantia essentialis unitas nec in ipsa quiditate substantiae nec inter quiditatem et ipsum quid, quod est substantia, nec in essentia totali substantiae; et per consequens ipsa substantia non esset essentialiter et per se ens sicut nec unum faciente hoc accidentalitate tali, quae attenditur in hoc, quod essentia substantiae concerneret rem alterius naturae et eam in sua quiditate vel essentia reciperet.

quia in haerendo subiecto habet esse, et in esse conservatur, ideo dictum est accidentis esse est inesse. Est ergo ordo naturalis, ut accidens conservetur in esse per subiectum, et non sit, nisi insit. Solus ergo ille, in quo reservatur totus ordo secundorum agentium, et qui ordinem rebus naturaliter inditum immutare potest pro suo libertatis arbitrio, et potest facere sine causa secunda, quod potest facere cum causa secunda, poterit quantitatem sine subiecto conservare.

1. Aristoteles Latinus, *Metaphysica, VII, 1-17.*

2. Exempli gratia, Thomas de Aquino, *In IV Sent., dist. 12, q. 1, art. 1,* ed. M.F. Moos, p. 499, n. 25 : *Sed definitio vel quasi definitio substantiae est res habens quidditatem, cui acquiritur esse vel debetur non in alio.* Vide etiam : *Quodlibet IX, q. 3, 5, ad 2; Summa theologiae III*[a]*, q. 77, art. 1, ad 2.*

10. *Réfutation de cette position erronée en montrant qu'elle va à l'encontre du Philosophe*

(1) En plus de contenir une erreur intolérable, cette position détruit et anéantit tout l'enseignement que le Philosophe transmet à ce sujet dans le livre VII de la *Métaphysique*[1].

(2) En premier lieu, le caractère erroné de cette grossière position apparaît manifestement du fait qu'il n'y aurait alors plus de différence entre être un accident et être une substance. De manière générale, entre les substances et les accidents en tant que tels, il n'y aurait plus de diversité procédant de la raison propre de leurs essences. En effet, subsister par soi et ne pas être dans un autre – ce qu'ils disent être le propre de la substance[2] –, et être dans un autre – [propriété] qui revient par soi à l'accident –, constituent des propriétés et des modes accidentels, le premier de la substance, le second de l'accident. Or les propriétés des réalités et leurs modes accidentels ne constituent pas leurs essences et, par conséquent, ils ne constituent pas leurs différences essentielles. Ainsi, pour obtenir la différence essentielle entre substances et accidents en tant que substances et accidents, il faut faire attention à ce qui touche à leurs essences.

(3) À la raison générale de substance en tant que substance appartient d'être par soi et selon soi, en raison de sa propre essence ; ce qui n'est rien d'autre que d'avoir par soi et selon soi une essence absolue qui ne se réfère pas à quelque nature extérieure, ni en raison de sa quidité, ni en raison de son essence. Autrement, il n'y aurait en effet pas d'unité essentielle dans la substance, ni dans la quidité même de la substance, ni entre la quidité et le "ce que" – qui est la substance –, ni dans l'essence totale de la substance ; par conséquent, la substance ne serait pas essentiellement et par soi étant, elle ne serait pas non plus une, car l'accidentalité qui est ici supposée ferait que l'essence de la substance se réfèrerait à une réalité d'une autre nature et la recevrait dans sa quidité ou dans son essence.

qu'il a l'être et qu'il est conservé dans l'être en inhérant au sujet, on dit que l'être de l'accident est l'être d'inhérence. Il entre donc dans l'ordre naturel que l'accident soit conservé dans l'être par le sujet, et qu'il ne soit pas sans être inhérent. Ainsi, ne pourra conserver la quantité sans sujet que celui de qui dépend tout l'ordre des agents seconds, celui qui peut changer par son libre arbitre l'ordre naturellement inscrit dans les choses, et qui peut faire sans la cause seconde ce qu'il peut faire avec elle. »

1. Aristote, *Métaphysique*, *VII, 1-17,* 1028a10-1041b33.

2. Par exemple, Thomas d'Aquin, *Sent. IV, dist. 12, q. 1, art. 1,* ed. M.F. Moos, p. 499, n. 25 : « Mais la définition ou la quasi définition de la substance est "chose ayant une quidité à laquelle de n'être pas dans un autre est acquis ou revient". » Voir aussi : *Quodlibet IX, q. 3, 5, ad 2 ; Somme de théologie III*[a], *q. 77, art. 1, ad 2.*

(4) E converso autem se habet in accidentibus inquantum accidentia, id est secundum generalem rationem accidentium inquantum accidentia, quae generaliter per essentiam et per se competit omni accidenti inquantum accidens. Accidentalitas enim, quae per se et essentialiter est accidens, in eo, quod accidens, excludit ab essentia accidentis eam essentialitatem, qua ens est per se et essentialiter ens et unum, quod non convenit accidentibus, quia per suam essentiam non sunt per se et simpliciter entia. Secundum Philosophum enim VII *Metaphysicae*[1] accidentia sunt entia in eo, quod sunt entis veri, quod est substantia. Esse autem ens in eo, quod est entis, non est per se et simpliciter ens et per consequens nec unum simpliciter et per se.

(5) Manifestum est igitur, quod proprium est substantiae habere talem quiditatem et essentiam secundum se absolutam, id est non concernendo aliquid extraneum essentiae, et hoc inquantum substantia. Si ergo accidentia tales quiditates et essentias haberent, non esset differentia inter substantias et accidentia, et ipsa accidentia essent vere et simpliciter substantiae, sive secundum tales essentias essent in subiectis sive essent a subiectis separata. Esse enim in subiecto vel non inesse nihil facit ad differentiam essentiae, quam dicunt habere accidens.

(6) Praeterea secundum Philosophum in principio IV *Metaphysicae*[2] ens praedicatum de unoquoque decem generum praedicamentorum praedicatur per essentiam et dicit essentiam uniuscuiusque eorum. Praedicatur autem de substantia, inquantum est per se et simpliciter ens, de accidentibus autem per attributionem eorum ad substantiam, quia sunt entia in eo, quod sunt entis veri, quod est substantia. Igitur per essentiam convenit accidentibus dici entia per attributionem ad substantiam. Sunt autem per suam essentiam formae quaedam et dispositiones. Ergo per suam essentiam

1. Aristoteles Latinus, *Metaphysica, VII, 1. Recensio Guillelmi*, ed. G. Vuillemin-Diem (AL XXV 3.2), p. 132 : *Alia uero dicuntur entia eo quod taliter entis hec quidem qualitates esse, illa uero quantitates, alia passiones, alia aliud quid tale.*

2. Aristoteles Latinus, *Metaphysica, IV, 2. Recensio Guillelmi*, ed. G. Vuillemin-Diem (AL XXV 3.2), p. 68 : *Ita uero et ens multipliciter dicitur quidem, sed omne ad unum principium. Hec enim quia substantie, entia dicuntur, illa uero quia passiones substantie […].*

(4) C'est tout le contraire dans le cas des accidents en tant qu'accidents, c'est-à-dire selon la raison générale propre aux accidents en tant qu'accidents, raison qui, de manière générale, par essence et par soi, revient à tout accident en tant qu'il est un accident. En effet, l'accidentalité qui, par soi et essentiellement, constitue l'accident en tant qu'il est accident, exclut de l'essence de l'accident cette essentialité en vertu de laquelle l'étant est par soi et essentiellement étant et un; [cette essentialité] ne revient pas aux accidents, car, par leur essence, ils ne sont pas des étants par soi et absolument. Ainsi, selon le Philosophe au livre VII de la *Métaphysique*[1], les accidents sont des étants dans la mesure où ils sont [quelque chose] de l'étant véritable, c'est-à-dire de la substance. Or d'être étant dans la mesure où l'on est [quelque chose] de l'étant, exclut que l'on soit un étant par soi et absolument, par conséquent, que l'on soit absolument et par soi un.

(5) Il est donc clair que c'est le propre de la substance que d'avoir une telle quidité et une essence absolue selon soi, qui ne regarde pas quelque chose d'extérieur à l'essence – et ceci vaut de la substance en tant qu'elle est substance. Si les accidents avaient de telles quidités et de telles essences, il n'y aurait donc pas de différence entre substances et accidents, et les accidents eux-mêmes seraient véritablement et absolument des substances, peu importe que, en raison de telles essences, ils fussent dans leurs sujets ou séparés de leurs sujets. Être ou ne pas être inhérent à un sujet n'introduit en effet aucune différence essentielle, bien que [nos adversaires] prétendent que les accidents aient une telle différence.

(6) En outre, selon le Philosophe au début du livre IV de la *Métaphysique*[2], l'étant qui est prédiqué de chacun des dix genres catégoriels est prédiqué par essence et dit l'essence de chacun d'eux. Or, il est prédiqué de la substance en tant qu'elle est par soi et absolument étant; il est prédiqué des accidents par attribution des accidents à la substance, car les accidents sont des étants dans la mesure où ils sont [quelque chose] de l'étant véritable, c'est-à-dire de la substance. Par essence, il revient donc aux accidents d'être dits 'étants'par attribution à la substance. Par leur essence, ils sont pourtant des formes et des dispositions. Par essence,

1. Aristote, *Métaphysique, VII, 1,* 1028a17-20, trad. J. Tricot, 1991, p. 347 : « Les autres choses ne sont appelées des êtres, que parce qu'elles sont ou des quantités de l'être proprement dit, ou des qualités, ou des affections de cet être, ou quelque autre détermination de ce genre. »

2. Aristote, *Métaphysique, IV, 2,* 1003b4-1003b7, trad. J. Tricot, 1991, p. 177 : « […] de même aussi, l'être se prend en de multiples acceptions, mais, en chaque acception, toute dénomination se fait par rapport à un principe unique. Telles choses, en effet, sont dites des êtres parce qu'elles sont des substances, telles autres parce qu'elles sont des déterminations de la substance […]. »

dicuntur entia per attributionem ad substantiam, inquantum non sunt nisi substantiae dispositiones. Haec est igitur essentia accidentis cuiuscumque esse dispostionem substantiae, sicut etiam dicit ibi Commentator[1] expresse et ratio concludit. Analogia igitur, quae attenditur inter accidentia et substantiam, convenit per attributionem accidentium ad substantiam; item in eo, quod ens praedicatur secundum hoc per prius et posterius de substantia et accidente, necessario secundum iam dicta attenditur in accidente et substantia per suas essentias non in his proprietatibus sive modis accidentalibus, qui sunt inesse subiecto, quod convenit accidentibus, vel non inesse, quod substantiarum est.

(7) Manifestum est igitur ex his, quod accidentia absolutam quiditatem et essentiam secundum se non habent ita, quod non concernant in sua quiditate et essentia substantiam. Et hoc est, quod Philosophus determinat in VII *Metaphysicae*[2], videlicet quod accidentia vere et proprie quiditatem non habent et per consequens nec definitionem vere et simpliciter habent. Talis enim definitio constat ex intrinsecis rei principiis secundum se et absolute non concernendo aliquam aliam naturam, quae ingrediatur definitionem eius ut definitio hominis, quae est animal rationale. Definitiones autem accidentium, si tamen extenso nomine possunt dici definitiones, sunt ex additione alterius naturae, scilicet substantiae, ut definitio simi, quae est concavitas nasi. Determinat etiam Philosophus in eodem[3], quod quiditas substantiae est essentialiter indifferens et eadem substantiae, cuius est quiditas, in accidentibus autem non. Quod igitur dicunt de quiditate et essentia accidentium, ut praemissum est, manifeste est contra Philosophum. Et secundum positionem eorum impossibile est verificari ea, quae circa materiam istam determinat Philosophus in dictis locis.

1. Averroes, *Aristotelis opera cum Averrois commentariis, Metaphysicorum liber IV, comm. 2,* Venetiis apud Junctas, 1562-1574, vol. 8 [réimpr. Frankfurt, Minerva, 1962], 65vI : *[...] et similiter hoc nomen ens, licet dicatur multis modis, tamen in omnibus dicitur ens, quia attribuitur primo enti substantiae. Et istae attributiones in unoquoque eorum sunt diversae. Praedicamenta enim attribuuntur substantiae, non quia est agens aut finis eorum, sed quia constituuntur per illam, et subiectum est eorum. Et universaliter non dicuntur entia, nisi quia sunt dispositiones entis.*

2. Aristoteles Latinus, *Metaphysica, VII, 4. Recensio Guillelmi*, ed. G. Vuillemin-Diem (AL XXV 3.2), p. 136-138. Vide supra adnotationem 3, p. 180.

3. Aristoteles Latinus, *Metaphysica, VII, 6. Recensio Guillelmi*, ed. G. Vuillemin-Diem (AL XXV 3.2), p. 140-142. Vide supra adnotationem 1, p. 178.

ils sont donc dits 'étants' par attribution à la substance, dans la mesure où ils ne sont rien d'autre que des dispositions de la substance. Comme le dit expressément le Commentateur[1] et selon les conclusions de la raison, telle est donc l'essence de tout accident : être une disposition de la substance. L'analogie qui intervient entre les accidents et la substance s'établit par l'attribution des accidents à la substance ; de même, du fait que l'étant est prédiqué de la substance et de l'accident selon l'antériorité et la postériorité, en vertu de nos conclusions précédentes, l'étant renvoie nécessairement à l'accident et à la substance en leurs essences, non dans les propriétés ou modes accidentels suivant : être inhérent à un sujet – ce qui revient aux accidents –, et ne pas être inhérent – ce qui revient à la substance.

(7) Il est donc manifeste que les accidents n'ont pas une quidité absolue et une essence selon soi, comme s'ils ne devaient pas se référer à la substance dans leur quidité et leur essence. Voilà bien ce que détermine le Philosophe au livre VII de la *Métaphysique*[2] *:* les accidents n'ont véritablement et proprement pas de quidité ; par conséquent, ils n'ont véritablement et absolument pas de définition. En effet, une telle définition est composée des principes intrinsèques à la chose envisagée selon soi et absolument, ne regardant nulle nature étrangère qui entrerait dans sa définition : par exemple, la définition de homme est animal doué de raison. Or les définitions des accidents – si toutefois on peut parler de définitions par extension [de la signification] du nom –, ces définitions se font par l'addition d'une nature étrangère, c'est-à-dire de la substance : par exemple, la définition du camus est concavité du nez. Dans le même livre[3], le Philosophe détermine que la quidité de la substance est essentiellement non-différente et identique à la substance dont elle est quidité, et qu'il n'en va pas de même pour les accidents. Les propos de [nos adversaires] au sujet de la quidité et de l'essence des accidents, tels que nous les avons rapportés, vont manifestement à l'encontre du Philosophe. Selon leur position, il est impossible de rendre compte de ce que détermine le Philosophie à ce sujet, dans les passages mentionnés.

1. Averroès, *Commentaire de la Métaphysique, livre IV, comm. 2,* Venetiis apud Junctas, 1562-1574, vol. 8 [réimpr. Frankfurt, Minerva, 1962], 65vI : « [...] et pareillement, bien que ce nom "étant" soit dit de multiples manières, dans tous les cas il est pourtant dit étant parce qu'il est premièrement attribué à l'étant de la substance. Et ces attributions sont diverses dans chacun de ces cas. En effet, les catégories [accidentelles] sont attribuées à la substances, non pas parce que celle-ci est leur agent ou leur fin, mais parce qu'elles sont constituées par elle et qu'elle est leur sujet. Et, de manière générale, elles ne sont dites "étants" que parce qu'elles sont des dispositions de l'étant. »

2. Aristote, *Métaphysique*, *VII, 4,* 1029b13-1030b13. Voir note 3, p. 181.

3. Aristote, *Métaphysique*, *VII, 6,* 1031a15-1032a11. Voir note 1, p. 179.

11. *Destructio positionis falsae ex rationibus propriis*

(1) Cuius positionis falsitas etiam patet ex eo: Si enim accidens absolutam quiditatem habet et essentiam, ut dicunt, ergo habet quiditatem simpliciter et est ens quid simpliciter, si est compositum, vel est quiditas simpliciter, si est solum forma. Si autem est ens quid vere et simpliciter, est vere substantia, ut supra dictum est. Si autem accidens est, est forma et quiditas secundum perfectam rationem quiditatis, quod necessarium est dicere secundum eorum positionem; ergo, quod recipit talem formam et quiditatem in se, tale, inquam, est vere et simpliciter ens et quid secundum huiusmodi quiditatem. Ergo transmutatione facta secundum huiusmodi formam ens transmutatum mutatur substantialiter secundum esse et definitionem, quia transmutatur secundum veram sui quiditatem dicta eorum positione retenta.

(2) Praeterea ens simpliciter, quod est substantia existens in actu per suam essentiam et sic manens, non est in potentia nisi ad aliquem sui modum vel dispositionem accidentalem. Talis autem dispositio, sicut et ipsum nomen importat, non est nisi substantiae diversa positio in suis partibus, et hoc vel quantitative vel qualitative vel secundum aliquem alium talem modum, secundum quem talem vel talem habitudinem ad invicem se habeant partes talis substantiae dispositae. Dispositio enim est habentis partes secundum Philosophum V *Metaphysicae*[1]. Circumscriptis igitur talibus partibus dispositio nihil est. Consideratur autem hoc in grosso exemplo, videlicet si plures candelae situentur et disponantur ad invicem vel secundum circulum vel secundum rectum, circumscripta autem tali multitudine candelarum, quae sunt quasi quaedam partes huius multitudinis, huiusmodi dispositio dicta nihil est. Potentia igitur substantiae seu habitudo eius ad suam accidentalem dispositionem, quae est ipsum accidens, non nisi entis simpliciter secundum actum suum substantialem subsistentis ad actum vel formam, qua substantia non est nisi ens secundum quid, id est secundum aliquam sui dispositionem, nec est alius modus potentiae seu habitudinis substantiae ad accidens nisi iste, qui dictus est;

1. Aristoteles Latinus, *Metaphysica, V, 19. Recensio Guillelmi*, ed. G. Vuillemin-Diem (AL XXV 3.2), p. 116: *Dispositio dicitur habentis partes ordo aut secundum locum aut secundum potentiam aut secundum speciem; positionem enim oportet quandam esse, sicut et ipsum hoc nomen ostendit dispositio.*

11. *Réfutation de cette position erronée à partir des arguments proprement dits*

(1) L'erreur que renferme cette position est manifeste : en effet, si l'accident a une quidité et une essence absolues – comme ils l'affirment –, il a une quidité absolument; il est alors étant 'ce que' absolument s'il est composé, ou il est absolument une quidité s'il est seulement une forme. Or, s'il est étant 'ce que' véritablement et absolument, il est véritablement une substance, comme il a été dit plus haut. Mais s'il est un accident, selon leur thèse il est nécessaire d'affirmer qu'il est une forme et une quidité selon la raison parfaite de quidité; ce qui reçoit donc une telle forme et une telle quidité en soi, cela je le dis être vraiment et absolument un étant et un 'ce que', selon ce type de quidité. Donc, lorsqu'un changement s'opère selon ce type de forme, l'étant changé est changé substantiellement selon l'être et la définition, car il est changé selon sa quidité véritable, si l'on retient leur position.

(2) En outre, l'étant absolument, c'est-à-dire la substance existant en acte par son essence et demeurant ainsi, n'est en puissance de rien d'autre que de l'un de ses modes ou dispositions accidentelles. Or, comme son nom même l'indique, une telle disposition n'est rien d'autre que la position diversifiée des parties de la substance, selon la quantité, la qualité, ou quelque autre de ces modes en fonction desquels les parties de la substance ainsi disposées entretiennent tel ou tel rapport les unes vis-à-vis des autres. La disposition est en effet propre à ce qui possède des parties, selon le Philosophe au livre V de la *Métaphysique*[1]. Si l'on exclut de telles parties, la disposition n'est rien. Considérons cela au moyen d'un exemple grossier. Plaçons et disposons plusieurs chandelles les unes par rapport aux autres, en cercle ou en ligne; si l'on exclut la multiplicité des chandelles qui sont comme les parties de cette multiplicité, cette disposition que nous avons décrite n'est plus rien. Ainsi, la puissance de la substance ou son rapport à sa disposition accidentelle – qui est l'accident lui-même – n'est que [quelque chose] de l'étant absolument, qui subsiste selon son acte substantiel, en direction de l'acte ou de la forme en vertu de laquelle la substance n'est qu'un étant relativement, c'est-à-dire selon l'une de ses dispositions; le mode de la puissance ou du rapport de la substance à l'accident n'est rien d'autre que celui-là, qui a été précisé; [il s'établit]

1. Aristote, *Métaphysique*, *V, 19,* 1022b1-3, trad. J. Tricot, 1991, p. 303-304 : « *Disposition* s'entend de l'arrangement de ce qui possède des parties, selon le lieu, la puissance ou la forme. Il faut bien, en effet, qu'il y ait là une certaine position, comme le montre le mot même de *disposition*. »

ergo per quandam correspondentiam mutui respectus actus et potentiae. Actus seu forma accidentalis, quae est ipsum accidens, non habet se ad substantiam nisi sicut ipsiusmet substantiae dispositio, nec est alia habitudo accidentis ad substantiam nisi ista, quae dicta est, sicut nec est alia habitudo substantiae ad accidens nisi sicut ad suam dispositionem, ut dictum est. Secundum talem autem habitudinem accidentis ad substantiam, inquantum est dispositio substantiae, accidens secundum attributionem eius ad substantiam dicitur ens. Ergo accidens non dicitur ens, nisi inquantum est dispositio substantiae. Ens autem praedicat essentiam uniuscuiusque generis praedicamentorum. Ergo accidens per essentiam suam non est nisi dispositio substantiae et non aliqua natura seu essentia absolutae quiditatis secundum se.

(3) Praeterea omnis forma et actus absolutae essentiae et quiditatis in se non respicit subiectum, cuius est forma et actus, nisi inquantum tale subiectum est simpliciter ens in potentia. Actus enim, qui est simpliciter actus et est, qui se ipso intranee per suam propriam essentiam est actus, non respicit potentiam nisi, quae est simpliciter potentia et quae intranee per suam essentiam et est ens potentia. Et haec est ratio, quare forma substantialis non habet subiectum nisi ens simpliciter in potentia, quod est materia, quoniam ex duobus actu entibus secundum Boethium [1] non constituitur aliquod tertium. Si ergo accidens habet talem essentiam et est actus absolutae quiditatis secundum se, ut dicunt, ergo numquam posset inesse substantiae completae et perfectae in esse substantiali, sed solum substantiae, quae est ens per suam essentiam in potentia; et sic non erit differentia inter ipsum accidens et formam substantialem, quod est absurdum.

12. *Solutio eorum, quae inducunt pro dicta opinione falsa*

(1) Ad hoc autem, quod supra inductum est, quod his, quae hic dicta sunt, videtur contrarium, respondendum.

1. Boethius, *Contra Eutychen et Nestorium, VI*, 33-34, ed. C. Moreschini, p. 231 : *Veluti cum mel aquae confunditur neutrum manet sed alterum alterius copulatione corruptum quiddam tertium fecit, ita illud quidem quod ex melle atque aqua tertium fit constare ex utrisque dicitur, in utrisque negatur. Non enim poterit in utrisque constare quando utrorumque natura non permanet.*

donc en vertu d'une certaine corrélation dans le rapport réciproque de l'acte et de la puissance. L'acte ou la forme accidentelle, c'est-à-dire l'accident, ne se tient vis-à-vis de la substance que comme une disposition de la substance elle-même; il n'y a pas d'autre rapport de l'accident à la substance que celui qui vient d'être précisé; de même, le rapport de la substance à l'accident n'est qu'un rapport à sa disposition, comme il a été dit. Or, selon ce rapport de l'accident à la substance, en tant que l'accident est une disposition de la substance, l'accident est dit 'étant' par attribution à la substance. L'accident n'est donc dit 'étant' que parce qu'il est une disposition de la substance. Or 'étant' dit l'essence de chacun des genres catégoriels. Par son essence, l'accident n'est donc rien d'autre qu'une disposition de la substance; il n'est pas une nature ou une essence de quidité absolue en soi.

(3) En outre, toute forme et tout acte de l'essence absolue et de la quidité en soi, ne se rapporte pas à un sujet dont elle est la forme et l'acte, sinon dans la mesure où un tel sujet est étant absolument en puissance. En effet, l'acte qui est absolument acte et qui est acte par soi-même, de manière immanente et par sa propre essence, cet acte ne se rapporte pas à une puissance, sinon à la puissance qui est absolument puissance, qui est un étant en puissance de manière immanente et par sa propre essence. Telle est la raison pour laquelle la forme substantielle n'a pas d'autre sujet que l'étant absolument en puissance, c'est-à-dire la matière; en effet, de deux étants en acte, il n'est pas constitué un troisième, selon Boèce[1]. Si l'accident avait donc une telle essence, s'il était l'acte d'une quidité absolue selon soi – comme ils l'affirment –, il ne pourrait jamais être inhérent à la substance complète et parfaite dans l'être substantiel, mais il serait inhérent à cette seule substance qu'est l'étant en puissance par sa propre essence; de fait, il n'y aurait pas de différence entre l'accident lui-même et la forme substantielle, ce qui est absurde.

12. *Solution des arguments que [ces auteurs] avancent en faveur de cette thèse erronée*

(1) Il faut répondre maintenant à ce qui a été avancé plus haut, car cela semble contraire à ce qui a été dit ici.

1. Boèce, *Contre Eutychès et Nestorius, VI*, 33-34, trad. A Tisserand, 2000, p. 105: « Ainsi quand du miel est dissous dans de l'eau, aucun des deux éléments ne demeurent, mais assemblés et corrompus réciproquement, ils produisent un troisième élément: or assurément l'on dit que ce troisième élément, constitué de miel et d'eau, l'est *de* l'un et l'autre, mais l'on nie qu'il consiste *en* l'un et l'autre. Il ne pourra en effet consister *en* l'un et l'autre, puisqu'il n'y a pas permanence en l'état de la nature de l'un et de l'autre. »

(2) Quod enim ibi dictum est, quod res uniuscuiusque generis accidentium definiuntur ex propriis sui generis et ita non concernunt substantiam in sua essentia, quiditate et definitione, dicendum, quod res novem generum accidentium dupliciter accipi possunt uno modo, inquantum sunt res naturae et primae intentionis. Et secundum hoc per suam essentiam et secundum rem non sunt nisi dispositiones substantiae et in suo intellectu important substantiam et ex ea definiuntur, ut dicit Philosophus in VII versus principium, scilicet quod definitio substantiae accipitur in definitione cuiuslibet rei [1].

(3) Alio modo possunt accipi res novem generum accidentium secundum coordinationem cuiuscumque eorum in linea praedicamentali, inquantum videlicet genera et species et huiusmodi, et secundum hoc cadunt in logicam considerationem quoad huiusmodi res secundae intentionis. Et sic unumquodque ipsorum generum praedicamentalium ab intellectu suo excludit genus substantiae et secundum seipsum consideratur et modo logico definitur et habet in eo locum quaestio 'quid est' et per consequens quiditas invenitur in eo, ut quidam dixerunt [2], modo logico. Haec sunt verba Philosophi in VII [3]. Tales autem definitiones constantes

1. Aristoteles Latinus, *Metaphysica, VII, 1. Recensio Guillelmi*, ed. G. Vuillemin-Diem (AL XXV 3.2), p. 133 : *Et ratione autem hoc primum; necesse enim in uniuscuiusque ratione substantie rationem inesse.*

2. Averroes, *Aristotelis opera cum Averrois commentariis, Metaphysicorum liber VII, comm. 2,* Venetiis apud Junctas, 1562-1574, vol. 8 [réimpr. Frankfurt, Minerva, 1962], 153vI-K : *In hoc ergo capitulo intendit declarare, quod quiditas individui substantiae est prior in esse quiditatibus accidentium. Individuum enim substantiae prius esse aliis individuis manifestum est per se. Et sciendum est, quod ista declaratio est logica. Et plures demonstrationes in hac scientia sunt logicae, scilicet quoniam propositiones eius sunt acceptae a Dialectica.* Vide etiam : Averroes, *Aristotelis opera cum Averrois commentariis, Metaphysicorum liber VII, comm. 59,* Venetiis apud Junctas, 1562-1574, vol. 8 [réimpr. Frankfurt, Minerva, 1962], 207vG : *Ista enim causa, quae est forma, declarata est hic duabus declarationibus logicis, quarum altera est definitio, et alia interrogatio per quare.*

3. Aristoteles Latinus, *Metaphysica, VII, 4. Recensio Guillelmi*, ed. G. Vuillemin-Diem (AL XXV 3.2), p. 137-138 : *Sicut enim et le est existit omnibus, sed non similiter sed huic quidem primum illis uero consequenter, ita et quod quid est simpliciter quidem substantie aliquo uero modo aliis. Et enim qualitatem dicemus utique quid est, quare et qualitas eorum*

(2) Voilà en effet ce qui a été dit à cet endroit-là : les choses appartenant à chacun des genres accidentels sont définies par les propriétés de leurs genres ; ainsi, dans leurs essences, leurs quidités et leurs définitions, elles ne regardent pas la substance. Il faut affirmer que les choses appartenant aux neuf genres accidentels peuvent être envisagées de deux manières. D'une première manière, en tant qu'elles sont des choses de la nature et des réalités de première intention. En ce premier sens, par leur essence et dans la réalité, elles ne sont rien d'autre que des dispositions de la substance ; elles incluent la substance dans leur signification et elles sont définies à partir de la substance. Telle est l'affirmation du Philosophe vers le début du livre VII [de la *Métaphysique*] : la définition de la substance entre dans la définition de toute chose [1].

(3) D'une seconde manière, les choses appartenant aux neuf genres accidentels peuvent être envisagées dans la hiérarchie que chacune d'elles constitue dans la série catégorielle, en tant que genres, espèces et autres [formes] de cette sorte. En ce sens, elles tombent sous l'art logique, étant donné que ces réalités-là sont de seconde intention. De cette manière, chacun de ces genres catégoriels exclut de sa signification le genre de la substance ; il est considéré selon soi et il est défini de manière logique ; à son égard, il y a lieu de poser la question 'qu'est-ce que ?' et, par conséquent, c'est sur le mode logique que l'on trouve en lui une quidité, – comme l'ont dit certains [2]. Tels sont les propos du Philosophe dans le livre VII [de la *Métaphysique*] [3]. Or de telles définitions, composées de ces

1. Aristote, *Métaphysique, VII, 1,* 1028a35-36, trad. J. Tricot, 1991, p. 349 : « D'autre part, elle est aussi première logiquement, car dans la définition de chaque être est nécessairement contenue celle de sa substance. »

2. Averroès, *Commentaire de la Métaphysique, livre VII, comm. 2,* Venetiis apud Junctas, 1562-1574, vol. 8 [réimpr. Frankfurt, Minerva, 1962], 153vI-K : « Dans ce chapitre, il veut donc montrer que la quidité de l'individu substantiel est antérieure selon l'être aux quidités des accidents. Que l'individu qu'est la substance est premier par rapport aux autres individus, cela est en effet manifeste par soi. Et il faut savoir que ce jugement est logique. De même, de nombreuses démonstrations sont logiques dans cette science, dans la mesure où leurs propositions sont prises dans une perspective dialectique. » Voir aussi : Averroès, *Commentaire de la Métaphysique, livre VII, comm. 59,* Venetiis apud Junctas, 1562-1574, vol. 8 [réimpr. Frankfurt, Minerva, 1962], 207vG : « En effet, cette cause, c'est-à-dire la forme, est ici explicitée au moyen de deux jugements : l'un est la définition, l'autre est l'interrogation au moyen de la formule "en raison de quoi ?" ».

3. Aristote, *Métaphysique, VII, 4,* 1030a21-27, trad. J. Tricot, 1991, p. 364-365 : « Car, de même que le terme *est* appartient à toutes les catégories, mais non au même degré, puisqu'il appartient à la substance d'une manière primordiale, et aux autres catégories, d'une manière dérivée, de même l'essence appartient, d'une façon absolue, à la substance, et, dans une certaine mesure seulement, aux autres catégories. Car, même pour la qualité, nous pouvons

ex huiusmodi logicis intentionibus, quae sunt genera et differentiae, in suis propriis generibus sunt logicae et vanae omnes, ut dicitur in libro *De anima*[1], et non indicant id, quod sunt huiusmodi secundum rem naturae. Et ideo ex huiusmodi definitionibus et quaestionibus per 'quid est' non potest argui, quod accidentia habeant secundum se absolutas essentias secundum rationem absolutae et propriae quiditatis circumscripta substantia.

(4) De eo autem, quod inducunt, quod accidenti accidit inesse substantiae et secundum hoc saltem aliqua virtute supernaturali potest fieri, quod non insit, dicendum, quod inesse subiecto est accidentale accidenti secundum eum modum, quod proprietas et per se passio potest dici accidere suo proprio subiecto ut paritas vel imparitas numero. In talibus autem eadem est definitio dicens 'quid est' subiecti et 'propter quid' passionis. Stante igitur subiecto in esse stabit eius definitio et e converso; alioquin separaretur definitio a definito, quod est impossibile. Ergo eadem ratione, cum eadem sit definitio passionis, stante subiecto et tali definitione impossibile est talem passionem non inesse, sicut stante quaternario impossibile est non inesse paritatem. Eodem modo est in proposito. Si enim ratio accidentis est esse dispositionem substantiae, impossibile est non inesse substantiae. Esse enim dispositionem substantiae est dicens 'propter quid' inest, ut patet. Ergo stante accidente in esse suo et sua essentia impossibile est quacumque virtute posita fieri, ut non insit; alias separaretur definitio a definito.

que quid est quidem, sed non simpliciter, sed sicut de non ente logice dicunt quidam esse non ens, non simpliciter sed non ens, sic et qualitatem.

1. Aristoteles Latinus, *De anima, I, 1*, in Thomas de Aquino, *Sentencia libri de anima*, ed. leon., p. 3b : *Omnis enim demonstrationis principium est quod quid est. Quare secundum quascunque diffinitiones non contingit accidencia cognoscere, set neque ymaginari de ipsis facile, manifestum quod dyalectice dicte sunt et vane omnes*.

intentions logiques que sont les genres et les différences sous leurs genres propres, ces définitions-là sont toutes logiques et vides, comme il est dit dans le livre *De l'âme*[1]; elles ne renvoient pas à ce que sont ces choses dans la réalité naturelle. De fait, à considérer de telles définitions et les questions du type 'qu'est-ce que?', on ne peut prétendre que les accidents possèdent en eux-mêmes des essences absolues, selon la raison de quidité absolue et propre, abstraction faite de la substance.

(4) Or lorsque [ces auteurs] affirment que d'être inhérent à la substance advient accidentellement à l'accident et qu'en ce sens, il peut se produire que l'accident ne soit pas inhérent à la substance, du moins en vertu d'une puissance surnaturelle, il faut répondre que, pour l'accident, d'être inhérent à un sujet est accidentel de la manière dont la propriété ou la passion par soi peut être dite advenir accidentellement à son sujet propre, comme le pair ou l'impair au nombre. Dans de tels cas, la même définition dit le 'ce que c'est' du sujet et le 'en raison de quoi' de la passion. La définition de la passion sera donc établie pour autant que son sujet soit établi dans l'être, et inversement; si tel n'était pas le cas, la définition serait séparée du défini, ce qui est impossible. C'est pour cette raison que, comme la définition de la passion est identique [à celle du sujet], il est impossible que la passion ne soit pas inhérente au sujet, pour autant que le sujet et une telle définition soient établis; ainsi, pour autant qu'il y ait quelque composé de quatre, il est impossible que la parité n'y soit pas inhérente. Il en va de même dans notre problème. En effet, si la raison de l'accident est d'être une disposition de la substance, il est impossible qu'il ne soit pas inhérent à la substance, car 'être une disposition de la substance' signifie le 'en raison de quoi' de l'inhérence; cela est clair. Pour autant que l'accident soit donc établi en son être et en son essence, il est impossible de faire qu'il ne soit pas inhérent à la substance, quelle que soit la puissance que l'on suppose; si tel n'était pas le cas, la définition serait séparée du défini.

demander ce qu'elle est; la qualité rentre donc bien aussi dans les essences, mais non pas absolument, et il en est de la qualité comme du non-être, dont certains philosophes disent dialectiquement qu'il est, non pas qu'il soit absolument, mais parce qu'il est non-être. »

1. Aristote, *De l'âme, I, 1,* 402b25-403a2, trad. R. Bodéüs, 1993, p. 81-82: « Toute démonstration a, en effet, pour principe une formule qui définit ce dont il s'agit. Si bien qu'avec toutes les définitions qui n'offrent pas l'occasion de connaître les accidents, ni même de faire, à leur propos, une conjecture commode, il est évident qu'on a toujours affaire à des formules vides et de discuteur. »

13. *Quomodo sumatur quiditas in accidentibus, et quae sit quiditas eorum, secundum quod possunt habere quiditatem*

(1) Ad sumendum igitur quiditatem eam, quam possunt habere accidentia, aliter oportet considerationem intendere.

(2) Est autem communis ratio quiditatis in habentibus quiditatem, videlicet quod quiditas est aliquod formale principium rei, secundum quod sumitur ratio rei, et secundum rationem essendi et secundum rationem notificandi. Unde in substantiis compositis quiditas est forma substantialis, ut dictum est supra.

(3) In constitutione autem accidentium in suo esse naturali reali et secundum rationem essendi et secundum rationem notificandi seu innotescendi formalissimum principium est substantia. Essentia enim accidentis est, ut sit dispositio substantiae, ut dictum est. Unde in definitione accidentis ponitur definitio substantiae vel ipsa substantia loco differentiae, ut, si definiatur simitas, dicetur, quod est concavitas nasi. Igitur substantia tenet locum quiditatis in accidentibus sicut forma substantialis in substantiis. Et hoc est, quod ostendit Philosophus in VII [1], scilicet quod quiditas accidentis non est unum essentialiter cum accidente. Et quia in accidentibus deficit identitas seu unitas quiditatis cum ipsis accidentibus, ideo proprie et simpliciter quiditatem non habent et per consequens nec definitionem nisi modo communi et extenso nomine et, ut ibi dicit [2], modo logico, modo, inquam, logico dupliciter : uno modo, videlicet secundum considerationem logicam quoad considerationem eorum in proprio genere praedicamentali, ut praemissum est; alio modo, ut sunt res naturae et habent essentiam et recipiunt praedicationem entis per attributionem et analogiam ad substantiam. Et sic substantia tenet locum quiditatis in eis.

1. Aristoteles Latinus, *Metaphysica, VII, 6. Recensio Guillelmi*, ed. G. Vuillemin-Diem (AL XXV 3.2), p. 140 : *In dictis quidem itaque secundum accidens uidebitur utique diuersum esse, ut albus homo alterum et albo homini esse. Si enim idem, homini esse et albo homini idem ; idem enim homo et albus homo, ut dicunt ; quare et albo homini et homini.*

2. Aristoteles Latinus, *Metaphysica, VII, 4. Recensio Guillelmi*, ed. G. Vuillemin-Diem (AL XXV 3.2), p. 137.

13. *Comment concevoir la quidité dans les accidents, quelle est leur quidité, et dans quelle mesure ils peuvent posséder une quidité*

(1) Pour concevoir la quidité que peuvent posséder les accidents, il faut changer de perspective.

(2) La raison de quidité commune aux choses qui possèdent une quidité est celle-ci : la quidité est un principe formel de la chose, selon laquelle la raison de la chose est conçue, dans l'ordre de l'être et dans l'ordre du connaître. Dans les substances composées, la quidité est donc la forme substantielle, comme il a été dit auparavant.

(3) Or, concernant la constitution des accidents dans leur être naturel réel, le principe le plus formel est la substance, dans l'ordre de l'être et dans l'ordre du connaître ou de la découverte. En effet, l'essence de l'accident c'est d'être une disposition de la substance, comme il a été dit. De fait, dans la définition de l'accident, on mobilise la définition de la substance ou cette substance-même, en lieu de différence; par exemple, si on définissait le camus, on dirait qu'il est une concavité du nez. Dans les accidents, la substance tient donc lieu de quidité, comme la forme substantielle dans les substances. Telle est bien la thèse que démontre le Philosophe au livre VII [de la *Métaphysique*][1] : la quidité de l'accident et l'accident ne sont pas essentiellement un. Puisque, dans les accidents, il y a défaut d'identité ou d'unité de la quidité et des accidents eux-mêmes, ils n'ont proprement et absolument pas de quidité; par conséquent, ils n'ont pas de définition, sinon de manière commune, par extension du nom ['définition'] et, comme le Philosophe le dit à cet endroit[2], sur le mode logique. Sur le mode logique, dis-je, et de deux manières : d'une première manière, [ils ont une définition de cette sorte] dans une perspective logique, dans la mesure où chacun d'eux est envisagé dans son propre genre catégoriel, comme il a été exposé auparavant; d'une seconde manière, [ils ont une définition de cette sorte] en tant qu'ils sont des choses de la nature, qu'ils possèdent une essence et qu'ils reçoivent la prédication de l' 'étant' par attribution et par analogie à la substance. De cette manière, la substance tient lieu de quidité en eux.

1. Aristote, *Métaphysique*, *VII, 6,* 1031a19-24, trad. J. Tricot, 1991, p. 371-372 : « Quand il s'agit des termes formés d'une substance et d'un prédicat par accident, la quiddité paraîtra généralement différer de l'être : par exemple, *homme blanc* est différent de la quiddité de l'homme blanc. S'il y avait, en effet, identité, il y aurait aussi identité entre la quiddité d'homme et la quiddité d'homme blanc, puisque *homme* et *homme blanc*, c'est, dit-on, une même chose, de sorte que la quiddité de l'homme blanc et la quiddité de l'homme seraient aussi identiques. »

2. Aristote, *Métaphysique*, *VII, 4,* 1030a18-27.

(4) De quiditatibus igitur entium tantum dictum sit. Ea autem, quae hic quaesita sunt, diffusius pertractata sunt in nostro tractatu de inseparabilitate accidentium a substantia[1].

1. Id est in tractatu *De accidentibus*.

(4) En voilà donc assez sur les quidités des étants. Les questionnements présents ont par ailleurs été traités plus abondamment dans notre traité sur l'inséparabilité des accidents par rapport à la substance[1].

1. Le traité *De accidentibus*.

BIBLIOGRAPHIE SOMMAIRE

Sources

ANONYMUS, *Tractatus de natura accidentis*, in A. BECCARISI (éd.), *Texte aus der Zeit Meister Eckharts*, Hamburg, Felix Meiner Verlag ("Corpus Philosophorum Teutonicorum Medii Aevi, VII, 2"), 2004, p. 243-250.

DIETRICH VON FREIBERG, *De ente et essentia*, ed. R. Imbach, in *Opera omnia*, ed. coor. K. Flasch, Hamburg, F. Meiner, t. 2, 1980.

– *De accidentibus*, ed. M.R. Pagnoni-Sturlese, in *Opera omnia*, ed. coor. K. Flasch, Hamburg, F. Meiner, t. 3, 1983.

– *De quiditatibus entium*, ed. R. Imbach, J.-D. Cavigioli, in *Opera omnia*, ed. coor. K. Flasch, Hamburg, F. Meiner, t. 3, 1983.

– *De origine rerum praedicamentalium*, ed. M.R. Pagnoni-Sturlese, in *Opera omnia*, ed. coor. K. Flasch, Hamburg, F. Meiner, t. 3, 1983 [texte latin et traduction allemande du chapitre 5 par B. Mojsisch in *Bochumer Philosophisches Jahrbuch für Antike und Mittelalter*, 1997.2, p. 129-185].

– *Abhandlung über die Akzidentien*, übers. von B. Mojsisch, mit Einl. und Begriffsregister vers. von K.-H. Kandler, Hamburg, F. Meiner, 1994.

– *Deux traités « De ente et essentia » de Thomas d'Aquin et Dietrich de Freiberg*, présentation et trad. A. de Libera et C. Michon, Paris, Seuil, 1996.

– *Abhandlung über den Ursprung der kategorial bestimmten Realität*, übers. von B. Mojsisch, mit Einl., *Bochumer Philosophisches Jahrbuch für Antike und Mittelalter*, 1997, t. 2, p. 129-185.

Autour des traités Des accidents *et* Des quidités des étants

ADAMS, M. MCCORD, « Aristotle and the Sacrament of the Altar: A Crisis in medieval Aristotelianism », *in* R. BOSLEY, M. TWEEDALE (éds), *Aristotle and his Medieval Interpreters*, Calgary ("Canadian Journal of Philosophy, Supplementary Volume 17"), 1991, p. 195-249.

AERTSEN, J.A., « Die Transzendentalienlehre bei Dietrich von Freiberg », *in* K.-H. KANDLER, B. MOJSISCH, F.-B. STAMMKÖTTER, *Dietrich von Freiberg. Neue Perspektiven seiner Philosophie, Theologie und Naturwissenschaft*, Amsterdam-Philadelphia, B.R. Grüner ("Bochumer Studien zur Philosophie, 28"), 1999, p. 23-47.

AMERINI, F., « Il problema dell'essenza delle sostanze e degli accidenti nel Commento alla *Metafisica* di Tommaso d'Aquino », *Documenti e studi sulla tradizione filosofica medievale*, 12, 2001, p. 359-416.

BAKKER, P.J.J.M., *La raison et le miracle. Les doctrines eucharistiques (c. 1250-c. 1400). Contributions à l'étude des rapports entre philosophie et théologie*, Nijmegen, t. I, 1999, p. 331-341.

DONATI, S., « *Utrum accidens possit existere sine subiecto.* Aristotelische Metaphysik und christliche Theologie in einigen ungedruckten Physikkomentaren des ausgehenden 13. Jahrhunderts », *in* J.A. AERTSEN, K. EMERY, A. SPEER (éds), *Nach der Verurteilung von 1277. Philosophie und Theologie an der Universität von Paris im letzten Viertel des 13. Jahrhunderts*, Berlin-New York, W. de Gruyter ("Miscellanea Mediaevalia, 28"), 2001, p. 577-617.

FLASCH, K., « Einleitung », *in* DIETRICH VON FREIBERG, *Opera omnia*, ed. coor. K. Flasch, Hamburg, F. Meiner, t. 3, 1983, p. XV-LXXXVI.

– *Dietrich von Freiberg. Philosophie, Theologie, Naturforschung um 1300*, Frankfurt, V. Klostermann, 2007, p. 253-276.

GILSON, E., « Quasi definitio substantiae », *in* É. GILSON (éd.), *St. Thomas Aquinas 1274-1974. Commemorative Studies*, Toronto, Pontifical Institute of Medieval Studies, 1974, p. 111-129.

IMBACH, R., « Gravis iactura verae doctrinae. Prolegomena zu einer Interpretation der Schrift *De ente et essentia* Dietrichs von Freiberg O.P. », *Freiburger Zeitschrift für Philosophie und Theologie*, 26, 1979, p. 369-425; *in* R. IMBACH, *Quodlibeta. Articles choisis*, Freiburg (Schweiz), Universitätsverlag, 1996, p. 153-208.

– « Metaphysik, Theologie und Politik. Zur Diskussion zwischen Nikolaus von Strasburg und Dietrich von Freiberg über die Abtrennbarkeit der Akzidentien », *Theologie und Philosophie*, 61, 1986, p. 359-395; *in* R. IMBACH, *Quodlibeta. Articles choisis*, Freiburg (Schweiz), Universitätsverlag, 1996, p. 251-296.

– « Le traité de l'eucharistie de Thomas d'Aquin et les averroïstes », *Revue des sciences théologiques et philosophiques*, 77, 1993, p. 173-228; *in* R. IMBACH, 1996, p. 309-332.
– *Quodlibeta. Articles choisis*, Freiburg (Schweiz), Universitätsverlag, 1996.
– « L'antithomisme de Thierry de Freiberg », *Revue thomiste*, 97, 1997, p. 245-258.
– « Pourquoi Thierry de Freiberg a-t-il critiqué Thomas d'Aquin? Remarques sur le *De accidentibus* », *in* F. CHENEVAL, R. IMBACH, Th. RICKLIN (éds), *Albert le Grand et sa réception au moyen âge. Hommage à Zénon Kaluza, Freiburger Zeitschrift für Philosophie und Theologie* (Separatum), 45, 1998, p. 116-129.
KANDLER, K.-H., « Einleitung », *in Abhandlung über die Akzidentien*, übers. von B. Mojsisch, Hamburg, F. Meiner, 1994, p. XI-XLVIII.
LIBERA, A. DE, MICHON, C., *Deux traités « De ente et essentia » de Thomas d'Aquin et Dietrich de Freiberg*, Paris, Seuil, 1996, p. 133-161.
LLOYD, A.C., « Necessity and Essence in the *Posterior Analytics* », *in* E. BERTI (éd.), *Aristotle on Science. The* Posterior Analytics. *Proceedings of the Eighth Symposium Aristotelicum held in Padua from September 7 to 15, 1978*, Padova, Antenore, 1981, p. 157-172.
MAURER, A., « The *De quidditatibus entium* of Dietrich of Freiberg and its Criticism of the Thomistic Metaphysics », *Mediaeval Studies*, 18, 1956, p. 173-188.
REYNOLDS, P.L., « *Per se* Accidents, Accidental Being and the Theology of the Eucharist in Thomas Aquinas », *Documenti e studi sulla Tradizione Filosofica Medievale*, 13, 2002, p. 193-230.

Autres études relatives à Dietrich de Freiberg

FLASCH, K., « Kennt die mittelalterliche Philosophie die konstitutive Funktion des menschlichen Denkens ? Eine Untersuchung zu Dietrich von Freiberg », *Kant-Studien*, 63, 1972, p. 182-206.
– « Bemerkungen zu Dietrich von Freiberg, *De origine rerum praedicamentalium* », *in* K. FLASCH (éd.), *Von Meister Dietrich zu Meister Eckhart*, Hamburg, 1984, p. 34-45.
– « Dynamik der Vernunft bei Dietrich von Freiberg und Meister Eckhart », *in* K. RUH (éd.), *Abendländische Mystik im Mittelalter. Symposium Kloster Engelberg 1984*, Stuttgart, 1986, p. 135-144.
– *Meister Eckhart. Die Geburt der « Deutschen Mystik » aus dem Geist der arabischen Philosophie,* München, C.H. Beck, 2006.

– *Dietrich von Freiberg. Philosophie, Theologie, Naturforschung um 1300*, Frankfurt, V. Klostermann, 2007.

FLASCH, K. (éd.), *Von Meister Dietrich zu Meister Eckhart*, Hamburg ("Corpus Philosophorum Teutonicorum Medii Aevi, supplement 2") 1984.

IMBACH, R., « Chronique de philosophie. Le (néo-)platonisme médiéval, Proclus latin et l'école dominicaine allemande », *Revue de théologie et de philosophie*, 110, 1978, p. 427-448; *in* R. IMBACH, *Quodlibeta. Articles choisis*, Freiburg (Schweiz), Universitätsverlag, 1996, p. 129-151.

– « Die deutsche Dominikanerschule. Drei Modelle einer Theologia mystica », in M. SCHMIDT (éd.), *Grundfragen christlicher Mystik*, Stuttgart-Bad Cannstatt, Frommann-Holzboog, 1987, p. 157-172; *in* R. IMBACH, *Quodlibeta. Articles choisis*, Freiburg (Schweiz), Universitätsverlag, 1996, p. 109-127.

– « Prétendue primauté de l'être sur le connaître. Perspectives cavalières sur Thomas d'Aquin et l'école dominicaine allemande », *in* J. JOLIVET, Z. KALUZA, A. DE LIBERA (éds), *Lectionum varietas. Hommage à Paul Vignaux (1904-1987)*, Paris, Vrin, 1991, p. 121-132; in R. IMBACH, *Quodlibeta. Articles choisis*, Freiburg (Schweiz), Universitätsverlag, 1996, p. 351-363.

KANDLER, K.-H., « Theologie und Philosophie nach Dietrich von Freibergs Traktat "De subiecto theologiae" », *in* J.A. AERTSEN, A. SPEER (éds), *Was ist Philosophie im Mittelalter? Akten des X. Internationalen Kongresses für mittelalterliche Philosophie der SIEPM*, Berlin-New York, W. de Gruyter, 1999, p. 642-647.

– « Theologische Implikationen der Philosophie Dietrichs von Freiberg », *in* K.-H. KANDLER, B. MOJSISCH, F.-B. STAMMKÖTTER, *Dietrich von Freiberg. Neue Perspektiven seiner Philosophie, Theologie und Naturwissenschaft*, Amsterdam-Philadelphia, B.R. Grüner ("Bochumer Studien zur Philosophie, 28"), 1999, p. 121-134.

KANDLER, K.-H., MOJSISCH, B., STAMMKÖTTER, F.-B. (éds), *Dietrich von Freiberg: neue Perspektiven seiner Philosophie, Theologie und Naturwissenschaft*, Freiberger Symposion: 10-13 März 1997, Amsterdam, B.R. Grüner, 1999.

KOBUSCH, T., « Die Modi des Seienden nach Dietrich von Freiberg », *in* K. FLASCH (éd.), *Von Meister Dietrich zu Meister Eckhart*, Hamburg, 1984, p. 46-67.

LARGIER, N., *Zeit, Zeitlichkeit, Ewigkeit. Ein Aufriss des Zeitproblems bei Dietrich von Freiberg und Meister Eckhart*, Bern-Frankfurt/M-New York-Paris, Peter Lang, 1989.

LIBERA, A. DE, *Introduction à la mystique rhénane. D'Albert le Grand à Maître Eckhart*, Paris, O.E.I.L., 1984, p. 163-230. [*La Mystique rhénane. D'Albert le Grand à Maître Eckhart*, Paris, Seuil, 1994].

– « La problématique des *intentiones primae et secundae* chez Dietrich von Freiberg », *in* K. FLASCH (éd.), *Von Meister Dietrich zu Meister Eckhart*, Hamburg, 1984, p. 68-94.

MOJSISCH, B., *Die Theorie des Intellekts bei Dietrich von Freiberg*, Hamburg, Felix Meiner, ("Dietrich von Freiberg Opera omnia, Beiheft 1"), 1977.

– « Sein als Bewusst-Sein. Die Bedeutung des *ens conceptionale* bei Dietrich von Freiberg », *in* K. FLASCH (éd.), *Von Meister Dietrich zu Meister Eckhart*, Hamburg, 1984, p. 95-105.

– « The Theory of Intellectual Construction in Theodoric of Freiberg », *Bochumer Philosophisches Jahrbuch für Antike und Mittelalter*, 1997.2, p. 69-79.

– « Konstruktive Intellektualität. Dietrich von Freiberg und seine neue Intellekttheorie », *in* J.A. AERTSEN, A. SPEER (éds), *Geistesleben im 13. Jahrhundert*, Berlin-New York, W. de Gruyter, 2000, p. 68-78.

PAGNONI-STURLESE, M.R., « La "Quaestio utrum in Deo sit aliqua vis cognitiva inferior intellectu" di Teodorico di Freiberg », *in* R. CREYTENS, P. KÜNZLE (éd.), *Xenia Medii Aevi historiam illustrantia*, Roma, Ed. di storia e letteratura, 2 vol., 1978, p. 101-139.

– « Per una datazione del *De origine* di Teodorico di Freiberg », *Annali della Scuola Normale Superiore di Pisa*, 1981, p. 431-445.

– « Filosofia della natura e filosofia dell'intelletto in Teodorico di Freiberg e Bertoldo di Moosburg », *in* K. FLASCH (éd.), *Von Meister Dietrich zu Meister Eckhart*, Hamburg, 1984, p. 115-127.

PERLER, D., *Théories de l'intentionnalité au Moyen Âge*, Paris, Vrin, 2003, p. 77-106.

PUTALLAZ, F.-X., *La connaissance de soi au XIIIe siècle. De Matthieu d'Aquasparta à Thierry de Freiberg*, Paris, Vrin, 2002.

STEFFAN, H., *Dietrich von Freibergs Traktat* De cognitione entium separatorum. *Studie und Text*, Thèse, Universität Bochum, 1977.

STURLESE, L., « Il "De animatione caeli" di Teodorico di Freiberg », *in* R. CREYTENS, P. KÜNZLE (éds), *Xenia Medii Aevi historiam illustrantia*, Roma, Ed. di storia e letteratura, 2 vol., 1978, p. 175-245.

– *Dokumente und Forschungen zu Leben und Werk Dietrichs von Freiberg*, Hamburg, Felix Meiner, ("Corpus Philosophorum Teutonicorum medii aevi, Beiheft 3"), 1984.

– *Storia della filosofia tedesca nel medioevo. Il secolo XIII*, Firenze, Olschki ("Accademia toscana di scienze e lettere « La Colombaria », Studi CXLIX"), 1996, p. 181-275.

SUAREZ-NANI, T., « Remarques sur l'identité de l'intellect et l'altérité de l'individu chez Thierry de Freiberg », *Freiburger Zeitschrift für Philosophie und Theologie*, 45, 1998, p. 96-115.

– *Les anges et la philosophie. Subjectivité et fonction cosmologique des substances séparées à la fin du XIIIe siècle*, Paris, Vrin, 2002.

WALLACE, W.A., *The scientific methodology of Theodoric of Freiberg*, Fribourg, Éditions universitaires, 1959.

INDEX AUCTORITATUM

INDEX AUCTORITATUM ALLATARUM A MAGISTRO THEODORICO

INDEX AUCTORITATUM ALLATARUM AB EDITORIBUS ET TRANSLATORIBUS

INDEX RERUM

INDEX NOMINUM

In *De accidentibus* et *De quiditatibus entium*

In Introduction et notes

TABLES DES MATIÈRES

ACHEVÉ D'IMPRIMER
EN AOÛT 2008
PAR L'IMPRIMERIE
DE LA MANUTENTION
A MAYENNE
FRANCE
N° 236-08

Dépôt légal : 3e trimestre 2008